身边的法律顾问：污染受害与救济

主　编　王灿发

副主编　于文轩

撰稿人　（以姓氏笔画为序）

丁　敏　于文轩　王灿发

王晓丽　李　丹　吴志姣

陈　懿　崔　赟

中国人民大学出版社

·北京·

出版说明

本套丛书专门写给广大没有研习过法律的读者，尤其是遇到法律纠纷，为顺利解决纠纷而急需答疑解惑、了解某一方面法律知识的读者。

本套丛书涵盖了老百姓日常生活可能发生法律纠纷的方方面面，比如婚姻家庭继承纠纷、房产物业纠纷、合同纠纷、民间借贷纠纷、人身损害赔偿纠纷、交通事故纠纷、医疗纠纷、劳动合同纠纷、社会保障纠纷、环境污染纠纷、证据规则、法院判决执行、刑事诉讼与辩护等。

本套丛书每本均包含“问答篇”和“案例篇”，部分包含“法律法规篇”和“附录”。“问答篇”介绍基本的法律知识，解答读者日常生活中的法律疑问；“案例篇”选取实践中多发的典型案例进行分析，读者可以寻找与自己遇到的纠纷相似的案例重点阅读；“法律法规篇”收录最常用的法律法规，部分书仅列了法规目录，读者如果需要阅读法律法规全文，可到中国人民大学出版社网站下载使用（http：//www. crup. com. cn/fl/，“资源下载”栏目)；部分图书有“附录”，附列了相关的法律援助中心名录和网址。

本套丛书，作者或为学界大家，或为资深律师，“小书大做”，用心良苦，希望能够回答读者心中的疑问，成为读者的良师益友！

2008年12月

序　言

近年来，随着公众环境保护和环境维权意识的不断提高，越来越多的污染受害者倾向于通过法律手段维护自身的环境权益。然而，由于环境问题的复杂性和环境法律的高度专业性，公众在环境权益受到侵害时往往感到无所适从，不知道选择什么途径、适用什么法律、依循什么程序才能更好地维护自己的合法权益。为此，我们在总结十几年来环境法律维权实践和相关学术研究成果的基础上，编写了本书。

全书内容共分四篇。在基本法律知识问答篇中，我们归纳了污染防治法的一般问题、环境权益救济的途径、关于环境诉讼的特别问题和常见类型环境污染及其纠纷处理，以使读者对污染受害者权益维护的重要法律问题有一个较为清晰的认识。在案例分析篇中，我们基于一些近年来发生的真实案例，对上述方面的问题进行详细深入的分析，使公众在受到类似的困扰后能够有所依循、有所参照，以便其能够更好地通过法律途径维护环境权益。在法律法规篇中，我们收录了环境维权实践中一些适用频率较高的法律文本，以便读者能够在需要时方便地查阅。在附录篇中，我们整理了我国主要环境法律维权机构、部分环境保护及相关部门以及主要民间环境保护组织的联系方式，这些机构、部门和组织在环境权益救济方面起着非常重要的作用。

本书由来自中国政法大学、污染受害者法律帮助中心（CLAPV）、武汉理工大学、全国人大、环境保护部和北京市东城区人民法院的环境法专家以及环境立法、环境司法、环境执法人员共同撰写，这些人员具有丰富的环境法律维权实践经验和较高的环境法律理论水平。在此，我感谢各位作者为本书作出的贡献。我同时还要感谢中国人民大学出版社的编辑，有他们的大力支持，使本书得以顺利出版。

限于作者水平，书中难免存在疏漏，敬请读者批评指正。

王灿发

2010年6月16日

CONTENTS

目　录

基本法律知识问答篇

四、常见类型环境污染及其纠纷处理相关问题 \58

案例分析篇

一、污染防治法的一般问题 \73

附录篇

基本法律知识问答篇

一、污染防治法的一般问题

1.“公害”、“环境污染”、“环境破坏”、“污染损害”、“环境问题”等用语之间的区别是什么?

“公害”和“环境污染”多出现于法律条文中,“生态危机”、“环境问题”一般见于环境科学的论述中。它们的含义存在差别。

现代意义上的“公害”概念是日本1967年颁布的《公害对策基本法》中确立的。该法第2条规定:“本法所称‘公害’,是指由于工业或者人类其他活动造成的相当范围的大气污染、水质污染(包括水质、水的其他情况以及江河湖海及其他水域的水底状况)、土壤污染、噪声、振动、地面沉降(矿井挖掘所造成的下陷除外)和恶臭气味,以致危害人体健康和生活环境的状况。”在我国,最早使用“公害”一词并具有法律意义的是1978年《宪法》第11条第3款的规定,“国家保护和自然资源,防治污染和其他公害”。此后,1979年《环境保护法(试行)》、1982年颁布的现行《宪法》以及1989年颁布的现行《环境保护法》又继续使用了“公害”一词。但是,迄今为止,我国法律没有对“公害”的概念作出明确规定。然而,可以从有关规定中推导出“公害”的法律内涵。《环境保护法》第1条确定的立法目的之一是“防治污染和其他公害”,《环境保护法》第四章为“防治环境污染和其他公害”,其中第24条为“产生环境污染和其他公害的单位,必须把环境保护工作纳入计划,建立环境保护责任制度;采取有效措施,防治在生产建设或者其他活动中产生的废气、废水、废渣、粉尘、恶臭气体、放射性物质以及噪声、振动、电磁波辐射等对环境的污染和危害”。根据该条规定可见，公害即指污染和其他危害，如噪声、振动、恶臭等。

“环境污染”是指向环境排入了超过环境自净能力的物质或者能量，从而使环境的物理、化学、生物学性质发生不利于人类或者其他生物正常生存和发展的变化现象。在环境法中常常以环境质量标准来规定适合人类及其他生物正常生长和发展的环境中各种物质的含量或者浓度。因此，法律意义上的“环境污染”是指，人类活动向环境中排放的物质或者能量使其在环境中的数量、浓度或者强度超过了适用于该环境的环境质量标准的现象。依照我国法律规定，环境污染仅仅是公害的一种，它的范围比“公害”的范围要窄一些。除环境污染外，“公害”还可以包括《环境保护法》已经明确指出的“噪声、振动、电磁波辐射”以及法律还未规定的“地面沉降、妨碍采光”等。

“环境破坏”一般是指由人类活动引起的生态退化及由此而衍生的环境效应，包括水土流失、土壤沙漠化、盐碱化、生态平衡失调、气候异常等现象。“环境破坏”和“环境污染”密切联系，相互影响。环境破坏直接或者间接影响生活环境，加剧污染；而环境污染迟早会影响生态环境，进一步破坏环境。

“污染损害”一词大体相当于污染的含义，《海洋环境保护法》第95条规定，海洋环境污染损害，是指直接或者间接地把物质或者能量引入海洋环境，产生损害海洋生物资源、危害人体健康、妨害渔业和海上其他合法活动、损害海水使用素质和减损环境质量等有害影响。

“环境问题”是指由于自然界或者人类活动使环境质量下降或者生态失调，对社会经济发展、人类的身体健康以至生命安全及其他生物产生有害影响的现象。按照环境问题发生的原因，可以将环境问题分为原生环境问题和次生环境问题。原生环境问题，又称第一环境问题，是指由于自然原因使环境的结构和状态产生不利于人类生存和发展的现象。次生环境问题，又称第二环境问题，是指由于人类不恰当地开发利用环境，而使环境的结构和状态产生不利于人类生存和发展的现象。前者人类难以控制，而后者则是人类控制的主要目标，也是环境法之所以产生发展的主要客观原因。①

2. 我国目前有哪些污染防治方面的法律？主要内容是什么？

我国目前关于污染防治方面的法律主要有：《海洋环境保护法》（1982年制定，1999年修改）、《水污染防治法》（1984年制定，1996年和2008年两次修改）、《大气污染防治法》（1987年制定，1995年和2000年两次修改）、《固体废物污染环境防治法》（1995年制定，2004年修改）、《环境噪声污染防治法》（1996年制定）、《放射性污染防治法》（2003年制定）。

《海洋环境保护法》对海洋环境监督管理、海洋生态保护、防治陆源污染物对海洋环境的污染损害、防治海岸工程建设项目对海洋环境的污染损害、防治海洋工程建设项目对海洋环境的污染损害、防治倾倒废弃物对海洋环境的污染损害等问题作出了明确的规定。

《水污染防治法》对水污染防治的标准和规划、水污染防治的监督管理、水污染防治措施、饮用水水源和其他特殊水体保护、水污染事故处置等问题分别作出了规定。

《大气污染防治法》对大气污染防治的监督管理体制，防治燃煤产生的大气污染，防治机动车船排放污染以及防治废气、尘和恶臭污染的主要措施、法律责任等均作了较为明确、具体的规定。

《固体废物污染环境防治法》对固体废物污染环境防治的监督管理、固体废物污染环境的防治、危险废物污染环境防治等问题作出了明确的规定。

《环境噪声污染防治法》明确了噪声的分类、各类噪声的执法主体和法律责任等，主要内容包括：环境噪声污染防治的监督管理、工业

① 参见易先良主编：《实用环境法手册》，2～3页，北京，中国政法大学出版社，1989。

噪声污染防治、建筑施工噪声污染防治、交通运输噪声污染防治和社会生活噪声污染防治。

《放射性污染防治法》对核设施、核技术应用、铀矿和伴生矿开发以及放射性废物管理等各个方面的污染防治作出了规定，确立了核设施的许可证、环境影响评价、辐射环境监测、核事故应急等管理制度；对放射性污染实行“从摇篮到坟墓”的全过程管理。特别是在核技术应用和放射性废物管理方面，《放射性污染防治法》吸取了我国在此方面的经验和教训，对放射源和射线装置的监督管理涵盖其生产、销售、使用、转让、进出口、运输、贮存、处理和处置等各个环节，贯彻了全过程管理的理念。

3. 我国各污染防治法之间的法律效力如何？怎样运用具体的法律条款维护自己的合法权益？

环境保护是我国的基本国策。《宪法》作为国家的根本法，对环境保护作出了相应的规定。除了作为环境基本法的《环境保护法》外，我国还有六部污染防治的单行法律。为了贯彻实施法律的规定，依照宪法和有关法律的授权，国务院制定了大量有关污染防治的行政法规。此外，我国还有大量的有关污染防治的地方性法规、部门规章和地方性政府规章。这些规定构成了我国污染防治法律体系。

对于污染防治法之间的法律效力问题，《立法法》规定，《宪法》具有最高的法律效力，一切法律、行政法规、地方性法规、自治条例和单行条例、规章都不得同《宪法》相抵触；法律的效力高于行政法规、地方性法规、规章；而行政法规的效力高于地方性法规、规章；地方性法规的效力高于本级和下级地方政府污染防治方面的规章；省、自治区的人民政府制定的污染防治方面的规章的效力高于本行政区域内的较大的市的人民政府制定的规章；有关污染防治的部门规章之间、部门规章与地方政府规章之间具有同等效力，在各自的权限范围内施行。

在维护自己合法的环境权益的过程中，适用具体法律条款的一个基本原则是优先适用法律位阶高的条款。在具体适用法律条款时，可以先根据上述关于法律效力的规定，确定各条款的法律位阶，然后再适用法律位阶高的条款。在此，有一些特殊问题需要注意：第一，同一机关制定的有关污染防治方面的法律、行政法规、地方性法规、自治条例和单行条例、规章，特别规定与一般规定不一致的，适用特别规定；新的规定与旧的规定不一致的，适用新的规定。第二，有关污染防治的法律之间对同一事项的新的一般规定与旧的特别规定不一致，不能确定如何适用时，由全国人民代表大会常务委员会裁决。行政法规之间对同一事项的新的一般规定与旧的特别规定不一致，不能确定如何适用时，由国务院裁决。第三，地方性法规、规章之间不一致时，由有关机关依照下列规定的权限作出裁决：（1）同一机关制定的新的一般规定与旧的特别规定不一致时，由制定机关裁决。（2）地方性法规与部门规章之间对同一事项的规定不一致，不能确定如何适用时，由国务院提出意见，国务院认为应当适用地方性法规的，应当决定在该地方适用地方性法规的规定；认为应当适用部门规章的，应当提请全国人民代表大会常务委员会裁决。（3）部门规章之间、部门规章与地方政府规章之间对同一事项的规定不一致时，由国务院裁决。

4. 我国环境法规定了哪些污染防治的基本法律制度?

污染防治的基本法律制度，是指在污染防治法律实践中起主导和决定作用的法律制度。在我国，污染防治的基本法律制度包括环境影响评价制度、“三同时”制度、限期治理制度、总量控制制度和排污许可证制度、排污收费制度、环境应急处理制度以及环境标准制度。

环境影响评价，是指对规划和建设项目实施后可能造成的环境影响进行分析、预测和评估，提出预防或者减轻不良环境影响的对策和措施，并进行跟踪监测的方法与制度。环境影响评价制度，是指依法对环境影响评价活动进行规范的一整套措施。

“三同时”制度，是指基本建设项目、技术改造项目、自然资源开发利用项目以及其他可能对环境造成污染的建设项目，其防治环境污染和破坏的设施与主体工程同时设计、同时施工、同时投产使用的一整套措施。“三同时”制度是我国首创的环境管理制度。该制度是环境法“预防为主”原则的制度化，与环境影响评价制度相辅相成，旨在加强建设项目环境管理，防止产生新的环境污染和破坏。

限期治理制度，是指对现存的危害环境的污染源以及遭到污染或者破坏的区域环境，由法定机关限定造成污染或者破坏的单位或者个人在一定期限内治理并达到规定要求的一整套措施。由于限期治理制度具有法律效力上的强制性、时间要求上的明确性和治理内容上的具体性等特点，所以该制度对于推动排污单位积极治理污染，对于推动有关行业治理环境污染、环境破坏和改善区域环境质量，均具有重要意义。

总量控制，即“污染物排放总量控制”，是指将某一区域作为一个完整的系统，将排入该区域内的污染物总量控制在一定数量之内，以满足该区域的环境质量要求。总量控制制度，是指依法对污染物排放总量控制进行规范的一整套措施。排污许可证制度，是指特定的环境法主体向环境排放污染物时或者在从事对环境造成或者可能造成不良影响的活动前，依法向环境保护行政主管部门提出申请，由管理机关进行审查、批准并发放相应的许可文件后，方可从事该活动的一整套措施。排污许可证制度是一种重要的环境管理手段，对污染防治起着非常重要的作用。

排污收费制度，是指环境保护行政主管机关依照排污者所排放的污染物的种类、数量或者浓度，依法征收一定数额的费用的一整套措施。排污收费制度是环境法“污染者付费”原则的集中体现。

环境应急处理制度，是指在发生或者可能发生环境污染或者环境破坏事故时，生产建设单位、有关人民政府及其相关主管部门及时采取行动，以使现实的或者潜在的损害或者损失降至最低程度，以及制定应对此种事故的行动方案的一整套措施。

环境标准，是指为了保护人体健康和社会物质财富，防治环境污染，维护生态平衡，促进社会的可持续发展，就环境中污染物的允许含量、污染源排放污染物的数量、浓度、时间和速率以及其他相关事项依法制定的技术规范。环境标准制度，是指依法对环境标准实施管理的一整套措施。

5. 公民享有哪些环境权?

公民环境权是指法律赋予公民享有舒适的自然环境的权利，即公民有权在舒适的环境中生存，并有权要求他人不得破坏该种舒适的环境，并在必要时可以请求司法机关或者其他国家机关以强制性的协助实现其权利。① 公民的环境权，按其与环境和社会成员关系的密切程度不同，可分为核心环境权和派生环境权。

公民的核心环境权，又称为环境原权，是指环境法基于社会成员生存、生活、工作和其他活动的需要而赋予公民享有或利用一定质量的环境的权利。基本内容包括：公民为实现生理、心理、精神和经济等方面的需要而对环境加以利用的环境利用权；通过利用环境而获得一定利益的环境受益权；对影响其生存和生活的环境开发、利用、保护、改善提出一定要求的环境主张权。②

公民的派生环境权，又称为环境补救权，是指由于核心环境权的存在而必然衍生的一类权利。③ 其内容主要包括环境知情权、环境决策参与权、环境监督权、环境救济权等。所谓环境知情权，是指公民对本国或者地区的环境状况、国家的环境管理状况以及与其生存发展密切相关的环境状况等有关信息有权知悉的权利。根据这一权利，人们有权向相应机关、单位索取必要的关于环境状况的信息与资料，如

① 参见易先良主编：《实用环境法手册》，23页，北京，中国政法大学出版社，1989。
② 参见王灿发：《环境法学教程》，49～50页，北京，中国政法大学出版社，1997。
③ 参见王灿发：《环境法学教程》，50页，北京，中国政法大学出版社，1997。

环境污染指数、环境状况报告等；国家有关机关与单位也有义务定期或不定期发布所持有的资料性信息，以供有需要的公民查询和参考。目前，公民可以根据《政府信息公开条例》和《环境信息公开办法（试行）》的相关规定程序和渠道，获知环境信息。环境决策参与权，是指人们通过参与环境决策、政策的制定及环境管理等活动，影响环境保护活动的权利。其表现形式可以有：参与建设项目和规划的环境影响评价；参与国家环境管理的预测和决策过程；参与开发利用的环境管理过程以及环境保护制度实施过程；参与环境科学技术的研究示范和推广、组成环境保护的团体，参与环境保护的宣传教育和实施公益性的环境保护行为；参与环境纠纷的调解。环境监督权，是指公民有监督、促进环境管理机关履行职责的正当权利，它是环境决策参与权的补充及保障。环境监督权的法律依据在于我国《环境保护法》第 6 条规定，即一切单位和个人都有保护环境的义务，并有权对污染和破坏环境的单位和个人进行检举和控告。环境救济权，是指公民的环境权益受到侵害时根据法律规定获得救济的权利。这里的“救济”既包括请求恢复、修复的权利，也包括请求对所遭受的损害进行赔偿、补偿。当公民认为其环境权益受到损害，可以通过协商、和解、调解、仲裁、诉讼等方式获得损害赔偿、排除危害等形式的救济。根据我国现行法律和相关司法解释的规定，公民只能就其自身受到的损害请求救济，不能对他人遭受的损害请求救济，也就是说，只能对具有直接利害关系的案件提起诉讼，而不能对具有间接利害关系的案件提起诉讼。

特别应当注意的是，公民在行使环境权的时候，本身必须严格遵守法律法规，不得以违法行为阻止环境违法行为，否则不仅不能保护自己的正当环境权益，而且会使自己陷入违法的境地。

6. 什么是环境违法行为？它有哪几种表现形式？

环境违法行为是指违反环境法律、法规和规章的规定，对环境产生或者可能产生危害的行为。由于环境法律所保护的范围很广泛，环境违法行为也表现出多种形式。但概括起来，环境违法行为同其他违法行为一样，可分为两种形式：作为与不作为。

作为，即环境违法行为人用积极的行动去实施环境法律、法规和规章所禁止的污染和破坏环境的行为。不作为，即环境违法行为人消极地不去实施环境法律、法规和规章所要求的必须履行的保护和改善环境、防治污染和其他公害的行为。① 根据环境法律、法规和规章的规定，以下几个方面的行为均属于环境违法行为：

第一，开发与基本建设过程中的环境违法行为。包括：不合理开发利用土地、水域、水生生物、矿藏、森林、草原、野生动植物等自然资源，造成资源破坏、环境污染的行为；开采含放射性和砷等有毒有害物质超过规定标准的煤炭的行为；违反“三同时”制度和环境影响评价制度行为或者自行设计、施工或投产，导致或可能导致资源破坏和环境污染的行为；违规设置排污口的行为；在城镇居民区、水源保护区、风景名胜区、疗养区、人文遗迹地和自然保护区建设污染环境的项目的行为，或者已经建成但是拒绝限期治理、调整或者搬迁的行为。

第二，生产及其管理过程中的环境违法行为。包括：拒绝环境保护行政主管部门或者其他监督管理部门现场检查或者在被检查时弄虚作假的行为；超标排放废水、废气和固体废物；不按照国家规定排放废水、废气、废渣、粉尘、恶臭、噪声、放射性物质、电磁辐射或者有毒有害物质的行为；不正常使用或者擅自闲置污染物处理设施的行为；船舶违反国家规定向保护水域排放含油、含毒物和其他废弃物；在沿海水域违反国家规定排放油类或者油性混合物及其他有害物质；船舶发生油污染事故或违规排污后，擅自使用化学消油剂而造成污染事故的行为；沿海油库、炼油厂、海运码头及油区装卸作业设备跑、冒、滴、漏现象严重，造成环境污染的行为；违反海洋环境保护法律、法规和规章，造成或者可能造成海洋环境污染的行为；违反海洋环境保护管理规定向海洋倾倒废物的行为；排放有毒有害物质，超过国家

① 参见易先良主编：《实用环境法手册》，23 页，北京，中国政法大学出版社，1989。

标准，拒绝限期治理或者限产、限排、停产整治的行为；拒不按规定缴纳排污费的行为；为逃避缴纳排污费，虚报谎报污染物数量和浓度，或者利用稀释、渗漏、渗坑、渗井、裂隙、溶洞、漫流、偷排等逃避监管的方式排放废水的；违规使用、储存、运输、处置危险废物的行为；对有毒化学品、剧毒品、易燃品、易爆炸物等缺乏严格管理，违反安全规程，在制造、运输、储存中散漏或者不按规定擅自处理造成危害环境后果的行为；未按规定制定环境应急预案或者发生突发环境事件未及时报告和采取措施的行为；生产、销售、进口或者使用禁止生产、销售、进口、使用的设备，或者采用禁止采用的工艺的行为。

第三，社会公共环境保护和管理中的违法行为。包括：毁损名胜古迹或者文物、古建筑的行为；在禁止渔猎的地区捕鱼狩猎的行为；在城市市区噪声敏感建筑的集中区域内，夜间进行禁止进行的产生环境噪声污染的建筑施工作业的行为；在城市居民区或者其他环境敏感区产生噪声，影响周围居民休息和工作的行为；违反国家规定焚烧秸秆的行为或者在人口集中地区和其他依法需要特殊保护的区域内，焚烧沥青、油毡、橡胶、塑料、皮革、垃圾以及其他产生有毒有害烟尘和恶臭气体的物质的行为；在城市市区进行建设施工或者从事其他产生扬尘污染的活动，未采取有效扬尘防治措施，致使大气环境受到污染的行为；在城市集中供热管网覆盖地区新建燃煤供热锅炉的；污染公共饮用水、井水等公共水源，滥用农药而造成水污染的行为；在街道上不按规定倾倒垃圾或者随地便溺、吐痰的行为；故意毁坏公园、街道、公用设施周围的花草树木的行为。

第四，其他环境违法行为。包括：环境保护部门或者其他依法履行环境保护职责的部门的失职、渎职行为；环境影响评价单位、环境监测单位及其工作人员在履职中发生的失职行为；对检举、控告污染和破坏环境行为的单位和个人进行打击报复的行为；等等。①

---

① 参见易先良主编：《实用环境法手册》，69～70页，北京，中国政法大学出版社，1989。

7. 为什么有些合法的排污行为也要被追究法律责任?

合法的排污行为也应被追究法律责任，是由环境保护和环境法制的特殊性决定的。环境污染物通过物理的、化学的、生物的反应、转化和积聚，可以由无毒或者轻毒轻害物质变为有毒有害或者重毒重害物质，从而污染环境；加之考虑到经济合理性和技术可行性，国家环境立法和各种环境标准的要求是相对于环境本身的要求来说的，在严格程度上存在着一定的局限性。特别是，污染物排放标准是指，为实现环境质量标准，结合技术、经济条件和环境特点，对允许污染源排放污染物或有害环境能量的最高限额所做的规定，所遵循的是浓度指标而不是总量指标，这就有可能导致单个污染源虽然符合污染物排放标准但总体环境质量出现恶化的情况。也就是说，可能会出现：有的排污行为如排污活动即使符合国家规定的排放标准，不属于违法行为，也会造成环境污染或者对他人的人身财产造成损害。在这种情况下，由合法的排污者承担损害赔偿等民事责任比让无辜的受害人承担污染危害后果更为公平合理。

为了保护环境，保护公众的人身和财产权益，这种“合法排污”的行为人也应对其造成的损失承担责任，这种责任主要是民事责任中的损害赔偿责任。我国现行环境法规定，合法排污只能免除排污企业的环境行政责任，不会受到行政处罚，而不免除其损害赔偿等民事责任。例如，《环境保护法》第41条第1款规定，造成环境污染危害的，有责任排除危害，并对直接受到损害的单位或者个人赔偿损失。《水污染防治法》、《固体废物污染环境防治法》、《大气污染防治法》等法律中也作出了类似的规定，均未将行为的违法性作为承担排除危害、赔偿损失等民事责任的前提条件。根据这些规定，排污者即使没有违反环境保护方面的法律规定，只要造成了环境污染危害，就应当承担损害赔偿等民事责任。这些规定在《侵权责任法》第65条中又得到了进一步确认。

合法的环境行为也要被追究法律责任的情况在中外环境法中都是

常见的。但是需要指出的是，这种“合法排污”行为必须是造成了一定的人身或者财产损失的危害后果，其行为人才承担相应的民事损害赔偿责任。

8. 环境法上的“过激行为”发生的原因是什么？怎样行使正当防卫权？

环境法上的“过激行为”，是指公民出于对污染和破坏环境的行为的激愤，为了保护本人和周围群众的合法环境权益，而对污染和破坏环境的行为或者污染源所采取的具有一定破坏性的防范措施和行为。① 这类行为在工业化国家多有发生，通常被称为行使环境保护自卫权。典型的“过激行为”包括街头抗议、堵厂、打砸等。我国环境法对“过激行为”的态度比较模糊，但在刑法和民法上有明确的法律依据，即“正当防卫”。

发生“过激行为”的原因在于：一是环境污染和破坏超越了忍受限度，甚至已侵害到了公民的人身权和财产权。二是环境保护公众参与机制不健全。一些情况下，建设项目从立项到正常运转的整个过程缺乏公众参与，因而公众的环境保护要求不能在企业预防和治理中予以关注。三是政府的环境保护观念未与可持续发展原则相协调。一些地方政府以经济发展为本位，较少遵循可持续发展原则，甚至只是单纯追求经济效益而置公众的呼声于不顾。在得不到政府妥善处理的情况下，公众只能不得已而为之。四是中国特有的厌讼文化氛围的影响。“无讼”向来是儒家文化的理想社会，而中国人是深受传统文化思想影响的，公众不愿选择司法或准司法救济，而宁愿选择“过激行为”。

在大多数情况下，“过激行为”并不属于违法行为，而是维护公民合法环境权益的一种手段，应当是民法和刑法中正当防卫权的直接引申和在环境侵权方面的具体运用，具有明确的法律依据。但是在少数

---

① 参见易先良主编：《实用环境法手册》，92页，北京，中国政法大学出版社，1989。

情况下，“过激行为”也会演化成违法行为，甚至暴力犯罪行为。“过激行为”从间接来说是公众参与环境保护的一种方式，但其暴露出来的非法治化特征是非常明显的：一是救济行为的非理性色彩。堵厂、打砸工业设备等非理性举动是扰乱治安的行为，同时表现出一些“无政府主义”特征。二是“过激行为”难以最终解决纠纷。堵厂、打砸等形式的行为产生了新的法律关系，对于新的纠纷的救济仍需国家机关特别是司法介入。三是“忍受限度”缺乏明确的标准。没有明确标准的依据是不能用来执行的，而且判断忍受限度的主体不明确。

为了防止“过激行为”演化为违法犯罪行为，正确进行正当防卫，污染受害者在行使正当防卫权时应当注意其适用的前提条件：一是必须有污染或者破坏环境、侵害合法环境权益的行为存在。二是污染、破坏环境行为的不利影响已经超过了人的忍受限度。三是污染、破坏环境行为须是正在进行的。四是侵权行为人不听劝阻，也不愿意通过正常的行政和司法途径解决环境侵权问题。行使正当防卫权还应当遵守以下限制性要求：一是“过激行为”必须有保护合法权益免受正在进行的污染、破坏环境行为侵害的目的。也就是说，行为人必须明知自己是在制止正在进行的污染、破坏环境行为的防卫意识，而且行为人希望以此来保护合法权益免受侵害。二是“过激行为”必须针对侵害者及其设施，而不能损害第三方的利益，也不能损害与环境侵权无关的设施。三是“过激行为”不能超过必要的限度，应以制止环境侵权行为为限，不能造成不应有的损害。①

9. 公众怎样参与建设项目的环境影响评价，维护自身权益?

公众参与是建设项目在立项阶段或前期准备中的一项重要工作，我国目前已将其纳入建设项目环境影响评价中。公众参与程序可使环境影响评价制定的环境保护措施更具合理性、实用性和可操作性，预

① 参见王灿发：《环境法学教程》，116页，北京，中国政法大学出版社，1997。

防环境污染的发生；公众参与过程也体现了环境影响评价工作和有关部门对公众利益和权利（如居住权）的尊重，有利于提高人民群众的环境意识。具体来说，公众可以通过如下几条途径参与建设项目的环境影响评价：

第一，要求公布建设项目环境影响评价的基本情况。在建设单位确定了承担评价工作的环境影响评价机构后7日内，公众可以要求建设单位提供以下信息：（1）建设项目的名称及概要；（2）建设项目的建设单位的名称和联系方式；（3）承担评价工作的环境影响评价机构的名称和联系方式；（4）环境影响评价的工作程序和主要工作内容；（5）征求公众意见的主要事项；（6）公众提出意见的主要方式。① 在建设单位或者其委托的环境影响评价机构将环境影响报告书报送环境保护行政主管部门审批或者重新审核前，公众可以要求公告如下信息：（1）建设项目情况简述；（2）建设项目对环境可能造成影响的概述；（3）预防或者减轻不良环境影响的对策和措施的要点；（4）环境影响报告书提出的环境影响评价结论的要点；（5）公众查阅环境影响报告书简本的方式和期限，以及公众认为必要时向建设单位或者其委托的环境影响评价机构索取补充信息的方式和期限；（6）征求公众意见的范围和主要事项；（7）征求公众意见的具体形式；（8）公众提出意见的起止时间。② 在环境保护行政主管部门受理建设项目环境影响报告文件后，公众可以要求环境保护行政主管部门在其网站或者采用其他便利公众知悉的方式，公告环境影响报告书的有关信息。

第二，对建设项目的环境影响发表意见。公众可以在有关信息公开后，以信函、传真、电子邮件或者按照有关公告要求的其他方式，向建设单位或者其委托的环境影响评价机构、负责审批或者重新审核环境影响报告书的环境保护行政主管部门，提交书面意见。③ 公众可以要求建设单位或者其委托的环境影响评价机构反馈意见处理情况。

---

① 参见《环境影响评价公众参与暂行办法》第8条。

② 参见《环境影响评价公众参与暂行办法》第9条。

③ 参见《环境影响评价公众参与暂行办法》第14条。

公众认为建设单位或者其委托的环境影响评价机构对公众意见未采纳且未附具说明的，或者对公众意见未采纳的理由说明不成立的，可以向负责审批或者重新审核的环境保护行政主管部门反映，并附具明确具体的书面意见。① 公众可以要求举行建设项目环境影响评价听证会。希望参加听证会的公民、法人或者其他组织，应当按照听证会公告的要求和方式提出申请，并同时提出自己所持意见的要点。② 参加听证会的公众应当如实反映对建设项目环境影响的意见，遵守听证会纪律，并保守有关技术秘密和业务秘密。③

第三，对建设项目环境保护措施的落实情况进行监督。在建设项目获得环境保护部门批准后，公众可以对环境影响评价文件中提出的环境保护措施的落实情况进行监督。如果发现违法违规行为，可以向建设单位提出，并有权向环境保护行政主管部门举报。

10. 国家有关部门在环境保护方面的分工是什么?

根据《海洋环境保护法》，国务院环境保护行政主管部门作为对全国环境保护工作统一监督管理的部门，对全国海洋环境保护工作实施指导、协调和监督，并负责全国防治陆源污染物和海岸工程建设项目对海洋污染损害的环境保护工作。国家海洋行政主管部门负责海洋环境的监督管理，组织海洋环境的调查、监测、监视、评价和科学研究，负责全国防治海洋工程建设项目和海洋倾倒废弃物对海洋污染损害的环境保护工作。国家海事行政主管部门负责所辖港区水域内非军事船舶和港区水域外非渔业、非军事船舶污染海洋环境的监督管理，并负责污染事故的调查处理；对在中华人民共和国管辖海域航行、停泊和作业的外国籍船舶造成的污染事故登轮检查处理。船舶污染事故给渔

① 参见《环境影响评价公众参与暂行办法》第18条第1款。

② 参见《环境影响评价公众参与暂行办法》第25条第1款。

③ 参见《环境影响评价公众参与暂行办法》第27条。

业造成损害的，应当吸收渔业行政主管部门参与调查处理。国家渔业行政主管部门负责渔港水域内非军事船舶和渔港水域外渔业船舶污染海洋环境的监督管理，负责保护渔业水域生态环境工作，并调查处理前述规定的污染事故以外的渔业污染事故。军队环境保护部门负责军事船舶污染海洋环境的监督管理及污染事故的调查处理。①

根据《大气污染防治法》，县级以上人民政府环境保护行政主管部门对大气污染防治实施统一监督管理。各级公安、交通、铁道、渔业管理部门根据各自的职责，对机动车船污染大气实施监督管理。县级以上人民政府其他有关主管部门在各自职责范围内对大气污染防治实施监督管理。②

根据《水污染防治法》，县级以上人民政府环境保护主管部门对水污染防治实施统一监督管理。交通主管部门的海事管理机构对船舶污染水域的防治实施监督管理。县级以上人民政府水行政、国土资源、卫生、建设、农业、渔业等部门以及重要江河、湖泊的流域水资源保护机构，在各自的职责范围内，对有关水污染防治实施监督管理。③

根据《固体废物污染环境防治法》，国务院环境保护行政主管部门对全国固体废物污染环境的防治工作实施统一监督管理。国务院有关部门在各自的职责范围内负责固体废物污染环境防治的监督管理工作。县级以上地方人民政府环境保护行政主管部门对本行政区域内固体废物污染环境的防治工作实施统一监督管理。县级以上地方人民政府有关部门在各自的职责范围内负责固体废物污染环境防治的监督管理工作。国务院建设行政主管部门和县级以上地方人民政府环境卫生行政主管部门负责生活垃圾清扫、收集、贮存、运输和处置的监督管理工作。④

根据《环境噪声污染防治法》，国务院环境保护行政主管部门对全

---

① 参见《海洋环境保护法》第5条。

② 参见《大气污染防治法》第4条。

③ 参见《水污染防治法》第8条。

④ 参见《固体废物污染环境防治法》第10条。

国环境噪声污染防治实施统一监督管理。县级以上地方人民政府环境保护行政主管部门对本行政区域内的环境噪声污染防治实施统一监督管理。各级公安、交通、铁路、民航等主管部门和港务监督机构，根据各自的职责，对交通运输和社会生活噪声污染防治实施监督管理。①

根据《放射性污染防治法》，国务院环境保护行政主管部门对全国放射性污染防治工作依法实施统一监督管理。国务院卫生行政部门和其他有关部门依据国务院规定的职责，对有关的放射性污染防治工作依法实施监督管理。②

当受害者受到海洋、水、大气、固体废物、环境噪声和放射性污染方面的环境污染侵害时，可以按照上述规定到相关机关寻求帮助。

11. 污染环境应当承担哪些法律责任?

法律责任是指行为人实施的行为违反法律规定，所应承担的否定性法律后果。根据现行环境保护相关法律法规的规定，污染环境可能会承担如下三种法律责任：

第一，环境民事责任。环境民事责任是指行为人实施的行为违反环境保护法律有关民事义务的规定，侵害他人合法权益所应当承担的法律责任。环境民事责任的构成要件包括三个方面：一是具有污染环境的行为，即污染物排放，造成环境污染。二是造成损害。损害通常是指一定的行为或事件使某人受法律保护的权利和利益遭受某种不利益的影响。损害的产生是承担环境民事责任的前提，无损害即无责任。三是污染行为与损害之间存在因果关系。我国法律设置了举证责任倒置的制度。举证责任倒置使受害者的证明责任得到减轻，排污行为与损害之间是否存在因果关系，由法律进行事实上的推定。要推翻这一因果关系，由加害人负担举证责任。我国现行环境保护法规定的免责

① 参见《环境噪声污染防治法》第6条。

② 参见《放射性污染防治法》第8条。

事由主要有以下几种：一是不可抗拒的自然灾害；二是受害者自身的责任；三是第三人的过错；四是法律的特别规定。环境民事责任的承担方式主要包括停止侵害、排除妨碍、消除危险、恢复原状和赔偿损失以及赔礼道歉、消除影响等。

第二，环境行政责任。环境行政责任是指行为人违反环境保护法律有关环境行政管理的规定而应当承担的法律责任。环境行政责任的承担方式主要包括环境行政处罚和环境行政处分两大类。环境行政处罚是指国家行政机关对违反环境保护法律有关行政管理的规定而又没有构成犯罪的行为人所采取的处罚措施。环境行政处罚的种类包括警告、罚款、没收违法所得、没收非法财物、责令停产停业、暂扣或者吊销许可证、暂扣或者吊销执照、行政拘留等以及法律、行政法规规定的其他处罚措施。环境行政处分是指国家机关、企业事业单位或者其他组织根据法律或者有关规章制度的规定，按照行政隶属关系对其下属人员在环境保护方面的违法失职而又尚未构成犯罪的行为采取的处罚措施。对环境保护监督管理人员实施的行政处分包括警告、记过、记大过、降级、撤职、开除等六种。对环境行政管理相对人（主要是指全民所有制企业和城镇集体所有制企业中的所有非由国家行政机关任命的工作人员）实施的行政处分的种类包括警告、记过、记大过、降级、留用察看、开除六大类。

第三，环境刑事责任。环境刑事责任是指行为人实施的行为违反环境保护法律，造成或可能造成环境严重污染或破坏，符合犯罪构成要件时所应当承担的法律责任。依照罪刑法定原则，承担环境刑事责任的方式是由刑法明确规定的，主要包括刑罚和非刑罚方法两大类：其一，刑罚。刑罚包括主刑和附加刑两大类。主刑包括死刑、无期徒刑、有期徒刑、拘役和管制五种；附加刑包括罚金、剥夺政治权利、驱逐出境、没收财产四种。其二，非刑罚。除了上述刑罚手段外，我国刑法还规定了一些非刑罚方式。主要包括：赔偿经济损失、予以训诫或者责令具结悔过、赔礼道歉，或者由主管部门予以行政处罚或者行政处分。1997 年修订后的《刑法》在第六章第六节规定了“破坏环境资源保护罪”，再加上分散在其他各章的罪名，基本上包括了现行环境犯罪的各个方面。我国环境犯罪的主要罪名如下：(1) 走私罪，包括走私珍贵动物、珍贵动物制品罪，走私珍稀植物、珍稀植物制品罪，走私废物罪。(2) 破坏环境资源保护罪，包括：重大环境污染事故罪，非法处置进口的固体废物罪，擅自进口固体废物罪，非法捕捞水产品罪，非法猎捕、杀害珍贵、濒危野生动物罪，非法收购、运输、出售珍贵、濒危野生动物及其制品罪，非法狩猎罪，非法占用农用地罪，非法采矿罪，破坏性采矿罪，非法采伐、毁坏国家重点保护植物罪，非法收购、运输、加工、出售国家重点保护植物、国家重点保护植物制品罪，盗伐林木罪，滥伐的林木罪，非法收购、运输盗伐、滥伐的林木罪。(3) 渎职罪，包括：违法发放林木采伐许可证罪，环境监管失职罪，非法批准征收、征用、占用土地罪，非法低价出让国有土地使用权罪。

二、环境权益救济的途径

1. 发现环境违法犯罪行为时，公民应当怎样提出检举或者举报?

我国《宪法》第 26 条第 1 款规定，国家保护和改善生活环境和生态环境，防治污染和其他公害。第 41 条规定，对于公民的申诉、控告或者检举，有关国家机关必须查清事实，负责处理。任何人不得压制和打击报复。根据这些宪法条款的规定，公民的生活环境受到污染时，有权要求停止污染侵害。而且，对于公民的申诉、控告或者检举，有关国家机关必须查清事实，负责处理。我国《环境保护法》第 6 条规定："一切单位和个人都有保护环境的义务，并有权对污染和破坏环境的单位和个人进行检举和控告。"这些规定赋予了我国公民"检举和控告"的权利，这也是我国公民检举环境违法犯罪行为的最直接的法律依据。

具体来说，在发现环境违法犯罪行为时，公民可以向负有相关监督管理职权的政府部门提出举报或者投诉。比如，发现生产企业排放污水导致水污染的，可以向当地环境保护行政主管部门（环境保护局）提出举报和投诉；发现倾倒废弃物污染损害海洋环境的，可以向海洋行政主管部门（国家海洋局）提出举报和投诉；发现在城市市区医疗区、文教科研区和以机关或者居民住宅为主的区域内使用高音广播喇叭的，可以向当地公安机关提出举报和投诉；等等。

公民举报的环境违法犯罪行为，既可以是与自身环境权益受到损害直接相关的行为，也可以是与自身没有直接关系的行为；提出举报或者投诉的方式，既可以是口头的，也可以是书面的；既可以直接到负有监督管理职责的机关反映情况，也可以采用书信、传真、电话等形式，向政府机关或其工作部门提出建议、意见或者投诉请求。随着网络的普及，一些政府机关和行政单位也都设立了自己的网站，并在网站上专设了接受公民意见和建议的链接，公民也可以通过网络留言的方式提出举报。根据我国法律规定，有关机关对符合法律规定并属于法定职权范围内的检举事项，应当受理，不得推诿、敷衍、拖延；对不属于本机关职权范围的事项，应当告知举报人向有权的机关提出。有关行政机关收到举报和建议等事项后，能够当场答复是否受理的，应当当场书面答复；不能当场答复的，应当自收到举报建议之日起15日内书面告知举报人。但是，举报人的姓名（名称）、住址不清的除外。

2. 公民如何向有关环境保护机关申请行政执法?

公民在自身合法权益受到污染侵害时，有权向有关环境保护行政机关申请行政执法，来制止侵权者的侵权行为，有时还可以请求赔偿。申请行政执法时应当注意以下几个方面：

第一，公民自身的合法权益受到侵害。申请行政执法与检举（举报）最大的区别在于，前者要求公民自身的权益受到侵害，而后者不限于此。公民合法权益受到侵害，包括公民受到水污染、大气污染、噪声污染、放射性污染等各种情况的损害，也包括公民因受到这些损害后所产生的经济损失和健康损害。

第二，向有环境行政执法权的机构提出。不是所有的国家行政机关都能行使环境行政执法权，也不是除国家行政机关之外的其他部门都不能行使环境行政执法权。按照我国现行法律、法规的规定，环境行政执法机构包括：（1）各级人民政府，行使责令限期治理、责令企业事业单位停业关闭和采取强制性应急措施的权力等；（2）环境保护行政主管部门，大量环境行政执法职责由该部门履行，它是最重要的环境行政执法机构；（3）环境保护法律、法规授权对某些方面的污染防治实施监督管理的有关部门，如国家海洋行政主管部门、港务监督、渔政渔港监督、军队环境保护部门和各级公安、交通、铁路、民航管理部门等；（4）环境保护法律、法规授权对某些方面的资源保护实施监督管理的部门，如县级以上人民政府的土地、矿产、林业、农业、水利的行政主管部门等；（5）一些政府行政主管部门，如卫生、市政管理、园林、文物保护等行政主管部门，也负有某些环境行政执法的职责。

第三，有具体而明确的请求。公民向有环境行政执法权的机构提出行政执法的请求时，应同时提出具体而明确的请求，包括申请有环境行政执法权的机构履行法律规定的职责，作出环境行政处理决定，作出环境行政处罚决定，作出环境行政强制执行决定，作出环境监督和现场检查决定，等等。这些方式是我国环境行政执法的主要方式。

申请行政执法时，公民可以向有关部门提交书面申请，也可以以口头方式反映。为便于留存证据，公民可以通过挂号信、特快专递等方式向有关部门寄出书面申请行政执法的请求书，这一方面便于有关部门查询线索，联系当事人；另一方面，一旦发生行政机关不作为的情形，公民可以以挂号凭证、特快专递存根等作为证据，通过提起行政复议、行政诉讼等方式，进一步维护自身的合法权益。

3. 环境纠纷发生后，纠纷双方怎样达成和解或者调解？

和解或者调解是解决环境纠纷最简单方便和成本最低的方式。

环境纠纷的和解，是指发生了环境民事纠纷后，双方当事人自行协商，在分清是非的基础上，约定互相让步，签订协议，解决双方之间的争议。用这种方式解决环境纠纷，简便易行，而且有利于社会的安定，省钱又省时，建议尽量采用这种方式解决纠纷。

和解可以分为行政处理或者诉讼前的和解与行政处理或者诉讼中的和解。在行政处理或者诉讼前进行和解，不需要第三方的审查或者批准，只要双方达成协议，和解就可以成立。如果在诉讼过程中进行和解，则需要法院审查批准，和解协议方为有效。

纠纷双方能够达成和解的基础是分清是非、互谅互让，这需要双方能够坦诚交流，以公平合理的处理方法了结纠纷。如果污染者不讲道理或者根本不理会受害者的要求，这种途径就走不通了，那就必须寻求其他途径解决纠纷。

环境纠纷的调解，是指由第三方主持并促成发生环境纠纷的双方当事人互相协商，达成协议的活动。通过调解的方法解决纠纷，在我国早已经形成了一种制度，而且是解决纷争、增强人民团结的一种有效方法。现在的调解包括民间调解、行政机关调解和司法调解三种方式。

民间调解是指由不具有行政和司法地位或者身份的单位或个人作为第三方对环境纠纷进行的调解。比如，当事人一方或者双方邀请本地有威望、有学识、办事公道的人，或者邀请律师、人民调解委员会等出面调停。民间调解后当事人又反悔的，可以请求行政机关处理，也可以向人民法院起诉。

行政机关调解是指环境保护部门等行政管理机关主持的调解。目前，行政机关调解已经成为解决环境纠纷的主要途径。如果当事人对调解结果不满意，还可以对方当事人为被告向人民法院提起环境民事诉讼。比如，我国《水污染防治法》第86条规定，因水污染引起的损害赔偿责任和赔偿金额的纠纷，可以根据当事人的请求，由环境保护主管部门或者海事管理机构、渔业主管部门按照职责分工调解处理；调解不成的，当事人可以向人民法院提起诉讼。当事人也可以直接向人民法院提起诉讼。

司法调解是指环境纠纷起诉到法院之后，法院根据《民事诉讼法》第85条的规定进行的调解。法院主持的调解，应当根据当事人自愿的原则，在事实清楚的基础上，分清是非，进行调解。达成协议之后，法院应当制作调解书。调解书应当写明诉讼请求、案件事实和调解结果，并由审判人员、书记员署名，加盖法院印章，送达双方当事人。

调解书经双方当事人签收后，就具有法律效力，这也是司法调解与其他调解最主要的区别。

4. 环境纠纷发生后，纠纷双方怎样申请仲裁?

环境纠纷的仲裁解决，是指环境纠纷当事人双方之间的争议由特定的第三方居中调解，作出判断或裁决的活动。对于环境纠纷的仲裁，我国目前还没有专门的环境仲裁机构，也没有专门的环境仲裁法规。有明确规定的环境仲裁只适用于海洋环境污染纠纷。根据我国《海事仲裁委员会仲裁规则》的规定，如果当事人之间是因为海洋环境污染所发生的争议，可以通过申请中国海事仲裁委员会仲裁解决。

根据我国《仲裁法》第 2 条的规定，平等主体的公民、法人和其他组织之间发生的合同纠纷和其他财产权益纠纷，可以仲裁。这就意味着，不管当事人之间的污染纠纷属于何种类型，只要涉及财产权益，纠纷当事人就可以根据我国《仲裁法》的规定，达成仲裁协议之后，向我国的仲裁机构申请仲裁。据此，因环境污染侵害他人财产权而发生的纠纷，如果双方当事人自愿采用仲裁方式解决，并达成了仲裁协议的，就可以申请仲裁。仲裁委员会应当受理，并按照《仲裁法》和环境保护有关的法律法规作出裁决。

应当注意的是，我国仲裁不实行级别管辖和地域管辖，环境纠纷双方当事人可以选择任意的仲裁机构提出仲裁申请。当事人申请仲裁后，也可以自行和解。如果能够达成和解协议，就可以请求仲裁庭根据和解协议作出裁决书，也可以撤回仲裁申请。仲裁裁决书应当写明仲裁请求、争议事实、裁决理由、裁决结果、仲裁费用的负担和裁决日期。当事人协议不愿写明争议事实和裁决理由的，可以不写。裁决书由仲裁员签名，加盖仲裁委员会印章。对裁决持不同意见的仲裁员，可以签名，也可以不签名。当事人应当履行裁决。一方当事人不履行的，另一方当事人可以依照民事诉讼法的有关规定向人民法院申请执行。受申请的人民法院应当执行。

我国的仲裁实行“一裁终局”的制度。也就是说，裁决一旦作出，环境纠纷双方当事人就不能再就同一纠纷再次申请仲裁或者向人民法院起诉；即使提出申请，仲裁委员会或者人民法院也不会受理。

5. 污染受害者怎样要求有关环境保护行政机关进行行政处理?

环境纠纷的行政处理，是指有关人民政府或者环境行政管理机关根据纠纷当事人的请求，依法对环境纠纷作出处理决定的活动。目前，由环境行政管理机关处理环境纠纷，已经成为我国解决环境纠纷的一条主要途径。

根据我国《环境保护法》的规定，涉及以下三类问题时，受害者可以通过申请环境保护行政主管机关作出行政处理决定的方式解决。这三类问题是：跨行政区的环境污染、环境破坏纠纷；环境污染发生后的污染责任纠纷；赔偿金额纠纷。不过实践中，许多其他环境纠纷，如停止污染侵害、排除污染妨碍、消除污染危险纠纷也有请求处理的，而且环境保护行政主管部门一般也予受理。

赔偿责任和赔偿金额的纠纷，由环境保护行政主管部门或者其他依照法律规定行使环境监督管理权的部门负责处理。这里的“其他部门”是指：港务监督部门负责船舶污染海洋纠纷的处理，渔政渔港监督部门负责船舶污染海洋渔业水域纠纷的处理，交通部门的航政机关负责内陆水域船舶污染纠纷的处理，公安部门负责社会生活噪声纠纷的处理。

应当注意的是，环境保护行政主管部门依据《环境保护法》第 41 条第 2 款规定，根据当事人的请求，对因环境污染损害引起的赔偿责任和赔偿金额的纠纷所作的处理，当事人不服的，可以向人民法院提起诉讼。但这是民事纠纷双方当事人一方向另一方提起的民事诉讼，不能以作出处理决定的环境保护行政主管部门为被告提起行政诉讼。这是由于《环境保护法》第 41 条所说的纠纷是当事人之间因环境污染损害引起的有关赔偿问题的民事纠纷，环境保护部门对这类纠纷的处理，在性质上属于行政机关居间对当事人之间民事权益争议的调解处理。

环境保护部门根据当事人的请求，在具体处理这类纠纷时，应当认真调查，在查明事实、分清责任的基础上，通过调解的方式，合理确定赔偿金额，并促成当事人自愿达成协议，解决纠纷。环境保护部门根据当事人的请求，对污染赔偿纠纷所作的处理决定，不同于环境保护部门依职权主动作出并体现环境保护部门单方意志的具体行政行为；它与其他行政部门就赔偿问题所作的裁决和强制性补偿决定在性质上也是有区别的。环境保护行政管理机关对环境纠纷的行政处理，既不是必经程序，也不是最终程序。纠纷当事人可以不经行政处理而直接向人民法院起诉；经过行政处理，当事人对行政处理决定不服的，同样可以向人民法院起诉；如果一方当事人对处理决定不服，但既不向人民法院起诉，也不履行义务，另一方当事人可以向人民法院起诉。换言之，我国立法并没有赋予环境纠纷行政处理决定以强制执行的效力。

6. 环境污染受害者怎样向法院提起民事诉讼？

当环境污染已经对财产或者人身造成了实际损害，当事人可以向法院提起民事诉讼，目的在于请求侵权人承担民事责任。选择到法院打官司来解决遭受的环境污染危害问题，是法律赋予环境污染受害者的权利。受害者提起诉讼需要注意以下四项：

第一，选择有管辖权的法院。根据我国《民事诉讼法》第 29 条的规定："因侵权行为提起的诉讼，由侵权行为地或者被告住所地人民法院管辖。"我国现行司法解释中关于"侵权行为地"作了进一步的明确界定：侵权行为地包括侵权行为发生地和侵权结果发生地。即：环境污染受害者提交起诉状时，可以选择被告住所地人民法院，也可以选择污染行为发生地或者污染危害结果发生地的人民法院。

第二，确定被告。起诉必须以实施了侵权行为的主体作为被告，只有这样原告才可能实现自己的诉讼请求。确定被告的难点体现在涉及多个污染源共同致害时的情况。如果当事人受到的污染损害是由于多个主体共同作用而产生的，在法律上被称做“环境共同侵权”。此时，原告原则上应在起诉时把所有的排污者都作为被告人，这样才能最大限度地保证获得足额赔偿。但是，从减小诉讼阻力方面考虑，原告也可以只把主要污染排放者列为被告。原告一般应当在起诉状中明确提供被告的以下信息：如果侵权者是个人，那么需要写明其姓名、性别、年龄、民族、职业、工作单位和住所；如果侵权者是法人或非法人团体，那么需要写明其名称、住所和法定代表人或者主要负责人的姓名、职务等。

第三，收集和保全证据。诉讼请求得到支持有赖于法院对证据的认定和采信，因此，证据的收集对于打赢环境侵权官司至关重要。由于环境诉讼有受害范围较大、受害潜伏期长、诉讼时间较长等特点，原告应该积极采取委托公证机关公证或者委托鉴定机构鉴定等手段，及时取得或固定相关证据。在诉讼中，由谁负责举证，会对案件的判决结果产生很大的影响。负有举证责任的一方往往比无举证责任的一方处于更加不利的地位。根据最高人民法院 2001 年 12 月 6 日通过的《关于民事诉讼证据的若干规定》第 4 条的规定，因环境污染引起的损害赔偿诉讼，由加害人就法律规定的免责事由及其行为与损害结果之间不存在因果关系承担举证责任。这就是人们通常所说的环境诉讼中的“举证责任倒置”。按照这一规定，环境污染受害者仅需要对自己受到损害的事实承担证明责任，不需要对污染与损害结果之间的因果关系进行举证。然而，如果被告举出了损害结果与其排污行为不存在因果关系的证据，原告就需要提供排污行为与损害结果存在因果关系的证据，或者举证证明被告所提供的证据是虚假的。此外，原告最好在起诉书中附有相关的证据资料，如能够说明受到污染的照片、视听资料等。

第四，确定合理的诉讼请求。诉讼请求是原告提起诉讼想要达到的目的。在我国，环境民事诉讼的原告可以提出的诉讼请求包括停止侵害、排除妨碍、消除危险、恢复环境原状、损害赔偿等。一起环境纠纷，原告可以同时提出多种诉讼请求。比如，对因化工厂排放工业废弃物污染渔业水体的行为，如果已经造成了鱼的死亡，而且污染还在继续，那么，原告至少可以提出停止侵害、恢复水体质量原状、赔偿损失三种诉讼请求。

7. 环境污染受害者怎样提起环境行政诉讼?

除了环境民事诉讼外，公民也可以提起环境行政诉讼，也就是环境保护中的“民告官”，这是维护其合法权益的有力武器。按照我国《行政诉讼法》第 2 条的规定：公民、法人或者其他组织认为行政机关和行政机关工作人员的具体行政行为侵犯其合法权益，有权依照本法向人民法院提起诉讼。这是当前我国法院受理行政诉讼的重要法律依据。具体来说当行政机关拒绝履行保护环境的法定职责、不依法制止违法侵害环境的行为、作出有关环境的行政许可严重影响公民权益时，公民可以向法院起诉环境行政管理机关，请求它履行相关职责或者请求行政赔偿。此时，需要注意的事项主要有以下三个方面：

首先，公民所起诉的行政机关及其工作人员是清楚的、具体的，是可以指认的、不存在任何含糊的、能够确定的。公民、法人或者其他组织直接向人民法院提起诉讼的，作出具体行政行为的行政机关是被告。经复议的案件，复议机关决定维持原具体行政行为的，作出原具体行政行为的行政机关是被告；复议机关改变原具体行政行为的，复议机关是被告。一般来说，除了在当地辖区内属于重大、复杂的案件之外，环境行政诉讼应当向基层人民法院提起诉讼，由最初作出具体行政行为的行政机关所在地人民法院管辖。

其次，环境行政诉讼必须针对“具体行政行为”提出。“具体行政行为”是指行政机关和行政机关工作人员从事的行政处罚、行政强制措施等在内的行为类型，我国《行政诉讼法》第 11 条明确规定了法院受理的具体行政行为的种类。该法第 52 条还明确规定了人民法院审理行政诉讼案件，实质上是针对具体行政行为的合法性与否进行审查。比如，如果公民认为行政机关没有依法履行职责，导致某建设项目产生污染，就可以针对行政机关的具体行政行为的合法性提起行政诉讼。再如，根据《行政许可法》第36条规定：行政机关对行政许可申请进行审查时，发现行政许可事项直接关系他人重大利益的，应当告知该利害关系人。申请人、利害关系人有权进行陈述和申辩。行政机关应当听取申请人、利害关系人的意见。据此，在该法实施之后，如果某待批准的行政许可涉及对公众环境权益的影响，行政机关必须听取利害关系人的意见；否则，利害关系人可以直接以《行政许可法》第36条规定为依据，向人民法院提起行政诉讼。与上述具体行政行为相对应，如果公民仅仅对某项环境保护行政法规、规章或者环境保护行政机关制定、发布的具有普遍约束力的决定、命令不服，则不能提起环境行政诉讼。值得注意的是，人民法院审理环境行政案件，不适用调解。

再次，起诉应当符合法定的期限。由于具体的环境行政行为与保护环境、防治污染以及人民身体健康关系十分密切，有时甚至是非常紧急的，必须及时解决，所以环境行政诉讼的诉讼时效比较短。根据法律规定，我国行政诉讼中有两种时效：直接向人民法院起诉的，诉讼时效为3个月（例外：环境行政处罚行为应当在15天内提起诉讼）；对行政复议不服的，诉讼时效为15天（例外：《森林法》、《草原法》、《渔业法》规定为30天）。可见，仅有“告官”的权利意识是不够的，还要有时间观念。

8. 环境污染受害者怎样通过刑事诉讼追究环境犯罪人的刑事责任?

环境犯罪人的刑事责任，是指行为人违反相关环境法律，造成或者可能造成环境严重污染或者破坏，构成犯罪时，依照刑法应当承担的刑事法律后果。追究环境刑事责任是对环境违法行为的最严厉的制裁。

我国《刑法》第六章专设了“破坏环境资源保护罪”一节，从第338条到第346条，共有9条作出了专门规定；除这一节专门规定之外，刑法中还有其他条款也适用于环境犯罪的追究，比如第408条规定，负有环境保护监督管理职责的国家机关工作人员严重不负责任，导致发生重大环境污染事故，致使公私财产遭受重大损失或者造成人身伤亡的严重后果的，处3年以下有期徒刑或者拘役。通过刑事诉讼追究环境犯罪人的刑事责任，应当注意以下三点：

第一，环境犯罪的追诉主体。根据我国《刑事诉讼法》的有关规定，对环境刑事案件的侦查、拘留、执行逮捕、预审，由公安机关负责；对环境刑事案件的检察、批准逮捕、提起公诉，由人民检察院负责，涉及环境的国家工作人员的渎职犯罪，由人民检察院立案侦查；审判由人民法院负责。除法律特别规定的以外，其他任何机关、团体和个人都无权行使这些权力。

根据《刑事诉讼法》的规定，一旦污染环境的行为构成了犯罪，公安机关或者人民检察院发现犯罪事实或者犯罪嫌疑人后，就应当按照管辖范围，立案侦查。任何单位和个人发现有环境犯罪事实或者犯罪嫌疑人，有权利也有义务向公安机关、人民检察院或者人民法院报案或者举报。公安机关、人民检察院或者人民法院对于报案、控告、举报，都应当接受。对于不属于自己管辖的，应当移送主管机关处理，并且通知报案人、控告人、举报人；对于污染事故发生紧急，不属于自己管辖而又必须采取紧急措施的，应当先采取紧急措施，然后移送主管机关。

第二，环境犯罪的部分罪名。根据相关司法解释的规定，我国《刑法》第六章第六节“破坏环境资源保护罪”规定的环境犯罪罪名共包括：重大环境污染事故罪，非法处置进口的固体废物罪，擅自进口固体废物罪，走私废物罪，非法捕捞水产品罪，非法猎捕、杀害珍贵、濒危野生动物罪，非法收购、运输、出售珍贵、濒危野生动物、珍贵、濒危野生动物制品罪，非法狩猎罪，非法占用农用地罪，非法采矿罪，破坏性采矿罪，非法采伐、毁坏国家重点保护植物罪，非法收购、运输、加工、出售国家重点保护植物、国家重点保护植物制品罪，盗伐林木罪，滥伐林木罪，非法收购、运输盗伐、滥伐的林木罪。

第三，环境刑事责任的承担方式。环境刑事责任的承担方式，实际上就是环境犯罪人所受到的不同种类的刑罚处罚。我国刑法中规定的刑罚种类有：生命刑，即死刑；自由刑，包括管制、拘役、有期徒刑、无期徒刑；财产刑，包括罚金和没收财产；资格刑，包括剥夺政治权利和驱逐出境。对于环境犯罪人，这些刑罚种类基本上都适用。不过，对于法人构成环境犯罪的，目前能够适用的刑罚只有财产刑。

Q 9. 对有关环境保护行政机关处理决定不服，怎样提起行政复议?

为了防止和纠正违法或者不当的环境具体行政行为，保护公民、法人和其他组织的合法权益，我国公民、法人或者其他组织有权向行政机关提出行政复议申请。

其一，环境行政复议的范围。根据我国有关法律规定，公民、法人或者其他组织对环境保护有关行政机关的下列处理决定不服，可以申请行政复议：（1）对环境保护行政主管部门作出的警告、罚款、没收违法所得、责令停产停业、暂扣或吊销许可证等行政处罚决定不服的；（2）认为符合法定条件，申请环境保护行政主管部门颁发许可证、资质证、资格证等证书，或者申请审批、登记等有关事项，环境保护行政主管部门没有依法办理的；（3）对环境保护行政主管部门有关许可证、资质证、资格证等证书的变更、中止、撤销、注销的决定不服的；（4）认为环境保护行政主管部门违法征收排污费或者违法要求履行其他义务的；（5）申请环境保护行政主管部门履行法定职责，环境保护行政主管部门没有依法履行的；（6）认为环境保护行政主管部门的其他具体行政行为侵犯其合法权益的。应当注意的是，对县级以上地方各级人民政府环境保护行政主管部门的具体行政行为不服的，申请人可以选择向该环境保护部门的同级人民政府申请行政复议，也可以向其上一级主管部门申请行政复议。比如：如果申请人对某县环境保护局的行政处罚决定不服，申请人可以选择向县政府申请行政复议，也可以向该县所在地市环境保护局申请行政复议。

其二，环境行政复议的法定期限。按照我国《行政复议法》和《行政诉讼法》的有关规定，公民、法人或者其他组织认为具体行政行为侵犯其合法权益的，可以自知道该具体行政行为之日起60日内提出行政复议申请。复议机关应当自受理申请之日起60日内作出决定。申请人不服复议决定的，可以在收到复议决定书之日起15日内向人民法院提起诉讼。复议机关逾期不作决定的，申请人可以在复议期满之日起15日内向人民法院提起行政诉讼。

其三，环境行政复议的特殊规定。按照我国法律规定，公民、法人或者其他组织认为行政机关的具体行政行为侵犯其已经依法取得的土地、矿藏、水流、森林、山岭、草原、荒地、滩涂、海域等自然资源的所有权或者使用权的，应当先申请行政复议；对行政复议决定不服的，可以依法向人民法院提起行政诉讼。根据国务院或者省级人民政府对行政区划的勘定、调整或者征收土地的决定，省级人民政府确认土地、矿藏、水流、森林、山岭、草原、荒地、滩涂、海域等自然资源的所有权或者使用权的行政复议决定为最终裁决。即关于土地等自然资源所有权或者使用权的争议，行政复议是提起行政诉讼的必经前置程序，而且，省级政府对这一类问题作出的行政复议决定是终局决定。

10. 公民环境权益受到侵害后，怎样申请法律援助或者请求诉讼支持？

公民环境权益受到侵害后，可以向法律服务机构和律师、环境保护主管部门、有关社会团体或者相关民间环保组织寻求法律援助。

其一，向法律服务机构和律师申请法律援助。比如，2005年施行的《固体废物污染环境防治法》第84条规定，国家鼓励法律服务机构对固体废物污染环境诉讼中的受害人提供法律援助。此外，《律师法》

第 42 条规定：律师、律师事务所应当按照国家规定履行法律援助义务，为受援人提供符合标准的法律服务，维护受援人的合法权益。该法还在第 47 条和第 50 条分别规定了拒绝履行法律援助义务的律师和律师事务所应当承担的法律责任，包括对律师“给予警告，可以处五千元以下的罚款；有违法所得的，没收违法所得；情节严重的，给予停止执业三个月以下的处罚”；对律师事务所“给予警告、停业整顿一个月以上六个月以下的处罚，可以处十万元以下的罚款；有违法所得的，没收违法所得；情节特别严重的，由省、自治区、直辖市人民政府司法行政部门吊销律师事务所执业证书”等。

其二，请求环境保护主管部门和有关社会团体支持诉讼。我国《民事诉讼法》第 15 条规定，机关、社会团体、企业事业单位对损害国家、集体或者个人民事权益的行为，可以支持受损害的单位或者个人向人民法院起诉。环境保护相关立法中，明确规定支持诉讼的条款最早出现在《水污染防治法》中。该法第 88 条规定，环境保护主管部门和有关社会团体可以依法支持因水污染受到损害的当事人向人民法院提起诉讼。据此，公民在自身受到水污染损害时，可以向当地环境保护主管部门和有关社会团体提出依法支持诉讼的请求，有关部门和团体应当提供法律、技术等方面的支持。

其三，向相关民间环保组织寻求援助或者支持。比如，成立于 1998 年 10 月的中国政法大学环境资源法研究和服务中心，是经中国政法大学批准，由司法部备案的民间环境保护团体。中心主要业务范围包括：开办免费的污染受害者法律咨询热线电话，接待污染受害者的来信来访，为污染受害者提供无偿法律咨询服务，等等。中心热线电话（010-62267459）自 1999 年 11 月 1 日开通以来，截至 2008 年 12 月底，为全国各地的污染受害者提供了 11 253 次热线咨询，接待来访 609 人次，回答来信 424 封，并帮助近 120 起环境污染的受害者向法院提起了诉讼或者通过行政途径解决污染危害问题。其中，中心支持的福建省屏南县 1 721 位农民诉福建省（屏南）榕屏化工有限公司环境污染侵权案被评为“2005 中国十大影响性诉讼”之一。

11. 环境污染赔偿案件判决生效后，责任人拒绝赔偿怎么办？

在很多情况下，虽然环境污染受害者打赢了官司，可是承担赔偿责任的一方却可能拒不赔偿，使污染损害赔偿案件的原告胜诉后却依然得不到应有的补偿和救济。根据我国法律规定，生效的民事判决、裁定，当事人必须履行。一方拒绝履行的，对方当事人可以向人民法院申请执行。因此，如果发生了环境污染赔偿案件判决生效后，责任人拒绝赔偿的情况，胜诉方可以向人民法院提出执行申请，请求人民法院强制执行生效判决。根据《民事诉讼法》的相关规定，当事人提出执行申请，应当符合以下几个要件：

首先，申请执行的法律文书必须已经生效。即只有当环境污染赔偿的民事判决、裁定，或者刑事判决、裁定中的民事赔偿部分已经生效以后，当事人才可以提出申请。根据我国《民事诉讼法》的规定，最高人民法院的判决、裁定，以及依法不准上诉或者超过上诉期没有上诉的判决、裁定，都是生效的判决、裁定。其中，依法不准上诉的判决、裁定，是指作出后即时生效的判决、裁定，比如第二审人民法院作出的判决、裁定；超过上诉期的一审判决、裁定，一般来说，地方人民法院第一审判决的上诉期，是判决书送达之日起 15 日内，地方人民法院第一审裁定的上诉期，是裁定书送达之日起 10 日内。

其次，按照法律规定的程序提出申请。主要包括：（1）提出申请执行的主体应当是生效法律文书确定的权利人或其继承人、权利承受人。（2）申请应当在法定期限内提出。按照我国法律规定，申请执行的期间为 2 年，从法律文书规定履行期间的最后一日起计算。（3）申请应当向第一审人民法院或者与第一审人民法院同级的被执行的财产所在地人民法院提出；如果接受申请的人民法院自收到申请执行书之日起超过 6 个月未执行的，申请人才可以向上一级人民法院申请执行。

最后，应当提交有关的文件和证书。主要包括：（1）申请执行书，其中应当写明申请执行的理由、事项、执行标的（主要指法院判决赔偿的金钱数量），以及申请人所了解的被执行人的财产状况。（2）生效的法律文书的副本。(3) 申请人的身份证明。申请人如果是公民个人，应提交居民身份证；申请人如果是法人，应提交法人营业执照副本和法定代表人身份证明；申请人如果是其他组织，应提交营业执照副本和主要负责人身份证明；申请人如果是法律文书确定的权利人的继承人或权利承受人，还应当提交继承或承受权利的证明文件。

12. 怎样通过其他途径维护自己的环境权益？

除了上述途径之外，污染受害者还可以通过以下几条途径维护自己的环境权益：

第一，公民可以通过政府网站获取环境保护信息，了解有关环境监测的数据。2008 年 5 月 1 日起，国务院颁布的《政府信息公开条例》开始实施。根据条例规定，行政机关应当主动公开涉及公民、法人或者其他组织切身利益的、需要社会公众广泛知晓或者参与的各项政府信息，并应当重点公开环境保护、公共卫生监督检查情况等政府信息。原国家环境保护总局于 2007 年 4 月 11 日颁布的《环境信息公开办法（试行）》也开始实施，该办法明确规定了环境保护部门应当在职责权限范围内向社会主动公开的 17 项政府环境信息，包括：环境统计和环境调查信息；突发环境事件的应急预案、预报、发生和处置等情况；主要污染物排放总量指标分配及落实情况，排污许可证发放情况，城市环境综合整治定量考核结果等。

第二，公民可以关注并参与环境保护行政主管部门在审批或者重新审核建设项目环境影响报告书过程中征求公众意见的听证会、座谈会等活动，也可以以信函、传真、电子邮件或者按照有关公告要求的其他方式，向建设单位或者其委托的环境影响评价机构、负责审批或者重新审核环境影响报告书的环境保护行政主管部门，提交书面意见。我国《环境影响评价法》规定，国家鼓励有关单位、专家和公众以适当方式参与环境影响评价。专项规划的编制机关对可能造成不良环境影响并直接涉及公众环境权益的规划，应当在该规划草案报送审批前，举行论证会、听证会，或者采取其他形式，征求有关单位、专家和公众对环境影响报告书草案的意见；对环境可能造成重大影响、应当编制环境影响报告书的建设项目，建设单位应当在报批建设项目环境影响报告书前，举行论证会、听证会，或者采取其他形式，征求有关单位、专家和公众的意见。

第三，公民可以通过参加听证会，对直接涉及生态环境保护以及直接关系人身健康、生命财产安全等特定活动（例如铁路、高速公路的建设，大型水利工程的建造，城区的改建、扩建，大型企业的新建、改建、扩建等）发表个人的看法；通过听证会对自然资源的开发、利用活动，例如煤矿的开设、森林的开发、草原的利用等发表意见。

第四，公民可以通过环保组织或者新闻媒体维护自身的环境权益。比如，公民可以通过环保组织来表达自己对环境保护的看法，通过环保组织参与一些环境保护活动，保护自己周围的生态环境；还可以通过向媒体反映污染企业信息，提供有关采访线索等途径，让媒体对污染企业的行为予以曝光，从而迫使污染企业改变自身的行为。

三、关于环境诉讼的特别问题

1. 怎样在环境污染损害赔偿案件中获得支持起诉?

环境污染受害者除了争取获得法律援助以外，还可以获得机关、团体、企事业单位的帮助，这在法律中称为“支持起诉”制度。

我国《民事诉讼法》第 15 条规定了“支持起诉”制度，即“机关、社会团体、企业事业单位对损害国家、集体或者个人民事权益的行为，可以支持受损害的单位或者个人向人民法院起诉”。这条规定包含了以下几层意思：首先，支持起诉的主体是“机关、社会团体和企业事业单位”，通常包括受害者的上级主管行政机关、检察机关，妇联、共青团等社会团体和受害者所在公司、厂矿、学校等企事业单位，不包括个人、个体工商户等主体。其次，支持起诉的案件范围限于侵权案件，不包括如离婚、继承等涉及身份关系的案件。再次，支持起诉的适用仅限于起诉阶段，之后的法庭审理等过程则不包括在内。最后，支持起诉原则上是机关、社会团体和企事业单位主动进行的行为，不是法律强制规定的义务，也并没有要求提供支持的机关、社会团体和企事业单位与受损害的单位或者个人必须具有隶属关系或者利益关系。

那么，支持起诉原则在环境污染损害赔偿案件中又是如何适用的呢？受害者在环境污染损害赔偿案件中如何能够获得支持起诉呢?

从目前实践来看，在环境污染损害赔偿案件中，主要有地方检察机关、国有资产行政主管部门、受害者所在单位等参与帮助环境污染受害者向污染者提起诉讼。具体的支持方式包括在精神上鼓励不愿起诉的受害者依法提起诉讼，对因经济困难或者缺乏相关法律知识而不能起诉的受害者分别提供经济资助、宣传诉讼相关的法律知识、帮助收集与污染行为和损害后果相关的证据等。在不少案件中，支持起诉收到了较好的社会效果，鼓励环境污染受害者依法通过诉讼合理、有效地维护自身的合法权益。支持起诉是机关、团体和企事业单位的主动行为，但是环境污染受害者也可以通过向所属机关、所在单位或者其他有能力的机关、社会团体和企事业单位阐明情况、寻求帮助，以获得他们的支持。

支持起诉与法律援助不同。根据《法律援助条例》的规定，法律援助本质上是一种政府责任，由政府财政支持，由行政主管部门进行监督管理，其目的是保障经济困难的公民依法“获得法律咨询、代理、刑事辩护等无偿法律服务”。国家“鼓励社会对法律援助活动提供捐助”，“支持和鼓励社会团体、事业单位等社会组织利用自身资源为经济困难的公民提供法律援助”，并对其中作出突出贡献的组织和个人给予表彰和奖励。并且，《法律援助条例》还规定了应当提供法律援助的几种情形，违反者将受到处分、处罚直至追究刑事责任。因此，获得支持的受害者不仅限于经济困难的公民，还包括受损害的单位和个人；所获得的支持也不仅限于法律咨询、代理和刑事辩护等法律服务，还包括道义上的支持和经济上的帮助等。但是，环境污染受害者不能强求机关、社会团体或者企事业单位为其起诉提供支持。

2. 怎样在环境刑事诉讼中提起附带民事诉讼?

部分环境污染受害者担心如果污染者受到了刑事处罚，就无法赔偿自己遭受的经济损失了，因此对于追究污染者的刑事责任反而有一种抵触情绪。其实，这种担心是不必要的。《刑法》第 36 条明确规定：“由于犯罪行为而使被害人遭受经济损失的，对犯罪分子除依法给予刑事处罚外，并应根据情况判处赔偿经济损失。承担民事赔偿责任的犯罪分子，同时被判处罚金，其财产不足以全部支付的，或者被判处没收财产的，应当先承担对被害人的民事赔偿责任。”环境污染受害者维护自身的合法权益、依法获得赔偿的方式既可以是单独提起民事诉讼，也可以是在环境刑事诉讼中提起附带民事诉讼。

刑事附带民事诉讼是指被害人或者检察机关针对被告人犯罪行为造成的物质损失，而在刑事诉讼过程中附带提起的民事诉讼。我国《刑事诉讼法》第53条、第54条规定了这一制度。最高人民法院《关于执行〈中华人民共和国刑事诉讼法〉若干问题的解释》第六部分“附带民事诉讼”则对此作出了更为详细的规定。

在环境污染案件中，污染者的行为如果在构成环境犯罪的同时，符合下列条件的，环境污染受害者可以提起附带民事诉讼：原告人、法定代理人符合法定条件；有明确的被告人；有请求赔偿的具体要求和事实根据；被害人的物质损失是由被告人的犯罪行为造成的；属于人民法院受理附带民事诉讼的范围。

提起附带民事诉讼应当在刑事案件立案以后，第一审判决宣告以前。如果在第一审判决宣告以前没有提起的，就不能再提起附带民事诉讼，但是还可以在刑事判决生效后另行提起民事诉讼。在环境犯罪案件的侦查、预审、审查起诉阶段，环境污染受害者也可以向公安机关、人民检察院提出赔偿要求。该要求被公安机关、人民检察院记录在案的，在刑事案件起诉后，人民法院应当按附带民事诉讼案件受理；经公安机关、人民检察院调解，环境污染案件的受害者与污染者达成赔偿协议并且已经履行，受害者又坚持向法院提起附带民事诉讼的，人民法院也可以受理。

环境污染受害者提起附带民事诉讼，一般应当提交附带民事诉状；书写诉状确有困难的，可以口头起诉。审判人员应当对口头诉讼请求详细询问，制作笔录并宣读；经确认无误后，提起环境污染附带民事诉讼的受害者应当签名或者盖章。人民法院在收到附带民事诉状后，应当进行审查，并在7日内决定是否立案。与刑事案件中主要由检察机关及被告负责收集证据不同，附带民事诉讼案件的原告对自己提出的主张，有责任提供证据。但是，由于环境污染案件的特殊性，根据《水污染防治法》、《固体废物污染环境防治法》及有关司法解释的要求，污染者应该对他的行为与受害者的损害结果之间不存在因果关系和法律规定的免责事由等承担举证责任。

附带民事诉讼应当同刑事诉讼案件一并审判。但是由于环境污染案件往往具有损害时间长、损害结果大等特点，受害者遭受的物质损失或者污染者的赔偿能力可能一时难以确定。为了防止刑事案件审判的过分迟延，法院可以决定先审结刑事案件，之后再由相同的法官继续审理附带民事诉讼案件；如果这些法官确实无法继续参加审判的，可以更换。值得注意的是，与提起民事诉讼案件不同，法院审理刑事附带民事诉讼案件，不向污染受害者收取诉讼费。

环境污染破坏事故造成的损失可能会比较大，污染者被判决承担责任却又难以负担的情况下，没有被追究刑事责任的其他污染者、共同犯罪案件中案件审结前已死亡的污染者的遗产继承人、其他对刑事被告人的犯罪行为依法应当承担民事赔偿责任的单位和个人等，都依法负有赔偿责任。

3. 怎样确定共同诉讼及其诉讼代表人？共同诉讼的法律效力是什么？

环境污染损害纠纷案件往往涉及人数众多，很有可能出现共同诉讼的情况。《民事诉讼法》第 53 条至第 55 条规定了共同诉讼制度，最高人民法院《关于适用〈中华人民共和国民事诉讼法〉若干问题的意见》的第二部分“诉讼参加人”中也对此作出了详细规定。据此，共同诉讼是指在民事诉讼中，当事人一方或者双方为二人以上，他们的诉讼标的是共同或者同一种类，人民法院认为可以合并审理并且经过当事人同意的诉讼案件。

那么，怎样确定共同诉讼案件呢？有一种情况是在当事人明确的情况下，由人民法院主动合并审理而构成的共同诉讼案件。在环境污染损害案件中，受害者为两人以上，且诉讼标的是共同的或者同一种类的，如都是要求污染者停止污染行为、赔偿污染所遭受的损失等，人民法院认为可以合并审理，并且经过当事人同意，即可成为共同诉讼。而污染者作为共同诉讼人则可能存在以下几种情况：污染者共同实施或者同时实施了环境污染行为造成损害的；实施环境污染行为的个体工商户、个人合伙或私营企业挂靠在集体企业并以集体企业的名义从事生产经营活动的，该个体工商户、个人合伙或私营企业与其挂靠的集体企业为共同诉讼人；污染企业分立的，分立后的企业为共同诉讼人。还有一种情况是当事人人数众多但不确定的情况下，人民法院可以发出公告说明案件情况和诉讼请求，并根据案件情况通知权利人在一定期间（不得少于 30 日）内向人民法院登记。在环境污染诉讼案件中，参加登记的受害者应当证明他与污染者之间的环境污染损害关系和相应的事实；证明不了的，人民法院可以不予登记，这些受害者应该在诉讼时效内另行起诉。

另外，根据最高人民法院《关于妥善处理群体性行政案件的通知》，对于符合条件的起诉到法院的环境污染损害类群体性行政争议，法院必须受理。根据案件的不同情况，对于可分的群体性案件，可以分别立案受理；对于人数众多、重大复杂的群体性案件，一般由中级人民法院受理，也可以由上级人民法院指定其他基层人民法院受理。

并不是所有的共同诉讼人都可以出庭进行诉讼活动。法律规定，如果共同诉讼中当事人一方人数众多（一般是指 10 人以上），当事人可以推选代表人进行诉讼。环境污染损害诉讼中的受害者一般人数都很多，很有必要推选代表人进行诉讼。如《水污染防治法》第 88 条就规定，“因水污染受到损害的当事人人数众多的，可以依法由当事人推选代表人进行共同诉讼”。如果不是全体受害者都同意推选代表人或者不同意所推选的代表人的，那么也可以由部分受害者推选自己的代表人；未推选代表人的受害者可以自己继续参加诉讼，也可以另行起诉。登记参加共同诉讼的受害者也需要推选代表人，如果不能自己推选代表人参加诉讼的，可以由人民法院与他们协商确定代表人。

共同诉讼的一方当事人对诉讼标的有共同权利义务的，其中一人的诉讼行为经其他共同诉讼人承认，对其他共同诉讼人发生效力；对诉讼标的没有共同权利义务的，其中一人的诉讼行为对其他共同诉讼人不发生效力。一般来说，共同诉讼中的代表人所作出的诉讼行为，对其所代表的当事人发生效力，但代表人变更、放弃诉讼请求或者承认对方当事人的诉讼请求，进行和解，必须经被代表的当事人同意。比如，环境污染损害共同诉讼案件中，受害者一方的代表人递交起诉状的行为对他所代表的所有受害者都是具有效力的，但是他不可以不经过他所代表的受害者的同意就变更要求污染者赔偿的数额、放弃诉讼的请求或者私下与污染者达成和解。

4. 环境损害赔偿责任和赔偿金额纠纷是否经过行政处理后才能到法院起诉?

在环境污染损害纠纷中，有些人民法院会以该纠纷还没有经过环境保护行政主管部门或者其他依照法律规定行使环境监督管理权的部门调解或者处理而不予立案，并要求受害者先去行政机关寻求解决。那么这种处理方式是否正确反映了行政处理在环境赔偿责任和赔偿金额纠纷中的地位呢?

《环境保护法》第 41 条规定，造成环境污染危害的，有责任排除危害，并对直接受到损害的单位或者个人赔偿损失。赔偿责任和赔偿金额的纠纷，可以根据当事人的请求，由环境保护行政主管部门或者其他依照本法律规定行使环境监督管理权的部门处理；当事人对处理决定不服的，可以向人民法院起诉。当事人也可以直接向人民法院起诉。《环境噪声污染防治法》第 61 条、《大气污染防治法》第 62 条、《固体废物污染环境防治法》第 84 条、《水污染防治法》第 86 条等，也都作出了类似的规定。

从这些条文中不难看出，环境污染损害案件的赔偿责任和赔偿金额纠纷，当事人既可以请求环境保护行政主管部门或者其他依照法律规定行使环境监督管理权的部门对纠纷进行调解或者处理；也可以不经过调解和处理，直接向人民法院提起诉讼，要求人民法院居中裁判。申请行政主管部门处理纠纷和申请人民法院裁决纠纷是并行不悖的，不存在谁先谁后的问题。因此，要求受害者先找行政机关进行处理的做法是错误的。行政处理只是环境污染损害纠纷的一种解决手段，而不是提起环境污染损害诉讼的前提条件。

与一般的环境污染损害案件的赔偿责任和赔偿金额纠纷的处理不同的是，根据《土地管理法》第 16 条、《森林法》第 17 条的规定，土地和林木的所有权、使用权争议，则必须先由人民政府进行处理。当事人对处理决定不服的，可以在收到处理决定通知之日起 30 日内，向人民法院起诉。

行政处理程序在环境污染损害赔偿责任和赔偿金额纠纷与土地、林木所有权、使用权争议两类不同案件中的地位差异，其实与两类案件的不同性质有着密切关系。行政机关对于土地、林木的所有权、使用权都规定了较为严格的所有权和使用权登记管理制度，因此与法院相比，行政机关可以比较清楚地识别两类权利的真正享有者，可以更快地解决纠纷。而行政机关对于环境污染损害赔偿的责任认定和赔偿金额的计算，则并不具有这种明显的优势。因此，没有必要将行政处理作为环境污染损害赔偿责任和赔偿金额纠纷的前提条件。

5. 怎样在环境污染损害赔偿诉讼中使用鉴定结论?

环境污染损害纠纷案件中，往往涉及对污染行为违法性、损害事实、损害成因等专门性问题的鉴定。经过查证属实的鉴定结论才能作为认定事实的根据。因此，法律对于民事诉讼纠纷中鉴定的主体、程序、效力，以及申请鉴定的时间、指定鉴定的单位等都作出了规定。环境污染损害纠纷中的鉴定也必须依据法律的要求进行，并非任何个人或者单位都可以对环境污染的成因、污染的后果等专门性问题进行鉴定，也并不是所有的鉴定结论都会被人民法院接受并用于支持当事人的主张。

根据最高人民法院《关于民事诉讼证据的若干规定》第29条的规定，鉴定人出具的鉴定书应当具有下列内容：委托人姓名或者名称、委托鉴定的内容；委托鉴定的材料；鉴定的依据及使用的科学技术手段；对鉴定过程的说明；明确的鉴定结论；对鉴定人鉴定资格的说明；鉴定人员及鉴定机构签名盖章。其中最为重要的就是资质和程序的合法。

鉴定机构和人员必须具有相应资质。作出鉴定结论的机构必须具备从事鉴定工作所必需的技术、设备、场所，从事鉴定的人员必须具备该领域的专业知识，获得相应的资格证书。鉴定机构和人员必须获得主管行政机关的许可，登记在册，方可在规定的范围内从事鉴定工作。然而，我国目前尚没有认定环境污染损害的司法鉴定机构。环境污染损害案件的鉴定机构主要包括两类，一类是各行政主管部门下属的监测中心、监测站、研究院等，以接受行政机关和社会委托为主，有的地方性法规也将环境监测站列为环境污染损害纠纷案件的法定鉴定机构；另一类是司法鉴定机构名录中从事法医学鉴定、微量鉴定的机构，这些机构可以对环境污染致人体健康损害、污染物中的微量元素等进行鉴定。

鉴定的程序必须合法。一方面，鉴定要符合相应的技术规范和技术标准的要求，鉴定样品的采集、保存、运输、化验等步骤均需符合规定。另一方面，鉴定结论需要具备的各项要素必须完备。例如，鉴定结论应书面作出，鉴定机构和鉴定人应在鉴定结论报告书上签名或者盖章，鉴定结论应在规定的期限内作出，等等。

当事人除了可以自己聘请鉴定机构出具鉴定报告之外，还可以申请法院在诉讼过程中进行司法鉴定；法院也可以依职权主动开展司法鉴定工作。《民事诉讼法》第72条规定：人民法院对专门性问题认为需要鉴定的，应当交由法定鉴定部门鉴定；没有法定鉴定部门的，由人民法院指定的鉴定部门鉴定。鉴定部门及其指定的鉴定人有权了解进行鉴定所需要的案件材料，必要时可以询问当事人、证人。鉴定部门和鉴定人应当提出书面鉴定结论，在鉴定书上签名或者盖章。鉴定人鉴定的，应当由鉴定人所在单位加盖印章，证明鉴定人身份。

最高人民法院《关于民事诉讼证据的若干规定》第25条到第28条则对此作出了进一步的规范。其中规定了申请鉴定的期限，除了依法申请重新鉴定的情形以外，当事人申请鉴定应当在举证期限内提出。对需要鉴定的事项负有举证责任的当事人，在人民法院指定的期限内无正当理由不提出鉴定申请或者不预交鉴定费用或者拒不提供相关材料，致使对案件争议的事实无法通过鉴定结论予以认定的，应当对该事实承担举证不能的法律后果。该规定还规范了鉴定机构和鉴定人员的选取办法。当事人申请鉴定经人民法院同意后，由双方当事人协商确定有鉴定资格的鉴定机构、鉴定人员，协商不成的，由人民法院指定。

当事人对人民法院委托的鉴定部门作出的鉴定结论有异议申请重新鉴定，并提出证据证明存在下列情形之一的，人民法院应予准许：鉴定机构或者鉴定人员不具备相关的鉴定资格的；鉴定程序严重违法的；鉴定结论明显依据不足的；经过质证认定不能作为证据使用的其他情形。一方当事人自行委托有关部门作出的鉴定结论，另一方当事人有证据足以反驳并申请重新鉴定的，人民法院也应予准许重新鉴定。

实践表明，能否正确获得并运用鉴定结论往往是决定环境污染损害赔偿诉讼成败的关键因素。环境污染受害者除了应该正确认识鉴定结论的地位之外，还应该学会主动寻求并配合专业鉴定机构的帮助。受害者可以在专业鉴定机构或者律师的指导下，及时保存遭受污染损害的各种有关证据，以利于鉴定结论的正确作出。

Q 6. 环境民事诉讼的时效期间怎样计算?

诉讼时效是指民事权利受到侵害的公民、法人或者其他组织，在法律规定的时效期间内不行使所享有的权利，在时效期间届满之后，权利人就丧失请求人民法院依照诉讼程序裁决其胜诉的权利的制度。

制定诉讼时效制度的目的在于督促权利人积极行使权利，尽快解决民事纠纷。

诉讼时效分为普通诉讼时效和特殊诉讼时效。普通诉讼时效是指在一般情况下普遍适用的时效期间。我国《民法通则》第135条规定："向人民法院请求保护民事权利的诉讼时效期间为二年，法律另有规定的除外。"特殊诉讼时效是指针对某些特定的民事法律关系而制定的诉讼时效，特殊诉讼时效优于普通诉讼时效适用。《民法通则》第141条就规定："法律对诉讼时效另有规定的，依照法律规定。"特殊时效又可以分为三种。短期诉讼时效，期间不满2年，如只有1年；长期诉讼时效，期间在2年以上20年以下；最长诉讼时效，是指根据《民法通则》第137条规定的"从权利被侵害之日起超过二十年的，人民法院不予保护"，即从权利被侵害之日起计算，即使权利人不知道自己权利受到侵害，超过20年以后，法院也不予保护权利人的胜诉权。但是，"有特殊情况的，人民法院可以延长诉讼时效期间"。

环境污染损害赔偿诉讼适用的是特殊诉讼时效中的长期诉讼时效。《环境保护法》第42条规定："因环境污染损害赔偿提起诉讼的时效期间为三年，从当事人知道或者应当知道受到污染损害时起计算。"在这里，"当事人知道或者应当知道受到污染损害"是指损害事实已经显著发生，按照一般人的知识水平都可以知道自己受到损害。比如污染受害者发现自家果树、粮食减产，从医院获知自己的身体健康受到损害等。

诉讼时效还存在中断或者中止的情况。《民法通则》第139条规定："在诉讼时效期间的最后六个月内，因不可抗力或者其他障碍不能行使请求权的，诉讼时效中止。从中止时效的原因消除之日起，诉讼时效期间继续计算。"不可抗力主要是指"不能预见、不能避免并不能克服的客观情况"，包括地震、洪水等。《民法通则》第140条规定："诉讼时效因提起诉讼、当事人一方提出要求或者同意履行义务而中断。从中断时起，诉讼时效期间重新计算。"根据2008年最高人民法院《关于审理民事案件适用诉讼时效制度若干问题的规定》，环境污染损害赔偿诉讼中诉讼时效中断的情形包括以下几个方面："提起诉讼"，即受害者向法院递交诉状或口头起诉污染者；"当事人一方提出要求"，即受害者一方直接向污染者送交主张权利文书，污染者在文书上签字、盖章或者虽未签字、盖章但能够以其他方式证明该文书到达污染者手中；受害者以挂号信、传真、电子邮件等方式向污染者主张权利；受害者提起仲裁；受害者向人民调解委员会以及其他依法有权解决相关民事纠纷的国家机关、事业单位、社会团体等提出保护环境权利请求；受害者向公安机关、人民检察院、人民法院报案或者控告，请求保护环境权利等情形。

环境污染损害往往具有持续时间久、潜伏期长、隐蔽性强、难以确定污染者等特点。因此，有的受害者可能错过了20年的最长诉讼时效，但这并不意味着受害者的权利就无法得到实现了。一方面，如果法院根据特殊情况延长了诉讼时效期间的话，受害者还可以在延长的期间内向法院请求保护自身权利。另一方面，超过诉讼时效只是使受害者不能通过法院的途径维护自身权利，但是该权利还是客观存在的，当事人双方自愿达成协议并履行的，不受诉讼时效限制。

Q 7. 如果污染者、受害者和第三方在环境民事纠纷中都有过错，怎样分配损害赔偿责任?

在实践中，环境污染损害行为可能由多个主体共同实施，或者是由第三人的过错引起，或者由污染受害者和污染者共同实施。这就涉及环境民事纠纷中的混合过错问题。理清环境民事纠纷中混合过错的赔偿责任，对于污染者合理承担赔偿责任，平衡污染者、受害者、第三方的利益具有重要意义。

《民法通则》第130条规定："二人以上共同侵权造成他人损害的，应当承担连带责任。"这是关于一般共同侵权的规定，涉及的是多个加害人因共同实施加害行为造成他人损害的情形。因此，在环境侵权中，只要有证据证明多个污染者共同实施了排污行为，造成了受害者的损失，这些污染者都要对受害者承担连带责任，而不论污染者是否有过错，或者谁的排污量大，谁的排污量小。

《海洋环境保护法》第 90 条规定，“造成海洋环境污染损害的责任者，应当排除危害，并赔偿损失；完全由于第三方的故意或者过失，造成海洋环境污染损害的，由第三方排除危害，并承担赔偿责任”。这里适用的是第三方直接承担责任的方式。但在实践中，这种责任承担方式不一定能够最好地保护受害者的利益和恢复受污染破坏的环境。因此，《水污染防治法》第 85 条就规定，“水污染损害是由第三人造成的，排污方承担赔偿责任后，有权向第三人追偿”。水污染损害即使是由第三方造成的，也应该由排污方首先承担赔偿责任，然后再由排污方向第三人追偿。

《水污染防治法》第 85 条还规定，“水污染损害是由受害人故意造成的，排污方不承担赔偿责任。水污染损害是由受害人重大过失造成的，可以减轻排污方的赔偿责任”。受害者故意造成水污染损害，一般是指受害者明知道存在遭受污染损失的后果，还继续使自己承受这种后果。比如受害者明知道河水被严重污染已经不适合养殖水产品，还在河里从事养殖。而受害者重大过失造成的损害，是指受害者知道或者应该知道存在遭受污染损失的风险，但是没有给予应有的注意，从而导致自己遭受污染损失。比如，受害者在知道引用工厂排出的污水灌溉可能会导致减产，但却自以为可以避免等。在这种情况下，受害者要根据法官认定的责任大小，自己承担一部分责任。

因此，弄清楚受害者、污染者和第三方之间的责任关系，有助于理清混合过错中的责任承担，使污染者和第三方承担应有的责任，使受害者得到合理的赔偿。

Q 8. 环境信访与环境诉讼之间的关系是什么?

环境信访与环境诉讼一样，是我国解决环境纠纷的一种方式。根据《环境信访办法》第 2 条的规定，环境信访是指“公民、法人或者其他组织采用书信、电子邮件、传真、电话、走访等形式，向各级环境保护行政主管部门反映环境保护情况，提出建议、意见或者投诉请求，依法由环境保护行政主管部门处理的活动。”但是，环境信访与环境诉讼的主体不同、范围不同、程序不同、期限不同、所发挥的作用和效果也不尽相同。正确认识环境信访与环境诉讼的关系，有助于环境污染受害者选择适当的方式维护自身权益。

首先，环境信访与环境诉讼的主体不同。在环境信访中，以规定的形式，向环境保护行政主管部门反映环境保护情况，提出建议、意见或者投诉请求的公民、法人或者其他组织就是环境信访人。而环境民事诉讼或者行政诉讼一般都要求原告必须与所反映的纠纷具有直接利害关系。

其次，环境信访与环境诉讼的范围不同。环境信访人可以提出的信访包括：检举、揭发违反环境保护法律、法规和侵害公民、法人或者其他组织合法环境权益的行为；对环境保护工作提出意见、建议和要求；对环境保护行政主管部门及其所属单位工作人员提出批评、建议和要求。而环境民事诉讼的范围限于针对环境污染引起的财产关系和人身关系纠纷所提起的诉讼；环境行政诉讼的范围限于对具体环境行政行为不服而提起的诉讼。因此，环境信访的范围比环境诉讼的范围更宽。

再次，环境信访与环境诉讼的各项期限有别。环境信访机构对于环境信访事项能够当场决定受理的，应该当场答复信访人。而人民法院接到环境行政或者环境民事案件的诉状后，应该在 7 日内决定是否受理并通知当事人。环境信访事项应当自受理之日起 60 日内办结，情况复杂的，经本级环境保护行政主管部门负责人批准，可以适当延长办理期限，但延长期限不得超过 30 日，并应告知信访人延长理由。而环境民事案件一审一般的审限是 6 个月；环境行政案件一审一般的审限是 3 个月，都比环境信访的时间要长。

最后，对环境信访和环境诉讼的监督也有区别。环境信访人对于环境保护行政主管部门作出的环境信访事项处理决定不服的，可以自收到书面答复之日起30日内请求原办理部门的同级人民政府或上一级环境保护行政主管部门复查。对于复查意见不服的，还可以自收到书面答复之日起30日内请求复查部门的本级人民政府或上一级环境保护行政主管部门复核。而环境民事诉讼和行政诉讼则通过二审、再审制度进行监督。

9. 污染受害者怎样向人民法院申请帮助调查收集证据?

在环境污染损害赔偿诉讼中，由于经济实力、知识水平、技术手段、管理制度以及其他客观原因的限制，受害者和他的诉讼代理人很可能无法提供全部证据以证明自己的主张。在这种情况下，受害者可以依法申请由法院调查收集证据。

《民事诉讼法》第64条规定，“当事人对自己提出的主张，有责任提供证据。当事人及其诉讼代理人因客观原因不能自行收集的证据，或者人民法院认为审理案件需要的证据，人民法院应当调查收集”。那么，需要由法院帮助调查收集的证据一般有哪些呢?受害者又怎样才能申请法院调查收集证据呢?

一般来说，在环境污染损害赔偿纠纷案件中，受害者需要申请法院帮助调查收集的材料有以下几种：（1）属于国家有关部门保存并须人民法院依职权调取的档案材料。如依法不属于信息公开范围内的环境保护行政主管部门保存的环境监测数据、水行政主管部门保存的水文监测数据、气象行政主管部门保存的气象监测数据等。（2）涉及国家秘密、商业秘密、个人隐私的材料。如污染者可能以商业秘密为由拒不提供的工艺流程、原材料使用情况、污染物排放数据等，以及银行、邮局等单位保存的污染者的账目、通讯往来情况；又比如污染者以个人隐私为由拒不出具的个人资产情况等信息。（3）证据持有人拒不提供相关证据，而又有充分信息表明其持有相关证据的。如某摄影、摄像爱好者不愿提供的在污染事故现场碰巧拍摄的记录污染事故或者排污行为的照片、影像等。（4）受害者因经济原因无力出具的鉴定结论等。(5) 需要特殊处理或者保管的放射性污染的污染源等危险物品等。(6) 原告及其代理人因客观原因确实不能自行收集的其他材料。

受害者申请人民法院帮助调查收集证据，需要递交调取证据申请书。申请书的内容应该包括证据调查申请书的文书名称、申请人的姓名及基本情况、请求法院调查收集的证据、申请法院调查收集该证据的具体事实和理由、所申请调取的证据准备证明的事实或者主张、申请帮助调查收集证据的人民法院的名称、申请人的签名或者盖章以及申请的日期，最后还应附上所申请调查收集的证据的名称、证据的来源、证据的存放地或者持有人、申请人已经了解的基本情况（如证人的姓名、地址等)。受害者及其诉讼代理人要注意必须在举证期限内提交调取证据申请书。

人民法院对受害者及诉讼代理人的帮助调取收集证据的申请不予准许的，应向受害者或其诉讼代理人送达通知书。受害者及诉讼代理人可以在收到通知书的次日起 3 日内向受理申请的人民法院书面申请复议一次。人民法院应当在收到复议申请之日起 5 日内作出答复。

人民法院帮助调取收集的证据一般应当是书证的原件、物证的原物或者数据、视听资料的原始载体，确有困难不能收集的，应该调取副本、复制件或者复制品，并在调查笔录中说明来源和取证情况。

Q 10. 污染者应当承担什么样的环境民事责任?

污染者的环境民事责任主要由《民法通则》为主的民事法律、法规和司法解释，以及以《环境保护法》为主的环境保护相关法律法规进行规定。追究污染者环境民事责任的主要法律依据包括：《民法通则》第 124 条、第 134 条，《环境保护法》第 41 条，《环境噪声污染防治法》第 61 条，《大气污染防治法》第 62 条，《固体废物污染环境防治法》第 85 条，《水污染防治法》第 85 条。这些条文规定了环境污染破坏者承担民事责任的三种主要形式——排除危害、赔偿损失和恢复原状。其中又排除危害、赔偿损失为主，恢复原状的责任承担方式则首先规定于2004年修改的《固体废物污染环境防治法》之中。

排除危害是传统民事责任承担方式的停止侵害在环境保护领域的具体体现。它的意思是污染者应该停止任何危害人体生命、健康和财产的环境污染破坏行为，使环境污染受害者不再遭受任何进一步的损害及承受损害的风险。这是环境保护中最基本的民事责任要求。

赔偿损失是传统民事责任中一种常见的责任承担方式，基本内容是加害人以货币形式赔偿因为自己的侵权行为给受害者造成的损失。在环境保护法中，赔偿损失的责任承担方式比较常见。这是因为，环境污染破坏行为往往都给受害者造成了各种各样的损失，包括财产权损失（如养殖的鱼苗、种植的林木因为污染而死亡造成的损失）和非财产权损失（如因为污染而导致的身体健康损害，进行治疗而花费的费用等）。赔偿损失的适用应该是全面和及时的，要对受害者所遭受的所有经证实的损失都进行足额、迅速的赔偿。赔偿损失的适用不应影响排除危害、恢复原状等其他环境民事责任的适用。也就是说，污染者不能以已经赔偿受害者的经济损失为理由，继续进行环境污染破坏行为，也不可以因为赔偿受害者的经济损失而不履行恢复原状、治理环境的责任。

恢复原状是指通过采取一系列可行的措施，对侵权行为造成的后果加以补救或消除，使侵权行为的对象恢复到侵权行为没有发生时的状态。这种责任承担方式的特殊之处在于，它仅适用于具有恢复原状可能性的侵权情形。在环境污染破坏责任承担方式中，环境一旦遭到破坏，就很难恢复到与原来的状态一模一样的情况。因此，恢复原状更多的是恢复环境的基本要素和使用功能，这也是更符合环境保护目的的责任承担方式。要合理选择适用恢复原状的责任承担方式。比如，在固体废物污染环境的情况下，污染者恢复原状责任的具体承担方式包括收回违法丢弃的固体废物妥善处置，挖出受到固体废弃物污染的土壤进行替换等。

可见，排除危害、赔偿损失、恢复原状这三种责任承担方式各有自己的适用条件，也各有优缺点，并且是相互补充的。对于环境污染破坏行为，受害者可以首先要求排除危害，然后对受到的损失要求污染者进行赔偿，如果可行，还可要求污染者恢复原状。

11. 怎样请求环境民事诉讼中的精神损害赔偿?

环境污染不仅会造成财产损失和人身健康损害，有的环境侵权行为更会造成精神上的损害。合理认定环境侵权人的精神损害赔偿责任，对于保护环境民事诉讼中受害者的精神利益具有重要意义。

精神损害赔偿是受害者因加害人的侵权行为受到精神上的损失而向加害人提出的赔偿，主要适用于受害者人身权受侵害的场合，要求加害人承担责任的方式可以是财产责任和非财产责任。根据2001年最高人民法院《关于确定民事侵权精神损害赔偿责任若干问题的解释》的规定，自然人因生命权、健康权等人格权利遭受非法侵害，向人民法院起诉请求赔偿精神损害的，人民法院应当依法予以受理。其精神损害赔偿的范围包括四种情形：（1）侵害他人生命权、健康权、身体权、姓名权、肖像权、名誉权、荣誉权、人身自由权等人格权，给他人造成精神损害的；（2）侵犯监护身份权，非法使被监护人脱离监护，给监护人造成精神损害的；（3）侵害死者人格权或非法利用、侵害遗体、遗骨给死者近亲属造成精神损害的；（4）永久性灭失或毁损他人具有人格象征意义的特定纪念物品而造成精神损害。由此可知，我国的精神赔偿责任主要集中在人身权利特别是人格利益侵害的行为中，对于其他侵权行为的损害赔偿则不能请求精神损害赔偿。因此，要追究环境侵权人的精神损害赔偿责任，必须是污染者的环境侵权行为侵害到了受害者的人格利益。

需要注意的是，在我国，精神损害赔偿是一种附属性的赔偿方式，只有在其他利益受到损害时才可以一并提出赔偿请求，而不能单独以精神遭受损害为由要求赔偿。因此，精神损害赔偿只能在人身损害赔偿中附带的提出。在环境侵权中也是如此，一般要求受害者的生命权或者健康权受到实际损害之后，才可附带提出精神损害的赔偿。因此，受害者往往需要证明自己的健康权因环境污染破坏行为受到侵犯之后，他的精神损害赔偿请求才可能得到法院的支持。受害者及其诉讼代理人需要在诉讼过程中注意收集相关的证据，以支持自己的精神损害赔偿请求。

12. 在环境民事诉讼中，污染者和受害者分别承担什么样的举证责任？

确定举证责任是民事诉讼中最重要的问题之一，举证的成功与否直接决定着当事人的诉讼请求能否得到法院的支持。而在环境污染损害赔偿诉讼中，由于环境污染破坏行为具有潜在性、持久性、广泛性等特点，所以受害者在环境污染损害赔偿诉讼中的举证更加困难。因此，民事法律和环境保护相关法律对于环境污染损害赔偿诉讼中的举证责任作出了特殊安排，对于受害者有效举证、维护自己的合法权益具有重要意义。

我国民事法律和环境保护相关法律对于环境污染损害赔偿诉讼适用特殊的构成要件与举证责任制度。《民法通则》第124条规定：违反国家保护环境防止污染的规定，污染环境造成他人损害的，应当依法承担民事责任。而《环境保护法》第41条则规定，造成环境污染危害的，有责任排除危害，并对直接受到损害的单位或者个人赔偿损失。《环境保护法》改变了《民法通则》的规定，不以行为违反国家保护国家环境防止污染的规定为前提。也就是说，只要造成了环境污染危害，就有责任排除危害、赔偿损失；受害者只需要证明环境污染危害的现实发生，以及遭受污染损失的事实即可。最高人民法院《关于适用〈中华人民共和国民事诉讼法〉若干问题的意见》第74条规定，“在诉讼中，当事人对自己提出的主张，有责任提供证据。但在下列侵权诉讼中，对原告提出的侵权事实，被告否认的，由被告负责举证……(3) 因环境污染引起的损害赔偿诉讼”；最高人民法院《关于民事诉讼证据的若干规定》第4条再次规定，因环境污染引起的损害赔偿诉讼，由加害人就法律规定的免责事由及其行为与损害结果之间不存在因果关系承担举证责任。而在环境污染防治类法律中，《固体废物污染环境防治法》第 86 条规定，因固体废物污染环境引起的损害赔偿诉讼，由加害人就法律规定的免责事由及其行为与损害结果之间不存在因果关系承担举证责任。而《水污染防治法》第 87 条也规定：因水污染引起的损害赔偿诉讼，由排污方就法律规定的免责事由及其行为与损害结果之间不存在因果关系承担举证责任。《侵权责任法》第 66 条也作出了类似的规定。

这些法律规定结合在一起，构成了环境污染损害赔偿诉讼中的特殊举证责任制度。受害者无须证明污染者有过错以及污染者的加害行为与自己所受损害之间有因果关系。而污染者要想免除责任，必须证明存在法定免责事由或者自己的行为与受害者所受的损害之间没有因果关系。当然，如果受害者能够收集到污染者的污染行为与自己遭受的损害之间有因果关系的证据，则可以更直接地证明污染者给自己造成的损害，有利于自己获得赔偿。

四、常见类型环境污染及其纠纷处理相关问题

1. 水污染的类型有哪些?

水是重要的资源，人们的工作和生活离不开水资源。但是，工业发展不可避免地会造成水污染。就由人类活动造成的水污染来说，包括对海洋水的污染和对陆地水的污染。由于我国《海洋环境保护法》是就海洋环境的污染防治和保护作出专门调整与规范的法律，基于不同法律调控对象的合理划分，我国的《水污染防治法》仅就陆地水的污染防治和保护作出规定。通常所说的水污染，如果没有特别说明的话，专指陆地水的污染。

水污染一般是指水体因某种物质的介入，导致其化学、物理、生物或者放射性等方面特性的变化，从而影响水的有效利用，危害人体健康或者破坏生态环境，造成水质恶化的现象。由于陆地水有地表水和地下水之分，所以水污染可分为地表水污染和地下水污染。不同种类的水污染的发生主要是由于人类在生产和生活过程中向特定水体直接和间接排放各种污染物所导致的。从污染物产生的根源看，人类生产和生活的所有领域和环节都可能成为造成水污染的污染源，如工业生产、农田灌溉、船舶排放、城市生活等。其中最主要的水污染源还是来自工业废水的排放。

总体来说，工业废水中的主要污染物质包括 7 类：（1）固体物质，包括不溶性、难溶性和可溶性固体，排放这种高浓度固体物质废水的工厂主要有洗（选）矿厂、冶金钢铁厂、造纸厂、制糖厂、肉类加工厂

等；(2) 耗氧物质，包括有机物和无机物两种，前者主要是能为微生物降解的有机物质和有机合成物质，后者主要是还原性物质，这类污染物质来源广泛，如制造纸浆、纤维的工厂等；(3) 有毒物质，其中主要有氰、铬、铅、汞、镉、砷以及它们的化合物，还有有机磷、酚、醛等，它们主要来源于电镀加工、化工、炼焦、有色金属冶炼等工业；(4) 油类物质，其中石油类主要来源于石油加工、机械加工等工业，食用油则主要来自油脂化工和餐饮业；(5) 无机化合物，包括各种水溶性氯化物、盐类和其他各种酸、碱性物质，主要来源于各类化工厂、医药工业和农业工业等；(6) 放射性物质，即各种可裂变物质，主要来自于工业部门、医疗部门和相关的试验研究部门等；(7) 高色度和高臭味物质，含有这类物质的废水多来自于制革、造纸、燃料以及某些石化工厂等。

在我国，尽管水污染防治工作不断加强并取得明显成效，但依然面临着严峻的水污染形势，因此，采取各种有效措施切实防止水污染，保护有限的水资源，是我国环境保护工作中的一项长期而艰巨的任务。

2. 因房屋装修和家具导致室内空气污染受到损害，能否要求损害赔偿?

伴随着人们住房条件的不断改善，因住房装修和家具排放污染物超标引起室内空气污染，进而引发对人体健康的严重损害的事件越来越多，不仅会诱发各种疾病的发生，严重者甚至导致死亡。尽管我国《大气污染防治法》没有就室内空气污染的防治以及损害赔偿问题作出明确规定，但这部法律创设的一般法律原则及其体现出的法律精神是理应得到遵守和适用的。2001 年原建设部发布了《民用建筑工程室内环境污染控制规范》，就房屋装修材料和家具用材中的游离甲醛、苯、氨、氡等有害物质的浓度标准作出了明确规定。根据这一规定，在工程验收时和家具验收时，必须进行室内环境污染浓度和家具用材中的污染物质的含量的检测。如果检测结果超过规定标准，当事人受到损害的，就可以请求施工的装饰公司或家具公司赔偿。

3. 餐馆排放油烟受什么法律限制?

油烟排放是饮食服务业和居民生活不可避免的，但如果不加限制和管理，同样可以引发环境污染和损害。尤其是在人口密集的城市中，以营利为目的的饮食服务业的经营者，必须采取有效措施，防止排放的油烟对附近居民的居住环境造成污染损害。除了我国《大气污染防治法》第 44 条就此作出的强制性规定外，原国家环境保护总局和国家工商行政管理局在 1995 年 2 月还联合发布了《关于加强饮食娱乐服务企业环境管理的通知》，就该类企业的油烟排放、燃煤锅炉的选址、设备装置、燃料等作出了明确具体的规定。如果违反这些规定，任意排放油烟，造成周围环境污染损害的，受到损害的居民有权利要求污染者排除危害，并赔偿由此造成的实际损失。

4. 燃烧沥青、农作物秸秆等是否属于污染环境的行为?

在人口集中的地区或在其他需要特别保护的区域，燃烧沥青、油毡等这些极易产生大量有毒有害烟尘和恶臭气体的行为，是被我国《大气污染防治法》所明令禁止的。该法第 41 条规定，“在人口集中地区和其他依法需要特殊保护的区域内，禁止焚烧沥青、油毡、橡胶、塑料、皮革、垃圾以及其他产生有毒有害烟尘和恶臭气体的物质”。值得一提的是，近些年来，某些地区的农民在粮食作物的收种季节，把大量的农作物秸秆或农作物落叶收集在一起，大面积露天燃烧，由此产生的烟雾、灰尘导致了对周围环境的严重污染，严重影响了周围居民和有关单位正常的生活与生产。对此，我国《大气污染防治法》第 41 条第 2 款规定：禁止在人口集中地区、机场周围、交通干线附近以及当地人民政府规定的区域露天燃烧秸秆、落叶等产生烟尘污染的物质。违反这些禁止性规定，导致这些区域的大气环境污染并引发相关损害的情况下，污染者应当承担排除危险并赔偿损失的责任。

5. 噪声污染的认定标准是什么？是否对所有发出噪声的行为都可以要求损害赔偿？

噪声属于声音的一种，是接受者不需要或使人产生不愉快感觉的声音。环境噪声是一个范围极其广泛的概念。由于环境噪声对环境和他人干扰的程度有轻有重，且在不同的区域，干扰的对象和妨害的程度也不相同，所以，将所有程度的环境噪声作为环境污染防治法的控制对象，显然是不现实的，必须对其程度和范围作出必要限定。根据我国《环境噪声污染防治法》的规定，环境噪声是指在工业生产、建筑施工、交通运输和社会生活中所产生的干扰周围生活环境的声音。所谓环境噪声污染，则是指所产生的环境噪声超过国家规定的环境噪声排放标准，并干扰他人正常生活、工作和学习的现象。国家或地方有关机关制定的环境噪声污染排放标准所确定的最高限值是区分环境噪声和环境噪声污染的基本依据。对于在环境噪声排放标准规定的数值以内排放的噪声可称为环境噪声；对于超过环境噪声排放标准规定的数值排放噪声及其产生的干扰现象，则称为环境噪声污染。可见，在法律上，并非所有排放环境噪声的行为都属于环境噪声污染的范围，环境噪声排放与环境噪声污染不能画等号。

由于环境噪声是一种令人不愉快的声音，无论是否达到法律上的污染程度，都会对人类的正常生产、生活活动以及对生物的健康或生存造成影响。随着工矿企业和交通运输业的发展，以及城镇人口的不断密集化，噪声对人类健康的危害、对通信的干扰，以及对机件引起的疲劳和破坏日益严重。在我国，环境噪声与环境噪声污染主要发生在人口密集的城市，主要表现为工业噪声污染、建筑施工噪声污染、交通运输噪声污染和社会生活噪声污染等。多数城市的噪声处于中等污染水平，其中生活噪声影响范围最大并呈扩大趋势，交通噪声对环境的冲击最强。

但是，并非所有基于噪声产生的不利影响，都可以要求损害赔偿。因为各种噪声的排放是一个不可避免的客观事实，法律只能就特定时空条件下的那些达到一定程度、超过人类的健康生活对于噪声的最大承受范围的部分，认定为噪声污染，并赋予遭受损害的人请求损害赔偿的权利。这里需要说明的是，认定噪声污染的依据是由国家有权机关制定的各类声环境质量标准和环境噪声排放标准。前者主要包括《城市区域环境噪声标准》、《城市港口及江河两岸区域环境噪声标准》、《机场周围飞机噪声环境标准》等；后者主要包括《摩托车和轻便摩托车噪声值》、《汽车定置噪声值》、《工业企业厂界噪声标准》、《建筑施工厂界噪声限值》、《铁路边界噪声限值及其测量方法》、《机动车辆允许噪声标准》等。

6. 什么是固体废物污染？固体废物污染对环境有何损害？

固体废物是指被丢弃的固体和泥状物质，包括从废水、废气中分离出来的固体颗粒。固体废物主要来源于人类的生产和消费活动，人们在开发利用自然资源与能源以及制造产品的过程中都会产生废物；任何产品经过使用和消费后，都会变成废物。根据我国《固体废物污染环境防治法》的规定，固体废物是在生产建设、日常生活和其他活动中产生的污染环境的固态和半固态废弃物质，主要包括工业固体废物、城市生活垃圾以及有关的危险废物。固体废物污染是指对固体废物的处置不当而使其进入环境，从而导致危害人体健康或财产安全，以及破坏自然生态系统，造成环境质量恶化的现象。由于固体废物自身便是污染物，所以固体废物污染主要是固体废物进入环境造成环境污染后，才直接或间接对人类以及环境要素所产生的危害。可见，固体废物污染与大气污染、水污染是不同的。但是，基于不同法律的调整范围的合理区分，固体废物污染海洋环境、放射性固体废物污染环境的防治，将由《海洋环境保护法》、《放射性污染防治法》等专门性法律调整。

固体废物污染环境的损害是多方面的。首先，大量固体废物的堆放占用了土地，加剧耕地短缺的矛盾。同时，固体废物及其渗出液所含的有害物质还会改变土地性质和土壤机构，影响土壤中微生物的活动，妨碍植物生长。其次，固体废物会污染水体和大气。投入水体的固体废物不仅会污染水质，而且还会直接影响和危害水生生物的生存和水资源的利用，堆积的固体废物通过雨水及其自身的分解，其渗出液会污染江河湖泊以及地下水。如果遭遇固体废物污染，当事人可以收集证据，依据我国《固体废物污染环境防治法》以及其他环境保护相关法律法规的规定寻求救济，救济途径包括：向当地环境保护行政主管部门投诉、向当地人民法院起诉等。

7. 当前较为突出的固体废物污染有哪些情形?

在所有的固体废物污染环境的情形中，工业固体废物对环境的污染是最为突出和严重的。因此，在防治工业固体废物污染环境的法律规定中，创设了包括界定工业固体废物对环境污染，推行清洁生产，实行淘汰落后生产工艺设备；制定工业固体废物污染环境防治工作规划；建立、健全企业污染环境防治责任制度；建立专用储存设施、场所；以及其他禁止性规定在内的制度和措施。这对于防治和降低工业固体废物污染环境，保护广大国民的环境权益，都是具有积极意义的。但是，当实际遭受了工业固体废物污染环境时，法律依然赋予当事人以要求损害赔偿的权利。即我国《固体废物污染环境防治法》第84条所规定的：受到固体废物污染损害的单位和个人，有权依法要求依法赔偿损失。

城市生活垃圾是指在城市日常生活中或者为城市日常生活提供服务的活动中产生的固体废物以及法律、行政法规规定视为城市生活垃圾的固体废物。城市生活垃圾已经成为当前城市居民必须面对的一个十分突出的环境污染问题。我国《固体废物污染环境防治法》对如何防止城市生活垃圾污染环境作出了一系列的法律措施的规定，涉及城市生活垃圾的清扫、收集、储存、运输和处置的全过程。要求损害赔偿，是法律赋予遭受城市生活垃圾污染损害的当事人的一种事后救济手段，当事人完全可以按照《固体废物污染环境防治法》第 84 条的规定来行使。

8. 什么是危险废物？发生危险废物污染，受害人怎样维护自己的权益？

所谓危险废物，是指列入国家危险废物名录或者根据国家规定的危险废物鉴别标准和鉴别方法认定的具有危险性的废物，其危险性主要表现为毒害性、易燃性、爆炸性、腐蚀性、反应性、传染疾病性、放射性等。危险废物对于人们的身体健康、生命和财产安全具有巨大的威胁和危害，必须采取有效措施予以防范。为此，我国《固体废物污染环境防治法》规定了包括国家危险废物名录制度、危险废物识别标志制度、危险废物经营许可证制度、关于危险废物的处置规定以及有关危险废物发生污染事故时的强制应急措施和处理规定等在内的法律保障制度和措施。这些制度和措施的有效运行和实施，必将对于保障有关当事人的正当利益发挥积极的作用。如果发生危险废物污染损害，责任人对受害者承担损害赔偿责任是直接救济和保障当事人遭受污染损害的正当利益的最有效途径。《固体废物污染环境防治法》第 84 条的规定，为受害者行使这一项救济权利提供了法律依据。

9. 向海洋中偏僻且无人使用的地方排污合法吗？

向海洋倾倒废弃物是导致海洋环境污染损害的重要原因之一。为了保护海洋环境质量，各国法律都有防止向海洋倾倒废弃物的规定。由于海洋具有流动性，是一个整体，所以防止向海洋倾倒废弃物，即我们俗称的“向海洋排污”，是包括所有海域的，不论是车水马龙的港口、码头，还是渺无人烟的偏僻之处。为了防止倾倒废弃物对海洋环境的污染，我国《海洋环境保护法》、《海洋倾废管理条例》等法律法规对此作出了专门规定，对向海洋倾倒废弃物创设了一整套的管理制度和管理措施，以及违反这些规定所可能承担的民事、行政及刑事法律责任。

对于实际遭受倾倒废弃物污染损害的单位和个人来说，他们可以依据《海洋环境保护法》第 90 条的规定，向海洋废弃物的倾倒者主张损害赔偿。事实上，国家法律鼓励广大社会主体对包括向海洋倾倒废弃物在内的各种污染损害海洋环境的行为进行监督。但是对于国家所遭受的海洋环境资源的重大损失，不能由普通的单位和民众行使救济权利。根据我国《海洋环境保护法》第 90 条第 2 款的规定，对破坏海洋生态、海洋水产资源、海洋保护区，给国家造成重大损失的，由依照该法规定行使海洋环境监督管理权的部门代表国家对责任者提出损害赔偿的要求。

10. 向海域排放陆源污染物的行为是否合法？如果造成污染损害，应承担什么样的法律责任？

简单地说，陆源污染物是指由陆地污染源排放的污染物。陆源污染物是造成海洋环境污染，尤其是近海污染的主要原因。向海域排放陆源污染物是我国环境保护相关法律法规所禁止和限制的一种违法行为。为了防止陆源污染物对海洋环境的污染，我国《海洋环境保护法》、《防治陆源污染物污染损害海洋环境管理条例》对此作出了包括排污控制、岸滩废物管理、入海河流管理等在内的防治措施的专门规定。禁止向海域排放油类，酸液，碱液，剧毒废液和高、中水平放射性废水。严格限制向海域排放低水平放射性废水；确需排放的，必须严格执行国家辐射防护规定。严格控制向海域排放含有不易降解的有机物和重金属的废水。含病原体的医疗污水、生活污水和工业废水必须经过处理，符合国家有关排放标准后，方能排入海域。含有机物和营养物质的工业废水、生活污水，应该严格控制向海湾、半封闭海及其他自净能力较差的海域排放。向海域排放含热废水，必须采取有效措施，保证临近渔业水域的水温符合国家海洋环境质量标准，避免热污染对水产资源的危害。沿海农田、林场施用化学农药，必须执行国家农药安全使用的规定和标准。沿海农田、林场应当合理使用化肥和植物生长调节剂。在岸滩弃置、堆放和处理尾矿、矿渣、煤灰渣、垃圾和其他固体废物的，依照《固体废物污染环境防治法》的有关规定执行。违反这些法律上的强制性规定，造成海洋环境污染损害的，行为人除了承担包括警告、罚款、没收违法所得、限期改正等在内的行政法律责任外，还应依照《海洋环境保护法》第90条的规定，对受到陆源污染物污染海洋环境并造成实际损害的受害者承担损害赔偿的责任，以补救受害者的正当权益。

11. 我国关于有毒有害化学物质污染有何法律规定?

化学物质是人工制造的或者从自然界取得的化学物质，包括化学物质本身、化学混合物或者化学配制物中的一部分，以及作为工业化学品和农药使用的物质。其中，有毒有害化学物质是在现实生活中容易造成污染的危险物品，我国主要是通过对其生产和安全使用的角度进行控制的。早在1987年，国务院就制定了《化学危险物品安全管理条例》，对生产、储存、经营、运输和使用化学危险物品的行为予以管理和控制。2002年，国务院又将其修改成为《危险化学品安全管理条例》，丰富了管理措施和制度。在农、林、牧、副、渔业生产过程中，为防治相关病虫害和其他有害生物以及调节植物生长，也涉及农药品种的大量使用，为此，我国1997年制定，并于2001年修订了《农药管理条例》。此外，为扩大对外经济技术合作与交流，对外国农业化学物质产品权利人的合法权益给予行政保护，1992年国务院化学工业部发布了《农业化学物质产品行政保护条例》；为加强对化学品的监控管理，保障公民的人身安全及保护环境，国务院又于1995年发布了《监控化学品管理条例》。同时，2009年颁布实施的《食品安全法》对食品制作、食品添加剂、食品容器、包装材料和用具、设备、洗涤剂、消毒剂等产品的生产使用行为予以规范。我国还对进口的化学品实行严格的名录制度和登记审批制，对进口化学品实行分类管理等。对新化学物质实行生产前或进口前的申报登记制度，并需经环境保护部门认可、评审；新化学物质在生产或进口环节实行严格的环境管理措施。①

12. 农药污染的危害有哪些？法律对农药污染规定了什么法律责任？

农药在农业生产中有着重要作用，但是也正在产生越来越严重的污染问题。由于生产、运输、销售、存放或使用农药而污染环境，以至于影响生态平衡，使人和动物、植物产生急性或慢性中毒的现象，就是农药污染。随着农药的大量和大面积使用，农药污染对大气、水体、土壤等环境要素的危害越来越严重。其中，大气中的农药主要来源于农业喷洒农药时产生的农药漂浮物，作物、土壤、水体中残留的农药的挥发，农药厂的排气，工业使用的防蛀剂、防毒剂的挥发，都能造成对大气的污染。水体中的农药，主要是农药厂排入的废液、洗涤施药工具、农田喷洒农药随雨水流入水体等。农药对于土壤的污染途径很多，污染后果日趋严重，如随雨水和尘埃渗入土壤，特别是重金属农药的大量使用，残留时间长，危害性特别大。农药对农畜产品的污染也很严重。农药进入农作物的主要途径是通过植物的根部和体表，各种农药进入植物体内后，其代谢和残留的程度是各不相同的。农药对于动物的危害远比对植物的危害大，它可能影响动物的群体数目、种类、组成，改变动物的栖息地和习惯，刺激或抑制动物生长，减少动物的繁殖能力，改变动物食物的营养成分等。高度污染可直接导致动物大量死亡。农药对于各种环境要素的所有污染又通过食物链

① 新化学物质是指在申报时尚未在我国境内生产或者进口的化学物质。由于新化学物质有可能对环境产生有毒有害的影响，所以也须受国家环境立法的控制。

和其他途径直接或间接威胁着人类的身体健康和生命、财产安全。在现实生活中，因使用农药造成大面积污染的情况频繁发生。

我国为规范农药的生产、经营和使用，制定了《农药管理条例》，对农药造成污染的情形作出了规定，明确了使用农药要防止农副产品污染，同时还规定了农药污染的法律责任。《农药管理条例》第 45 条规定：违反本条例规定，造成农药中毒、环境污染、药害等事故或者其他经济损失的，应当依法赔偿。

13. 放射性物质污染会造成哪些危害?

放射性物质（如铀、钍系以及钾的反射性同位素等）是能够产生放射性及辐射的元素及其化合物，广泛存在于自然界的各种要素之中。由于突然放射性辐射源产生的辐射水平（在环境科学上称为天然本底放射性）较低，而且人类一直生活在大自然中，已经可以适应，因此，天然放射性物质对人体健康没有什么危害。由于科学技术水平的发展和提高，一些放射性物质可以人为地通过物理的方法在人类生产活动及其他过程中获得或产生。这种人为方法所产生的各种人工放射性辐射源的总辐射水平已大大超过天然放射性污染源，从而极易造成放射性污染，这不仅威胁和损害人们的身体健康，还会对自然环境或动植物造成污染损害，甚至永久性危害。

根据我国《放射性污染防治法》的规定，放射性污染，是指由于人类活动造成物料、人体、场所、环境介质表面或者内部出现超过国家标准的放射性或射线。这些引发放射性污染的人工产生的放射性物质，包括经人工开采、运输、冶炼储存的天然放射性物质，主要产生于我国领域和管辖的其他海域在核设施选址、建造、运行、退役和核技术、铀（钍）矿、伴生放射性矿开发利用的过程中。放射性物质日益广泛的使用，导致了放射性污染和潜在的危险，这已经成为一个不容忽视的客观事实，必须引起高度重视，对其进行严格的管理和防范。

14. 电磁辐射污染的产生原因和危害是什么？我国法律法规和行政规章规定了哪些防止电磁辐射污染的措施？

电磁辐射是由加速度运动的电荷所产生的一种能量。电磁辐射污染主要来源于居室内的家用电器，工作场所内的办公电器，室外环境空间中来自广播、电视、移动通信、微波等发射装置以及高压输电线等。根据发射电磁波强弱的不同，造成电磁辐射污染的电磁干扰源分为两大类，一是弱电磁干扰源，另一类是强电磁干扰源。据科学家研究，电磁辐射污染会导致人体细胞的激素和蛋白质生产速度发生改变，出现功能障碍。在我国，随着科学技术的进步和社会经济的迅速发展，各种电子、电力设备和设施大量出现在人们的日常生活和工作中，随之也带来了日益严重的电磁辐射污染问题。目前我国人为电磁辐射不断增强的原因有：广播电视发射设备的增多、功率的增大；通信发射设备的普及和频繁使用；工业、科研、医疗应用中高频用电设备的增加；交通运输的电气化等。

为加强电磁辐射污染防治工作，我国颁布了《电磁辐射环境保护管理办法》和《电磁辐射防护规定》等法律法规，要求电磁辐射建设项目或者设备，执行环境保护申报登记和环境影响评价制度、“三同时”制度，并接受环境保护部门的审批以及竣工验收。从事电磁辐射活动的单位和个人必须定期检查电磁辐射设备及其环境保护设施的性能，及时发现隐患并及时采取补救措施。同时还规定，在集中使用大型电磁辐射发射设施或商业设备的周围，按环境保护和城市规划要求划定的规划范围内，不得修建居民住房和幼儿园等对电磁辐射较为敏感的建筑。

案例分析篇

一、污染防治法的一般问题

1. 广东省王某等诉某化工厂损害赔偿案——法律法规之间有不同规定的如何适用?

◇案情◇

广东省某水库是惠州市淡水养殖基地和周边居民生产生活用水的主要来源。从 1998 年起，库区农民投入大量资金发展网箱养殖，但 1999 年 7 月至 2000 年 6 月期间，他们在汛期内先后 3 次遭受上游某化工厂污水集中下泄导致的“灭顶之灾”，303 只网箱中的在养鱼苗全部死亡，造成直接经济损失 56 万余元。为了让工厂停止污染、赔偿损失，受害的农民不断向当地人民政府及环境保护部门举报，请求调解处理。当地人民政府及环境保护部门也进行了一些协调工作，但始终不能解决问题。2001 年 3 月，受害的农民向当地人民法院提起民事诉讼，请求某化工厂对其遭受的损失予以赔偿。在案件审理期间，某化工厂向法院出示了 1999 年至 2000 年的环境监测报告，报告显示某化工厂在此期间排污达到国家标准。因此，某化工厂认为，按照《民法通则》第 124 条规定，其未违反国家保护环境防止污染的规定排放污染物，因此不应当承担损害赔偿的民事责任。而受害农民认为，按照《环境保护法》第 41 条的规定，无论某化工厂是否违法排污，均应承担民事责任。

◇分析◇

在本案中，双方争议的焦点问题之一在于某化工厂的合法排污行为造成环境污染的，是否也应当承担民事法律责任。

《民法通则》第 124 条规定："违反国家保护环境防止污染的规定，污染环境造成他人损害的，应当依法承担民事责任。"《环境保护法》第 41 条第 1 款规定："造成环境污染危害的，有责任排除危害，并对直接受到损害的单位或者个人赔偿损失。"显然，《民法通则》和包括《环境保护法》的环境保护法律对这一问题的规定是不一致的，这就涉及法律法规条文的适用问题。

那么，法律法规对于同一种事项的规定如果不一致时，应当如何适用呢？对此，《立法法》有明确的规定。根据《立法法》的相关规定，在司法实践和行政管理中，确定法律法规的适用问题应当遵循如下原则：

第一，优先适用法律效力高的法律。在我国法律体系中，《宪法》具有最高的法律效力，一切法律、行政法规、地方性法规、自治条例和单行条例、规章都不得同《宪法》相抵触。同时，法律的效力高于行政法规、地方性法规、规章；行政法规的效力又高于地方性法规、规章；地方性法规的效力高于本级和下级地方政府规章；省、自治区的人民政府制定的规章的效力高于本行政区域内的较大的市的人民政府制定的规章。但自治条例和单行条例依法对法律、行政法规、地方性法规作变通规定的，在本自治地方适用自治条例和单行条例的规定。经济特区法规根据授权对法律、行政法规、地方性法规作变通规定的，在本经济特区适用经济特区法规的规定。

第二，特别法优于一般法，新法优于旧法。就同一机关制定的法律、行政法规、地方性法规、自治条例和单行条例或者规章来说，新的规定与旧的规定不一致的，适用新的规定；特别规定与一般规定不一致的，适用特别规定。也就是说，新法优于旧法原则和特别法优于一般法原则只能对于同一机关制定的法律性文件才能适用。对于不同机关制定的法律性文件，要根据该法律性文件的性质来具体判断其法律效力。

第三，法不溯及既往。法律、行政法规、地方性法规、自治条例和单行条例、规章不溯及既往，换言之，就是不能用现在的法律来规范法律实施之前人们的行为。但是，法不溯及既往原则并不是绝对的，法律、行政法规、地方性法规、自治条例和单行条例、规章为了更好地保护公民、法人和其他组织的权利和利益，可以作出特别规定溯及既往。

按照以上原则，反观本案，我们就很容易得出结论。《民法通则》和《环境保护法》都是全国人大常委会公布的法律，就民事法律责任来说，《民法通则》是一般法，而《环境保护法》规定了环境保护领域承担民事法律责任的具体规则，是特别法。因此，按照特别法优于一般法的法律适用原则，在《民法通则》和《环境保护法》对同一事项作出不同的规定时，本案应当优先适用《环境保护法》第 41 条的规定。

依据《环境保护法》第 41 条的规定，本案中水库上游某化工厂要对受害农民承担损害赔偿责任。某化工厂的达标排放，只能使其免予承担行政法律责任，可以不受行政处罚，但并不意味着其可以不承担民事法律责任。事实上，无论排污者是否超标排污，只要其行为对他人造成了环境污染危害，就应当为其污染损害结果承担赔偿责任，也就是说达标排污企业仍然要承担赔偿环境污染损失的民事法律责任。这一点也已被 2009 年颁布的《侵权责任法》第 65 条所肯定。

Q 2. 深圳市民张某等就机动车黄牌事宜诉深圳市环境保护局案——后制定的污染防治法规对发生在前的行为是否具有溯及力?

◇**案情**◇

2004 年 7 月 29 日，深圳市环境保护局根据《深圳经济特区机动车排气污染防治条例》，经深圳市人民政府同意，发布了“关于实施机动车环保分类标志管理制度的通告”。根据通告，从2005年1月开始，深圳市内低于欧Ⅰ排放标准的黄标车将在市内主要干道上被限行，如果违反禁令上路行驶的黄标车将受到查处。从2004年8月10日起，深圳市开始给所有的车辆贴上黄、绿标志，用来标识它们的尾气排放是否达到有关标准，对符合欧Ⅰ和欧Ⅱ标准的车发放绿标，达不到这个标准的则发黄标。绿色环保分类标志的有效期为1年，黄色环保分类标志的有效期为6个月。从2005年3月1日起，绿标车应当每年进行一次排气污染检测，排气污染检测合格的换领下一有效期限的环保分类标志；黄标车应当每6个月进行一次排气污染检测，排气污染检测合格的换领下一有效期限的环保分类标志。

此举在深圳引起了强烈反响，不少市民认为，政府应该去规范现有的和将来的车辆，而不是以前的车辆；即使政府要求提高标准，也应该去要求汽车生产商，而不是消费者；只要政府把握住生产的源头，就不会有污染的车辆。还有市民认为，根据法不溯及既往的原则，法律法规只能规范人们现在或者将来的行为，而不能对人们过去的行为作出要求。大部分机动车主在买车时并没有机动车环保分类标志制度，或者不可能预见到深圳市将实行机动车环保分类标志制度以及限行措施，机动车环保分类标志制度实际上是按照现行的法律法规规定来约束黄标机动车主过去买车的行为，违反了“法不溯及既往”的基本原则。

◇**分析**◇

本案的争议焦点在于深圳市环境保护局实施的机动车环保分类标志管理制度是否违反了“法不溯及既往”的基本原则。

本案中深圳市环境保护局经市政府同意，发布了实施机动车环保分类标志管理制度的通告，其直接法律依据为深圳市人大常委会通过的《深圳经济特区机动车排气污染防治条例》第6条的规定。当然，《广东省机动车排气污染防治条例》等法规规章对此也有类似规定。按照《深圳经济特区机动车排气污染防治条例》第6条的规定，市政府根据机动车排气污染防治的需要，发布机动车环保车型目录和在用机动车高排放车型目录，对在特区内行驶的机动车实施环保分类标志管理制度。市政府可以根据大气环境质量状况，对使用特定环保分类标志的机动车采取限制区域、限制时间行驶的排气污染防治交通管制措施。那么，该条规定是否违反了“法不溯及既往”的基本原则呢？

首先，我们有必要弄清楚法律溯及力的概念。法律的溯及力，也称为法律溯及既往的效力，是指法律对其生效以前的事件和行为是否适用，如果适用，就具有溯及力；如果不适用，就没有溯及力。一般来说，法律以不溯及既往为原则。这是因为，法律应当具有普遍性和可预测性，人们根据法律从事一定的行为，并为自己的行为承担责任。如果法律溯及既往，就是以今天的规则要求昨天的行为，就等于要求某人承担自己从未期望过的义务。当事人不是因为他违反了已有的某个义务，而是因为他违反了事后才创造出的新义务而受到惩罚，这是不公正的。[①] 因此，《立法法》第 84 条规定，法律、行政法规、地方性法规、自治条例和单行条例、规章不溯及既往。但是法不溯及既往原则并不是绝对的，在不加重当事人的义务且会更好地保护公民、法人和其他组织的权利和利益的情况下，法律、法规和规章可以作出溯及既往的特别规定。

其次，我们可以对照法律溯及力的相关概念，对案情从如下两个方面进行具体分析：第一，《深圳经济特区机动车的排气污染防治条例》和深圳市环境保护局经市政府同意发布的“关于实施机动车环保分类标志管理制度的通告”是否是对黄标车主过去买车行为的限制呢？事实上，条例和通告只是对黄标车主现在和将来使用车的行为作出了限制，并不是对其过去买车的行为进行限制，没有溯及既往。这是因为，机动车的排污是一个持续的行为过程，深圳市机动车环保分类标志制度以及限行措施并没有适用于当事人过去的行为，也不对黄标车车主过去的行为进行处罚，只是基于维护环境公益的目的，对污染严

① 参见沈宗灵主编：《法理学》，366 页，北京，北京大学出版社，2000。

重的一部分机动车行驶在现在和未来作出时间地点上的部分限制。这部分污染严重的机动车只要行驶必然对环境排放污染物，这种排放污染物的行为会持续到未来某个时间，条例和通告也只是对制度生效之后排放污染严重的机动车的排污行为作出了限制，没有溯及制度生效之前黄标车主的行为。第二，即使条例和通告对黄标车主的行为溯及既往地作出了限制，那么是否这些限制性规定就一律无效呢？根据《立法法》第84条的规定，为了维护公民、法人和其他组织的权利和利益，立法可以作出溯及既往的规定。本案中，条例和通告中规定的机动车环保分类标志管理制度对黄标车主的权利进行部分限制的目的，是更好地维护广大市民的环境权益，持续改善城市空气质量，保护群众的财产和生命安全。因此，条例和通告中规定的机动车环保分类标志管理制度符合更好地保护公民、法人和其他组织的权利和利益的法定目的，可以具有溯及既往的法律效力。

根据以上分析，本案中《深圳经济特区机动车排气污染防治条例》和深圳市环境保护局经市政府同意发布的实施机动车环保分类标志管理制度的通告没有违反“法不溯及既往”的原则。

3. 浙江省某市环境保护局就金都阳光酒店建设项目环境影响评价举行听证——公众如何参与环境影响评价听证？

◇案情◇

2006年5月，浙江省某市环境保护局召开首次环境保护行政许可听证会，就位于硖石西山路850号开设金都阳光酒店是否造成环境污染举行听证。

参加听证会的除酒店业主外，还有位于酒店附近的某市幸福花园的9位代表、海宁街道及梨园社区居委会有关负责人和环境影响评价单位负责人，该市人大办公室、市政府法制办等部门的有关领导也列席了会议，另有16位公众代表旁听了听证会全过程。

行政许可审查人员首先就受理金都阳光酒店设立的环境问题提出了初步审查意见理由和依据；酒店业主乔伟民就设立酒店存在的油烟、噪声、污水等环境问题陈述了改进的措施和意见；参加听证会的8位利害关系人代表依次做了陈述，并就酒店设立存在的环境问题相继提出了自己的意见；项目环境影响评价单位某市环境科学研究所负责人就该酒店的环境影响依据国家现行有关政策和标准进行的评价作了介绍。

会后，共收到参加听证会代表填写的“公众调查表”35份。环境保护部门对“公众调查表”和各方陈述的意见进一步汇总形成了听证报告，并将之作为作出是否批准环境影响评价决定的重要评定依据。

◇**分析**◇

本案是一起关于公众如何参与环境影响评价听证的案例。

目前，我国关于保障公众在环境影响评价中的知情权和参与权是有明确的法律依据的：（1）宪法依据。我国《宪法》尽管没有直接、明确地规定公众参与环境影响评价方面的内容，但相关条款为公众参与环境影响评价提供了依据。例如，《宪法》规定：中华人民共和国的一切权力属于人民。人民依照法律规定，通过各种途径和形式，管理国家事务，管理经济和文化事业，管理社会事务。[①] 中华人民共和国公民对于任何国家机关和国家工作人员，有提出批评和建议的权利；对于任何国家机关和国家工作人员的违法失职行为，有向有关国家机关提出申诉、控告或者检举的权利。[②]（2）行政基本法依据。《行政处罚法》详细规定了行政机关适用听证程序的行政行为，行政机关的权利告知义务、举行听证的义务以及听证的程序。在信息公开方面，《行政许可法》规定，行政机关应当将法定的有关行政许可的详细情况进行公示，应申请人要求，行政机关还应当对公示内容予以说明和解释；

① 参见《宪法》第2条。

② 参见《宪法》第41条。

行政机关应当推行电子政务，以方便申请人采取数据电文等方式提出行政许可申请。① （3）环境保护法律依据。《环境噪声污染防治法》规定：环境影响报告书中，应当有该建设项目所在地单位和居民的意见。②《环境影响评价法》在公众参与的主体范围、公众参与的具体程序和形式、公众参与的组织召集人、公众参与的对象以及对公众参与意见的处理等方面都作出了具体的规定。③ （4）环境保护法规和规章依据。原国家环境保护总局 1997 年公布的《环境信访办法》（已失效）、2003 年公布的《环境保护行政主管部门政务公开管理办法》、2004 年公布的《环境保护行政许可听证暂行办法》、2006 年 2 月公布的《环境影响评价公众参与暂行办法》、2006 年 6 月 24 日公布的《环境信访办法》、2007 年 4 月 11 日公布的《环境信息公开办法（试行）》等均对公众参与环境影响评价作出了具体要求。

那么，公众在环境影响评价中如何依据以上法律法规和规章参与听证呢？

第一，公众申请参加环境影响评价听证。希望参加听证会的公民、法人或者其他组织，应当按照听证会公告的要求和方式提出申请，并同时提出自己所持意见的要点。④ 被选定参加听证会的组织的代表参加听证会时，应当出具该组织的证明，个人代表应当出具身份证明。被选定参加听证会的代表因故不能如期参加听证会的，可以向听证会组织者提交经本人签名的书面意见。⑤ 个人或者组织可以凭有效证件按规定，向听证会组织者申请旁听公开举行的听证会。⑥ 建设单位或者其委托的环境影响评价机构决定举行听证会征求公众意见的，应当在举行听证会的 10 日前，在该建设项目可能影响范围内的公共媒体或

---

① 参见《行政许可法》第 30 条、第 33 条。

② 参见《环境噪声污染防治法》第 13 条第 13 款。

③ 参见《环境影响评价法》第 5 条、第 11 条、第 21 条。

④ 参见《环境影响评价公众参与暂行办法》第 25 条。

⑤ 参见《环境影响评价公众参与暂行办法》第 26 条。

⑥ 参见《环境影响评价公众参与暂行办法》第 28 条。

者采用其他公众可知悉的方式，公告听证会的时间、地点、听证事项和报名办法。① 环境保护行政主管部门对环境影响评价审批事项，决定举行听证的，应在听证举行的10日前，通过报纸、网络或者布告等适当方式，向社会公告。公告内容应当包括被听证的许可事项和听证会的时间、地点，以及参加听证会的方法。②

第二，公众在环境影响评价听证中的权利义务。公众在环境影响评价听证中享有如下权利：依法申请听证主持人回避；可以亲自参加听证，也可以委托1至2人代理参加听证；对建设项目环境影响报告书提出问题和意见；对相关问题进行辩论；对证据进行质证；听证结束前进行最后陈述；审阅并核对听证笔录；查阅案卷。③ 公众在环境影响评价听证中应履行如下义务：按照组织听证的环境保护行政主管部门指定的时间、地点出席听证会；如实反映对建设项目环境影响的意见；如实回答听证主持人的询问；遵守听证会纪律，并保守有关技术秘密和业务秘密。④ 旁听人应当遵守听证会纪律，不享有听证会发言权，但可以在听证会结束后，向听证会主持人或者有关单位提交书面意见。⑤

第三，环境影响评价听证会的程序。建设单位及其委托的环境影响评价机构组织的听证会按下列程序进行：听证会主持人宣布听证事项和听证会纪律，介绍听证会参加人；建设单位的代表对建设项目概况作介绍和说明；环境影响评价机构的代表对建设项目环境影响报告书做说明；听证会公众代表对建设项目环境影响报告书提出问题和意见；建设单位或者其委托的环境影响评价机构的代表对公众代表提出的问题和意见进行解释和说明；听证会公众代表和建设单位或者其委托的环境影响评价机构的代表进行辩论；听证会公众代表做最后陈述；

① 参见《环境影响评价公众参与暂行办法》第24条。
② 参见《环境保护行政许可听证暂行办法》第17条。
③ 参见《环境保护行政许可听证暂行办法》第12条。
④ 参见《环境影响评价公众参与暂行办法》第27条。
⑤ 参见《环境影响评价公众参与暂行办法》第28条。

主持人宣布听证结束。[①] 环境保护行政主管部门组织的听证会按以下程序进行：听证主持人宣布听证会场纪律，告知听证参加人的权利和义务，询问并核实听证参加人的身份，宣布听证开始；记录员宣布听证所涉及的环境影响评价事项、听证主持人和听证员的姓名、工作单位和职务；环境保护部门审查人员提出初步审查意见、理由和证据；其他听证参加人就该行政许可事项进行陈述和申辩，提出有关证据，对审查人员提出的证据进行质证；审查人员和其他听证参加人进行辩论；最后陈述；主持人宣布听证结束。[②]

4. 辽宁省刘某诉某铸管实业有限公司请求精神损害赔偿——环境损害赔偿的范围是什么?

◇案情◇

辽宁省某铸管实业有限公司于1987年建厂，后经过改制成为有限责任公司，主要从事输油钢管的制造维修。2000年该公司进行技术改造，扩大生产规模，引进了一条国外的先进生产线和与之配套的锅炉。2002年3月，锅炉发生故障，每隔2至3个小时就必须采取措施减小锅炉蒸汽压力进行放气操作。而每次放气操作均会产生如响雷一般的突发性噪声，使居住在附近的辽宁省某市居民刘某深受其害。刘某因为休息时总是担心突发性锅炉噪声污染，因此烦躁不安，精神不振，经常失眠。从2002年5月开始刘某多次向当地环境保护部门举报该公司的环境噪声污染行为，当地环境保护部门也多次对该公司进行查处，发现锅炉这种突发性噪声峰值达到70分贝，因此要求其尽快检修设备，安装消音设施。但该公司与国外供应商联系未果，对锅炉采取的消音措施效果不佳，噪声问题一直未能消除。2003年3月，刘某因严重精神衰弱，入院治疗，并要求某铸管实业有限公司支付其医疗费、

---

① 参见《环境影响评价公众参与暂行办法》第30条。

② 参见《环境保护行政许可听证暂行办法》第28条。

营养费、精神损失费等共计5万元。该铸管实业有限公司认为，如果给刘某支付了精神损失费，将会导致周围更大范围居民也提出类似的要求，该公司没有能力支付如此庞大的赔偿费用，因此拒绝了刘某的要求。同年4月，刘某以某铸管实业有限公司为被告向当地人民法院提起了民事诉讼，要求其赔偿包括精神损失在内的一切损失。

◇**分析**◇

本案是一起关于环境损害赔偿范围的界定的典型案例。

本案的焦点在于刘某与某铸管实业有限公司对环境损害赔偿的范围认识不一致。刘某认为铸管实业有限公司应当赔偿包括其精神损失在内的一切损失，而铸管实业有限公司只承认赔偿医疗费、营养费等费用，拒绝赔偿精神损失费。那么，我国相关立法对于环境损害赔偿中的精神损失是如何规定的呢？精神损失费是否属于环境损害赔偿的范围呢？

精神损失费，也称为精神损害抚慰金。现行环境立法与民事立法中都没有关于精神损失费的规定。但是根据2001年2月26日最高人民法院通过的最高人民法院《关于确定民事侵权精神损害赔偿责任若干问题的解释》的相关规定，因环境侵权致人精神损害，造成严重后果的，人民法院除判令侵权人承担停止侵害、恢复名誉、消除影响、赔礼道歉等民事责任外，可以根据受害人一方的请求判令其赔偿相应的精神损害抚慰金。[①] 在本案中，铸管实业有限公司产生的噪声污染致使刘某受到严重损害而且已经造成严重后果，除了应当向刘某支付医疗费、营养费等费用外，还应当向其支付精神损害抚慰金。精神损害的赔偿数额根据以下因素确定：侵权人的过错程度；侵害的手段、场合、行为方式等具体情节；侵权行为所造成的后果；侵权人的获利情况；侵权人承担责任的经济能力；受诉法院所在地平均生活水平。[②]

① 参见最高人民法院《关于确定民事侵权精神损害赔偿责任若干问题的解释》第8条。
② 参见最高人民法院《关于确定民事侵权精神损害赔偿责任若干问题的解释》第10条。

对于环境侵权造成诸如财产损失、人身伤害等损害后果的情形，环境损害赔偿的范围包括：

第一，财产损失的赔偿。财产损失是指由于侵权行为侵害了受害人的财产权或人身权而致其经济利益之损失。对环境侵权行为而致的财产损害必须全部赔偿，即赔偿直接损失和间接损失。换言之，既要对现有的财产的直接减损进行赔偿，也要对正常情况下实际可以得到却未得到的利益进行赔偿。对财产的赔偿方法一般有两种：一是折价赔偿；二是实物赔偿。对于直接损失既可以实物赔偿，也可以折价赔偿；但对于间接损失，只能采折价赔偿方式。

第二，一般人身伤害的赔偿。受害人因环境侵权导致人身损害的，环境损害赔偿范围为因就医治疗支出的各项费用以及因误工减少的收入，包括医疗费、误工费、护理费、交通费、住宿费、住院伙食补助费、必要的营养费，赔偿义务人应当予以赔偿。① 医疗费根据医疗机构出具的医药费、住院费等收款凭证，结合病历和诊断证明等相关证据确定。误工费根据受害人的误工时间和收入状况确定。误工时间根据受害人接受治疗的医疗机构出具的证明确定。受害人因伤致残持续误工的，误工时间可以计算至定残日前一天。护理费根据护理人员的收入状况和护理人数、护理期限确定。受害人因残疾不能恢复生活自理能力的，可以根据其年龄、健康状况等因素确定合理的护理期限，但最长不超过20年。受害人定残后的护理，应当根据其护理依赖程度并结合配制残疾辅助器具的情况确定护理级别。交通费根据受害人及其必要的陪护人员因就医或者转院治疗实际发生的费用计算。交通费应当以正式票据为凭；有关凭据应当与就医地点、时间、人数、次数相符合。住院伙食补助费可以参照当地国家机关一般工作人员的出差伙食补助标准予以确定。受害人确有必要到外地治疗，因客观原因不能住院，受害人本人及其陪护人员实际发生的住宿费和伙食费，其合理部分应予赔偿。营养费根据受

① 参见最高人民法院《关于审理人身损害赔偿案件适用法律若干问题的解释》第17条第1款。

害人伤残情况参照医疗机构的意见确定。[①]

第三，致人伤残的赔偿。受害人因环境侵权致残的，环境侵权人除应支付一般人身伤害赔偿费用外，还应当支付因增加生活上需要所支出的必要费用以及因丧失劳动能力导致的收入损失，包括残疾赔偿金、残疾辅助器具费、被扶养人生活费，以及因康复护理、继续治疗实际发生的必要的康复费、护理费、后续治疗费，赔偿义务人也应当予以赔偿。[②]残疾赔偿金根据受害人丧失劳动能力程度或者伤残等级，按照受诉法院所在地上一年度城镇居民人均可支配收入或者农村居民人均纯收入标准，自定残之日起按 20 年计算。但 60 周岁以上的，年龄每增加 1 岁减少 1 年；75 周岁以上的，按 5 年计算。残疾辅助器具费按照普通适用器具的合理费用标准计算。伤情有特殊需要的，可以参照辅助器具配制机构的意见确定相应的合理费用标准。辅助器具的更换周期和赔偿期限参照配制机构的意见确定。[③]

第四，致人死亡的赔偿。受害人因环境侵权死亡的，赔偿义务人除应当根据抢救治疗情况支付一般人身伤害赔偿费用外，还应当赔偿丧葬费、被扶养人生活费、死亡补偿费以及受害人亲属办理丧葬事宜支出的交通费、住宿费和误工损失等其他合理费用。[④] 丧葬费按照受诉法院所在地上一年度职工月平均工资标准，以 6 个月总额计算。被扶养人生活费根据扶养人丧失劳动能力程度，按照受诉法院所在地上一年度城镇居民人均消费性支出和农村居民人均年生活消费支出标准计算。被扶养人为未成年人的，计算至 18 周岁；被扶养人无劳动能力又无其他生活来源的，计算 20 年。但 60 周岁以上的，年龄每增加 1 岁减少 1 年；75 周岁

① 参见最高人民法院《关于审理人身损害赔偿案件适用法律若干问题的解释》第 19 条至第 24 条。

② 参见最高人民法院《关于审理人身损害赔偿案件适用法律若干问题的解释》第 17 条第 2 款。

③ 参见最高人民法院《关于审理人身损害赔偿案件适用法律若干问题的解释》第 25 条、第 26 条。

④ 参见最高人民法院《关于审理人身损害赔偿案件适用法律若干问题的解释》第 17 条第 3 款。

以上的，按5年计算。死亡赔偿金按照受诉法院所在地上一年度城镇居民人均可支配收入或者农村居民人均纯收入标准，按20年计算。但60周岁以上的，年龄每增加1岁减少1年；75周岁以上的，按5年计算。①

5. 云南省宾某等涉嫌聚众扰乱社会秩序罪案——怎样正确行使正当防卫权和紧急避险权？

◇**案情**◇

红星水泥厂于1985年建成投产，属云南省某市河下区人民政府管辖。该厂设备落后，长期超标排污，与周围一千多名村民发生了环境污染纠纷。1995年以来，污染受害者大规模群体上访。1999年12月，他们先后两次把水泥厂的抽水管道拆除，迫使其停产。2000年1月，市环境保护局与河下区政府责令该厂限期治理，于2000年5月31日前完成。2000年3月9日，云南省环境保护局明确要求，红星水泥厂直径2.5米机立窑生产线应在2000年年底之前做到达标排放，逾期达不到的应予以关闭。但是，该水泥厂直到2000年年底都未启动治理项目。2001年1月，该厂开展恢复生产的准备工作，并经河下区政府促成，租赁给一位浙江老板经营，租期5年。污染受害者听闻该消息后情绪激愤，要求河下区政府将其关闭，未果。2001年2月，宾某、宋某、黄某等137名原告向河下区法院起诉，要求红星水泥厂"永久性地停止侵害"。2001年4月。一审法院认定该厂"已停止生产，无损害结果"，判决驳回原告的诉讼请求；村民不服，提起上诉，二审法院维持原判。结果，红星水泥厂没有完全停止生产，每天晚上逃避环境保护部门的监管，偷偷生产。村民无奈，于2001年5月和8月两次推倒了水泥厂一段13米的围墙，并剪断了电线。河下区的公安机关确认村民给水泥厂"造成直接及间接

① 参见最高人民法院《关于审理人身损害赔偿案件适用法律若干问题的解释》第27条、第28条、第29条。

经济损失33.9万元”，以涉嫌聚众扰乱社会秩序罪对宾某、宋某和黄某等人进行了拘留、逮捕。后来，河下区检察院以不构成犯罪为由，释放了宾某、宋某和黄某。

◇分析◇

本案是一起因正当防卫而引发司法追究的典型案例。

在本案中，宾某等三人是否构成聚众扰乱社会秩序罪呢？刑法中的聚众扰乱社会秩序罪，是指在首要分子的组织、策划、指挥下，聚众扰乱社会秩序，情节严重，致使工作、生产、营业和教学、科研无法进行，造成严重损失的行为。从表面上看，宾某等三人的行为的确符合该罪的构成要件。但经仔细分析不难看出，宾某等三人的行为属于正当防卫。

所谓正当防卫，是指为了使国家、公共利益、本人或者他人的人身、财产和其他权利免受正在进行的不法侵害，采取对不法侵害人造成损害的方法，制止不法侵害，没有明显超过必要限度造成重大损害的防卫行为。我们按照正当防卫的构成要件进行分析。（1）红星水泥厂的污染行为构成有紧迫防卫需要的不法侵害。红星水泥厂的确存在着污染行为，如果不及时排除红星水泥厂的超标排污行为，采取紧迫防卫措施，包括宾某等三人在内的周围村民的人身和财产就会受到不法侵害。（2）红星水泥厂的污染行为正在进行。这种不法侵害并不是防卫人主观推测想象的结果，红星水泥厂逃避环境保护部门的监管违法排污的行为每晚均在发生，每次违法排污的发生均会对周围村民的人身和财产造成损害。而且红星水泥厂不听劝告，无法通过正常的行政和司法途径解决污染问题。（3）包括宾某等三人在内的村民具有保护其合法权益免受正在进行的不法侵害的目的，而不具有报复红星水泥厂或者讹诈钱财等目的。（4）包括宾某等三人在内的村民采取的防卫措施没有明显超过必要的限度并造成重大损害。《刑法》第20条第2款规定，正当防卫明显超过必要限度造成重大损害的，应当负刑事责任。本案中，在无法进入厂房且无法搞清水泥厂工艺的情况下，村民推倒了红星水泥厂的围墙，并剪断了电线，这些行为是为了阻止红星水泥厂的违法排污，阻止其对自身合法人身和财产权益的侵害，是为制止不法侵害所必需的，没有明显超过必要限度。(5) 村民的防卫措施是针对不法侵害人红星水泥厂的，并没有损害与污染不相干的第三人的利益。综上所述，本案中，包括宾某等三人在内的村民推倒围墙、剪断了电线的行为属于刑法中的正当防卫，不构成聚众扰乱社会秩序罪。

在受到错误司法追究时，污染受害者还可以以紧急避险作为理由，排除其行为的犯罪性，维护自身的正当权益。我国《刑法》第 21 条规定，为了使国家、公共利益、本人或者他人的人身、财产和其他权利免受正在发生的危险，不得已采取的紧急避险行为，造成损害的，不负刑事责任。紧急避险超过必要限度造成不应有的损害的，应当负刑事责任，但是应当减轻或者免除处罚。根据这一规定，可以归纳出受害者在维护自己合法的环境权益的过程中正确行使紧急避险权的要点：(1) 必须存在威胁法律所保护利益的危险，包括污染者违法排污、破坏环境资源所造成的危险。(2) 这种危险处于正在发生的状态。也就是说，污染者违法排污、破坏环境资源所造成的危险必须正在发生，不能是虚拟的，或者已经结束。(3) 污染受害者行使该权利具有保护较大合法权益免受危险的目的，不能是为了故意报复、打击排污者的目的而以紧急避险为借口。(4) 行使紧急避险权是不得已的选择。也就是说，污染受害者只能采取损害较小的合法权益的方法，以便较大的国家、公共利益、本人或者他人的人身、财产和其他权利免受正在发生的污染损害，而且采取的方法是可以选择的避险方法中损害最小的。(5) 污染受害者的紧急避险行为不能超过必要的限度，造成不应有的损害，否则就不是整体上有利于社会的行为。污染受害者只要把握以上要点行使紧急避险权，就能够排除其行为的犯罪性。①

需要说明的是，正当防卫和紧急避险还存在诸多区别，污染受害者在行使正当防卫权和紧急避险权时应当正确区分：(1) 危险的来源不

① 参见陈明华主编：《刑法学》，186～189 页，北京，中国政法大学出版社，1999。

同。正当防卫的起因条件是他人的不法侵害，而紧急避险的起因条件是一种危险，除违法排污和破坏环境资源造成的人为损害外，还可以包括自然灾害等非人为的损害。（2）损害程度的限度不同。正当防卫所造成的损害可以大于或等于所要保护的利益，而紧急避险所造成的损害不能等于更不能大于所要保护的利益。（3）对行为的限制不同。紧急避险要求必须是不得已的，没有其他更好的办法而采取的措施。而正当防卫则无此要求。（4）行为针对的对象不同。正当防卫要求打击的对象只能是不法侵害者本人，而紧急避险则可以是无辜的第三方，二者针对的对象是有原则区别的。

6. 重庆市甲村村民投诉重庆市某区恒达化工厂案——环境污染承担了刑事责任就可免除民事责任吗？环境刑事案件中如何追究民事责任？

◇案情◇

重庆市某区恒达化工厂系私营独资企业，经工商部门注册登记，主要生产磷酸钙。该厂在未完成废水处理设施的情况下，擅自于2004年9月25日投入试生产。由于该厂一直没有配置工业废水处理设施，生产过程中含有氟硅酸等有毒物质的污水都积存在工厂厂房后的储水沟内。2004年11月3日，经厂长林某同意，该厂日常工作管理负责人刘某将含有高浓度氟硅酸的工业废水直接排入该厂厂房后的排水沟内，用石灰简单中和处理后陆续向厂外排放，致沿途沟内遭受高浓度的氟化物污染。重庆市甲村村民见河沟水质异常，曾向恒达化工厂林、刘二人反映，市、区两级环境保护部门也要求林某说明情况，但林某置之不理，继续违规生产。2006年1月31日，该厂又一次将含有氟硅酸的废水直接排入厂房后的排水沟内，用石灰简单中和处理后向厂外排放。2月1日，甲村村民因饮用了被污染的水，致使303人门诊治疗，104人住院治疗。当地公安机关以重大环境污染事故罪对林某和刘某进行了拘留、逮捕，经过审理，当地人民法院根据《刑法》第 338 条规定，分别判处林某、刘某有期徒刑 3 年、2 年 6 个月。受到损害的甲村村民请求该厂支付医疗费，并给予经济赔偿，该厂认为其已经承担了刑事责任，不应当再赔偿村民的医疗费和其他损失，因此拒绝赔偿。

◇分析◇

本案是一起关于环境刑事案件中附带追究民事责任的典型案例。

本案中，甲村村民与恒达化工厂争议的焦点在于，该化工厂及其相关责任人承担了刑事责任后，是否还需要继续承担损害赔偿等民事责任。对此，《刑法》第 36 条有明确规定，由于犯罪行为而使被害人遭受经济损失的，对犯罪分子除依法给予刑事处罚外，并应根据情况判处赔偿经济损失。承担民事赔偿责任的犯罪分子，同时被判处罚金，其财产不足以全部支付的，或者被判处没收财产的，应当先承担对被害人的民事赔偿责任。也就是说，包括环境犯罪在内的任何犯罪行为，只要对被害人造成了经济损失，都应当赔偿，无论其承担了多重的刑事责任，还应当同时承担民事责任。在本案中，某区恒达化工厂虽然已经承担了刑事责任，但是其还应承担相应的民事责任，对受到损害的甲村村民赔偿包括医疗费在内的损失。

环境犯罪案件中承担民事责任的方式有两种：一种是对于环境犯罪情节较重的犯罪人，法律可以在适用其他刑罚的同时判处赔偿受害人经济损失。按照现行法律和相关司法解释，环境犯罪中的“赔偿受害人经济损失”并不包括赔偿受害人的精神损失，赔偿范围仍限于因被告人犯罪行为造成的物质损失。最高人民法院《关于刑事附带民事诉讼范围问题的规定》第 1 条第 1 款规定，因人身权利受到犯罪侵犯而遭受物质损失或者财物被犯罪分子毁坏而遭受物质损失的，可以提起附带民事诉讼。第 2 款进一步规定，对于被害人因犯罪行为遭受精神损失而提起附带民事诉讼的，人民法院不予受理。另外一种是法院责令犯罪人赔偿损失，一般在不需要判处刑罚的情况下运用，只适用于情节较轻的环境犯罪人。对此，《刑法》第 37 条规定，对于犯罪情节轻微不需要判处刑罚的，可以免予刑事处罚，但是可以根据案件的不同情况，予以训诫或者责令具结悔过、赔礼道歉、赔偿损失，或者由主管部门予以行政处罚或者行政处分。

在环境犯罪中，受害人要求环境犯罪人承担相应的民事责任主要有两种方式：第一种是在环境犯罪案件审理终结后，受害人可以按照《民法通则》、《民事诉讼法》等相关法律的规定，按照普通的环境民事纠纷要求环境犯罪人承担相应的民事责任。第二种是在环境犯罪案件的审理过程中提起刑事附带民事诉讼。所谓附带民事诉讼，是指司法机关在刑事诉讼过程中，在解决被告人刑事责任的同时，附带解决因被告人的犯罪行为所造成的物质损失的赔偿问题而进行的诉讼活动。《刑事诉讼法》第77条规定，被害人由于被告人的犯罪行为而遭受物质损失的，在刑事诉讼过程中，有权提起附带民事诉讼。如果是国家财产、集体财产遭受损失的，人民检察院在提起公诉的时候，可以提起附带民事诉讼。人民法院在必要的时候，可以查封或者扣押被告人的财产。最高人民法院《关于执行〈中华人民共和国刑事诉讼法〉若干问题的解释》第100条规定，人民法院审判附带民事诉讼案件，除适用刑法、刑事诉讼法外，还应当适用《民法通则》、《民事诉讼法》有关规定。

根据有关法律和司法解释的规定，在环境犯罪案件中提起附带民事诉讼需要注意如下事项：(1) 附带民事诉讼应当在环境刑事案件立案以后第一审判决宣告以前提起。有权提起附带民事诉讼的人在第一审判决宣告以前没有提起的，不得再提起附带民事诉讼。但可以在刑事判决生效后另行提起民事诉讼。① 在侦查、预审、审查起诉阶段，有权提起附带民事诉讼的人向公安机关、人民检察院提出赔偿要求，已经公安机关、人民检察院记录在案的，刑事案件起诉后，人民法院应当按附带民事诉讼案件受理；经公安机关、人民检察院调解，当事人双方达成协议并已给付，被害人又坚持向法院提起附带民事诉讼的，人民法院

① 参见最高人民法院《关于执行〈中华人民共和国刑事诉讼法〉若干问题的解释》第89条。

也可以受理。[①] 也就是说，只要是在刑事诉讼过程中，无论是在侦查阶段、起诉阶段还是审判阶段，被害人依法都可以提起附带民事诉讼。(2) 提起附带民事诉讼的方式。提起附带民事诉讼一般应当提交附带民事诉讼状，写清有关当事人的情况、案发详细经过及具体的诉讼请求，并提出相应的证据。书写诉状困难的，可以口头起诉。(3) 提起附带民事诉讼的原告人必须符合法定条件。以下主体有权作为附带民事诉讼的原告人提起附带民事诉讼：1）因为环境犯罪行为而遭受物质损失的公民、企业、事业单位、机关、团体等；2）未成年人或者精神病患者等无诉讼行为能力人的法定代理人或者监护人；3）死亡被害人的法定继承人；4）在国家财产、集体财产遭受损失的环境犯罪案件中的检察机关。

① 参见最高人民法院《关于执行〈中华人民共和国刑事诉讼法〉若干问题的解释》第90条。

二、环境权益救济的途径

1. 吉林省图们市某造纸厂排污误农时赔偿案——怎样通过申请行政处理维护环境权益?

◇案情◇

2003年5月下旬，正值图们地区插秧时节。图们市某造纸厂脱墨车间将夹杂大量塑料薄膜的污水直排嘎呀河，致使农用抽水泵被塑料堵塞，水田供水短缺，红光乡龙城、松林、下嘎3个自然村226公顷插秧生产受到不同程度影响。利益受损的农民立即赶到图们市环境保护局反映造纸厂排污问题，要求厂方赔偿损失。

为防止厂群矛盾激化，切实维护农民利益，图们市环境保护局于同年5月30日和6月2日先后两次在松林村召开协调会，并达成三点共识：某造纸厂提供潜水泵保障农田用水；村领导干部要组织村民抢时间插秧，力争把损失降到最低限度；厂方在年末补偿农民的农作物损失。

2003年年底，图们市环境保护局会同某造纸厂、红光乡政府、农业专家对农民的农作物损失作最后一次评估，某造纸厂依据评估结果，同意向3个村的300农户支付11万元赔偿金。

经吉林省图们市环境保护局积极调解，某造纸厂直排污水延误插秧农时一案结案，受害农民获11万元赔偿金。

◇分析◇

这是一起污染受害者通过申请行政处理从而成功维护其环境权益、解决环境污染纠纷的案例。

环境污染纠纷是指因环境污染引起的单位与单位之间、单位与个人之间的矛盾和冲突，通常由于单位或个人在利用环境和资源的过程中污染和破坏环境，侵犯他人的合法权益而产生。由于环境保护行政主管部门具有专业优势，所以通过行政处理解决环境污染纠纷具有成本低、费时少、效果好等特点。而且，环境保护行政主管部门负有解决污染纠纷的职责。例如，《环境保护法》第41条第2款规定，赔偿责任和赔偿金额的纠纷，可以根据当事人的请求，由环境保护行政主管部门或者其他依照法律规定行使环境监督管理权的部门处理。其他关于环境保护的单行法律也有类似规定。因此，污染受害者在遭受环境污染时，可以请求当地环境保护行政主管部门进行行政处理，以维护其环境权益，解决环境污染纠纷。

从这一案件中可见，为了正确申请行政处理以解决环境污染纠纷，维护自身的合法权益，污染受害者申请行政处理应当把握如下几点：

第一，应当了解环境污染纠纷行政处理的范围。《环境保护法》规定行政处理的环境纠纷有三种：(1) 跨行政区的环境污染和环境破坏纠纷。此类纠纷应当由有关人民政府协商解决，协商不成的，由共同上级人民政府协调解决。(2) 环境污染发生后的污染责任纠纷。(3) 赔偿金额纠纷。后两类纠纷主要由环境保护行政主管部门或者其他依照法律规定行使环境监督管理权的部门负责处理。但在实践中，许多其他环境纠纷，如停止污染侵害、排除污染妨碍、消除污染危险纠纷也有请求处理的，而且环境保护行政主管部门一般也予以受理。需要特别说明的是，按照我国相关法律规定，排污单位对于达标排放造成的污染损失同样应负赔偿责任。

第二，应当明确环境污染纠纷行政处理的管辖，并向有管辖权的环境保护行政主管部门提出申请。县级环境保护行政主管部门负责调处本行政区域内的环境污染纠纷；市级环境保护行政主管部门管辖本行政区域内重大环境污染纠纷的调处。上级环境保护行政主管部门对所属下级环境保护行政主管部门管辖的环境纠纷有权处理；也可以把自己管辖的环境污染纠纷交下级环境保护行政主管部门处理。

第三，应当明确环境污染纠纷行政处理的性质。在我国环境法中，“行政处理”是环境保护行政主管部门对民事权益争议进行调解，没有“处罚”的意思。在当事人对处理决定不服的情况下，如果当事人向法院起诉，即构成民事诉讼案件，而不是行政诉讼案件，诉讼当事人仍是环境污染纠纷的双方当事人，不能把进行调解处理的环境行政主管部门当做被告。当然，在环境污染纠纷中如存在违反环境保护法律法规的行为，环境保护行政主管部门必须对环境违法行为进行行政处罚，对造成污染影响和损害的责任方，环境监察执法人员应依法确定其责任，制止其污染行为，责令其消除影响，并根据双方当事人的请求对污染造成损害的赔偿进行行政调解处理。

第四，应当以双方当事人同意作为申请行政处理的前提条件。也就是说，对环境污染纠纷进行行政处理，应当以当事人的申请为前提；一方当事人请求的，应征得另一方当事人的同意，否则便无法进行调解处理。除当场发现环境污染且双方当事人都同意立即处理的情况和口头申请的情况外，申请行政处理一般需要向有管辖权的环境保护行政主管部门提交申请书。申请书的内容通常包括申请人名称（姓名）、地址（住址）和法定代表人姓名、职务，被申诉人名称（姓名）、地址（住址）和法定代表人姓名、职务，申请的请求事项、事由和有关证据，证人的姓名和住址，最后应由申请人签名或者单位盖章和法定代表人的签名。①

第五，应当知晓环境污染纠纷行政处理的程序。这些程序主要包括：(1) 登记审查。环境监察执法人员在现场检查和行政执法过程中，对于当事人书面或口头申请，不管是否有权管辖，反映的情况是否属

① 参见王灿发：《环境法学教程》，112页，北京，中国政法大学出版社，1997。

实，是否符合立案条件，都应认真登记备案，然后对是否立案进行审查。(2) 立案受理。行政机关最迟应在接到申请之日起 7 日内作出是否立案受理的决定。对不符合受理条件的，告知当事人其解决问题的途径。对符合立案受理条件的，正式立案受理。环境保护行政主管部门发出受理通知书，同时将受理通知书副本送达被申请人，要求其提出答辩，不答辩的，不影响行政处理。(3) 调查取证和鉴定。环境保护行政主管部门在案件受理后，除了对当事人双方提供的证据进行审核外，还要依法客观、公正、全面地收集与案件有关的证据，调查核实污染事实，需要专业技术鉴定的，还要请相关部门（比如环境监测站）作出鉴定，这里特别要注意证据的合法性和有效性问题。(4) 审理。环境保护行政主管机关对调查取得的证据、信息及双方当事人提供的证据进行汇总分析，理顺案情，辨明是非，分清责任。如果双方当事人都愿意接收调解，应召集双方当事人进行调解；当事人双方自愿达成协议的，应签订环境污染纠纷调解协议书，一式三份，在协议书上签字盖单位公章后送双方当事人。如果有一方当事人不愿意接受调解，对双方又无行政违法行为需查处的，告知当事人可以通过民事诉讼途径解决环境污染纠纷，行政处理结束。(5) 结案。双方当事人通过调解达成协议的，环境保护行政主管部门作为见证人，留一份协议存查，并写出纠纷处理过程的结案报告。调解不成的，在告知双方当事人可采取民事诉讼途径解决之后，写出结案报告。(6) 执行。经过行政处理，双方当事人达成调解协议的，负有义务的一方应自觉履行协议。在履行调解协议时，如果当事人一方或双方对环境保护行政主管部门所作出的调解处理不服，而且既不履行又不向法院起诉，或者签订协议后又悔约，环境保护行政主管部门不能向人民法院申请强制执行，而应明确告知当事人就原污染纠纷向人民法院提起民事诉讼。①

---

① 参见国家环境保护总局编著：《环境监察》，278～280 页，北京，中国环境科学出版社，2002。

2. 河北刘某向“12369”热线举报使用落后生产工艺的某厂污染案——如何通过举报维护自身的环境权益?

◇案情◇

河北省赞皇县某小钢厂采用国家明令禁止的落后生产工艺，导致周围农田受到烟尘污染，周围村民深受其害，多次举报该厂的环境违法行为。但是该小钢厂白天不开工，夜间偷偷生产，当地环境保护部门苦于不知道该厂生产的时间，因此无法掌握该厂环境污染的证据。后周围村民刘某通过“12369”热线向当地环境保护部门举报了该厂生产的时间和排污规律，终于使环境行政执法人员掌握了该厂生产的第一手证据。经查，该厂使用落后生产工艺，不符合国家产业政策，属于《产业结构调整指导目录》规定的“落后生产工艺装备”范畴，是“高污染、高能耗、低产值”企业。因此，2008 年 3 月，赞皇县环境保护局依据《大气污染防治法》的相关规定，向县政府建议彻底取缔该小钢厂，赞皇县人民政府根据相关法律规定，采取措施关闭了该小钢厂，消除了其对周围农田的烟尘污染。

◇分析◇

本案是一起通过举报维护自身环境权益的典型案例。

在本案中，村民刘某通过“12369”热线向当地环境保护部门准确举报了赞皇县某小钢厂生产的时间和排污规律，这是关闭该厂、消除该厂污染的主要原因。所谓举报，是指公民或者单位向司法机关或者其他有关国家机关和组织检举、控告违纪、违法、犯罪，依法行使其民主权利的行为。我国《宪法》和法律把检举、控告也就是举报列为公民的民主权利。举报制度，是指受理举报的机关和组织对公民或者单位举报的线索，依照法律或者其他有关规定进行调查处理，保障公民依法行使民主权利的一种制度。

依据原国家环境保护局在 1997 年 6 月 17 日下发的《关于建立全

国环境保护举报制度的指导意见》的规定，在1996年至2000年的“九五”期间，在全国开始实施环境举报制度。在2001年至2005年的“十五”期间要继续完善环境举报制度，进一步畅通群众举报渠道，建立环境监察社会监督体系，同时要全面开通“12369”环境保护举报热线，并逐步实行有奖举报制度。原国家环境保护总局2001年又下发了《关于开通“12369”环保举报热线的通知》，规定县级环境保护局必须在2001年年底前开通“12369”环保举报热线。目前，我国绝大多数县级以上城市开通了“12369”环境保护举报热线。环境污染受害者可以利用“12369”环境保护举报热线，对环境违法行为进行举报，维护自身的环境权益。此外，群众还可以通过www.12369.gov.cn网站举报环境违法行为或者查询有关资料。

为了提高“12369”系统的利用效率，节约国家环境执法资源，便捷有效地维护自身的环境权益，污染受害者在环境举报时应当注意如下事项：

第一，树立权利意识，遇到环境违法行为及时通过“12369”举报。有调查显示，目前制约“12369”环境保护举报热线发挥作用的主要原因是公众对其环境权益的漠视，对环境举报的作用缺乏应有的认识。据四川某社会调查研究中心的问卷调查显示，86.5%的被调查者对“12369”一无所知。当发现环境污染问题时，三成受访者表现出对环境保护监督权利的淡漠。当发现身边环境污染时，68%的受访者没有投诉过。对不投诉的原因，44%的受访者表示“举报了也没用”①。为了解决环境举报中的这一问题，一方面，各级环境保护部门应当通过报纸、广播、电视及其他有效媒介，向社会公告受理环境保护举报的单位名称、通信地址、邮政编码、电话号码、举报受理范围及环境保护举报的其他有关规定，使国家规定的环境举报制度家喻户晓，渠道更加畅通。另一方面，污染受害者也应当树立环境维权意识，遇到

① 《12369环保热线不热 公众“光说不练”有苦衷》，载http：//www.scol.com.cn/nsichuan/cdzh/20060221/200622191910.htm，2009－01－17。

环境污染侵害自身权益时，要能够利用、善于利用“12369”环境保护举报热线揭露环境污染行为，保护合法合法权益。

第二，准确告知环境保护部门污染情况、污染所在地址、污染时间、主要污染特征等关键信息，如果方便的话，还可以留下举报人的姓名、住址和联系电话。环境保护部门会对举报人的信息采取措施进行保密，这也会方便环境监察执法人员及时和举报人沟通污染解决情况，反馈环境举报的处理结果。许多县级以上城市的“12369”热线白天为人工值守，休息日或者夜晚可能是电话录音。在实践中，许多污染受害者打进电话，由于激动或者疏忽，没有留下环境污染行为所在的地址、污染情况等最需要提供的线索，导致无法查处。①

第三，注意收集环境污染的相关证据。许多环境污染者经常以夜间集中排放、暗管偷排等形式逃避环境保护部门的监管，这种情况下环境保护部门往往由于对污染者的污染情况不熟悉，难以查明污染行为发生的确切时间，因此无法掌握环境污染的证据，致使污染者长期逃避环境监管。而污染受害者由于自身环境权益受到损害，且长期居住在污染者附近，对污染者的污染情况较为熟悉，如果能够利用便利条件通过拍照、记录等方式收集污染者环境污染的证据，并将之提交给环境保护部门，就会极大地提高环境保护部门执法的准确性和有效性，及时打击环境违法行为，解决环境污染纠纷。

3. 浙江省某市西天目乡雷竹园因受废气污染环境民事诉讼案——如何通过调解获得赔偿?

◇案情◇

浙江省某市西天目乡鲍家村农户陶某的1.7亩雷竹园坐落于该市三力电池有限公司北面，距该公司数十米。2003年9月以后，该公司

① 参见《12369环保热线不热 公众“光说不练”有苦衷》，载http://www.scol.com.cn/nsichuan/cdzh/20060221/200622191910.htm，2009—01—17。

的煤烟和熔化沥青废气污染越来越严重，导致附近的雷竹园竹叶逐渐变黄脱落，出笋产量下降，竹笋收入仅 2 000 元，经济收入比原来减少 80%以上。

陶某把这些情况向市环境保护局反映以后，市环境保护局会同林业竹笋研究所、农业部门的专家一同前往现场勘查，经分析和检测，确认该农户雷竹园竹笋减产是三力电池有限公司排放的废气污染所致，排除了病虫害危害和管理方面的原因。上述有关部门还为该农户出具了书面证明。陶某拿着书面证明同该公司理论，该公司却不予理会。

2004 年 6 月，陶某起诉该公司。该公司老板主动找到陶某商量，表示愿意补偿。9 月中旬，在人民法院的协调下，双方达成协议，三力电池有限公司向陶某的雷竹园赔偿经济损失 1.4 万元。陶某随之到法院办理了结案手续。

◇分析◇

本案是一起污染受害者通过调解手段维护自己合法权益的典型案例。

在本案中，农户陶某正是通过调解的方式维护了自身的环境权益，获得了赔偿。

调解是由第三方主持并促成争议双方当事人互相协商，达成谅解和让步，从而解决环境纠纷的活动，是污染受害者维护环境权益普遍采用的方法之一。污染受害者可以利用民间调解、行政调解、司法调解和联合调解这四类调解方式来维护其合法权益。

民间调解，是指由行政机关或者司法机关之外的个人或者单位对争议事项进行的调解。民间调解是快速、便捷地解决环境纠纷的途径之一。环境民间调解主要包括两种形式：（1）自行调解，也就是纠纷当事人一方或双方邀请第三方进行调停，或者第三方主动进行调停，以促进环境纠纷的解决。律师可以接受当事人的委托，作为第三方参加调解活动；如果律师担任法律顾问，其职责也包括进行调解活动。（2）人民调解委员会调解，也就是由人民调解委员会作为第三方对环境纠纷进行的调解活动。人民调解委员会是城市地区的居民委员会或者农村地区的村民委员会下设的调解民间纠纷的群众性组织。人民调解委员会的调解不具有法律上的强制执行力，但经过双方当事人签字或者盖章的人民调解委员会调解协议，具有合同效力。对于经人民调解委员会调解达成的调解协议，当事人在达成协议后反悔的，任何一方都可以请求环境行政管理部门进行处理，或者向人民法院提起民事诉讼。

行政调解，是指行政机关依法在其职权范围内对纠纷进行的调解。根据调解主体的不同，环境行政调解主要包括三种形式，即：环境行政管理部门的调解；上级行政主管部门的调解；其他行政主管部门的调解。① 环境保护行政主管部门由于长期从事环境监测、环境管理工作，在环境纠纷处理中具有较强的技术优势和较高的管理权威，污染受害者寻求环境保护部门的行政调解能够较为高效、便捷地解决环境问题。目前，全国县级以上环境保护行政主管部门一般均内设环境污染纠纷的调解处理机构。环境行政调解目前不具有强制执行力。如果当事人对行政调解结果不服，可以通过诉讼途径维护其合法权益。

司法调解，是指在人民法院审判人员的主持下，对纠纷双方当事人进行劝说，促使其自愿达成协议，从而解决纠纷的活动。本案就属于通过司法调解而维护污染受害者合法权益的情况。司法调解可以分为审理前的调解和审理中的调解。其中，审理前的调解是指经双方当事人同意，人民法院在受理案件后、开庭审理前，对法律关系明确、事实清楚的案件，在审判人员主持下进行的调解；审理中的调解，是指人民法院根据当事人申请或者依职权，在开庭审理案件的过程中主持当事人进行的调解。无论是审理前的调解还是审理中的调解，人民法院都应遵循自愿原则、合法原则、查明事实和分清是非的原则。法院调解书经双方当事人签收后，即具有法律效力，这也是法院调解与其他调解最主要的区别。调解未达成协议或者调解书送达前一方反悔

① 参见王灿发：《环境法学教程》，112页，北京，中国政法大学出版社，1997。

的，人民法院应当及时判决。调解达成协议并经审判人员审核后，该调解协议自双方当事人签名或者捺印之日起生效；人民法院应当基于调解协议制作民事调解书。调解协议生效后一方拒不履行的，另一方可以持民事调解书申请强制执行。但是，对调解书的内容既不享有权利又不承担义务的当事人不签收调解书的，不影响调解书的效力。

联合调解，是指由两个或两个以上纠纷调解主体共同对争议事项进行的调解活动。根据组成调解组织的主体，环境联合调解可以分为如下四种形式：（1）由环境保护行政主管部门与其他行政主管部门联合调解；（2）由环境保护行政主管部门与人民调解委员会联合调解；（3）由其他行政主管部门与人民调解委员会联合调解；（4）由人民法院与有关行政主管部门和单位联合调解，但这种调解是以人民法院为主，其他部门和单位处于协助地位。①

4. 张某等状告某县油脂厂环境污染财产损害赔偿案——怎样通过环境民事诉讼获得环境损害赔偿?

◇案情◇

张某等12名原告合伙承包某县城南护城河75.38亩水面用于养鱼。1995年6月投放3寸规格草鱼1万尾、鲢鱼6万尾，2寸规格鲤鱼3万尾，当年未捕捞。1996年4月又投放了2.5寸规格草鱼1.2万尾，3寸规格鲢鱼5万尾、2寸规格鲤鱼4万尾，养殖方式为半精养。

自1996年8月18日起，被告某县油脂厂生产菜料油18天，工业废水和油流入原告承包的护城河，造成河水严重污染，致使鱼大量死亡，仅仅剩少量鲤鱼。经过淡水养殖专家估算，原告所承包的水面亩产鱼应当在300千克至350千克之间。按照当地市场鱼类平均批发价格为每千克5元左右计算，据此，原告要求被告赔偿经济损失12万

① 参见王灿发：《环境法学教程》，112页，北京，中国政法大学出版社，1997。

元。被告以持有排污许可证、合法排污等为由拒绝赔偿。

张某等12名原告起诉至某县人民法院。县人民法院经审理认为，被告未对工业废水采取必要的净化措施而直接流入原告承包的护城河，造成水质污染，致使原告养殖的鱼大量死亡，依法应当承担赔偿责任。但鉴于原告养殖的水面内尚残活少量鱼，且污染时原告养殖的鱼尚未长成，故不应当以成鱼的产量请求赔偿，原告的请求过高，人民法院依照《民法通则》第24条和《环境保护法》第41条的规定，判决某县油脂厂赔偿张某等12名被告经济损失人民币7.538万元。

◇分析◇

本案是一起通过环境民事诉讼成功维护受害人合法权益的典型案例。

在本案中，张某等12名原告合理运用了环境民事诉讼的手段，最终获得了赔偿，维护了自己的环境权益。环境民事诉讼，是指环境法主体在其环境权利受到或可能受到损害时，依法向人民法院提出诉讼请求，人民法院依法进行审理和裁判的活动。诉讼是解决环境污染纠纷的最终途径，当事人一般需要缴纳诉讼费用和律师费用，需要花费时间和精力。因此，污染受害者在使用环境民事诉讼手段维护其合法权益之前，应当优先考虑纠纷是否可以通过和解、调解等途径解决。在提起环境民事诉讼的过程中，污染受害者要注意以下问题：

第一，起诉条件。提起环境民事诉讼，必须同时符合四方面条件：原告是与本案有直接利害关系的公民、法人和其他组织；有明确的被告；有具体的诉讼请求和事实、理由；属于人民法院受理民事诉讼的范围和受诉人民法院管辖。据此，污染受害者要提起环境民事诉讼，就必须是为了自己的利益，而不能是为了他人的利益和社会公共利益，因为他人利益和社会公共利益与其自身利益不具有“直接利害关系”。在环境保护领域，由于公民、法人和其他组织对环境要素或者环境整体既不具有所有权，也不具有排他性的使用权，因而，针对污染或者破坏环境的行为提起的诉讼一般会被认定为与本案没有“直接利害关系”。也正因如此，在我国，公民、法人和其他组织目前很难提起环境民事公益诉讼。

第二，诉讼当事人。作为污染受害方的公民、法人和其他组织，可以作为环境民事诉讼的当事人；法人由其法定代表人进行诉讼；其他组织由其主要负责人进行诉讼。对于当事人一方人数众多，数量可以确定的共同诉讼，可以由当事人推选代表人进行诉讼；诉讼标的是同一种类、当事人一方人数众多，在起诉时人数尚未确定的，人民法院可以发出公告，说明案件情况和诉讼请求，通知权利人在一定期间向人民法院登记。其中，前一种情形被称为“人数确定的代表人诉讼”，后一种情形被称为“人数不确定的代表人诉讼”。在人数确定的代表人诉讼中，代表人的诉讼行为对其所代表的当事人发生效力，但代表人变更、放弃诉讼请求或者承认对方当事人的诉讼请求，进行和解，必须经被代表的当事人同意。在人数不确定的代表人诉讼中，人民法院作出的判决、裁定，对参加登记的全体权利人发生效力；未参加登记的权利人在诉讼时效期间提起诉讼的，则适用该判决、裁定。

第三，证据种类。提起环境民事诉讼需要准备一定的证据向法院证明自己的主张。环境民事诉讼的法定证据包括书证、物证、视听资料、证人证言、当事人的陈述、鉴定结论、勘验笔录 7 类。其中，书证是指通过文字、符号、图表等形式表达一定思想或者行为，其内容能够证明案件真实情况的物品；物证是指以自身存在的外形、重量、规格、质量等标志来证明案件事实的一部或者全部的物品或者痕迹；视听资料是指通过视频、音频形式证明案件事实的证据；证人证言，是指证人就所了解的案件事实向法庭所作的陈述；当事人陈述，是指当事人就有关案件的事实情况向人民法院所作的口头表述；鉴定结论，是指鉴定人运用自己的专门知识，对案件的某些专门性或者疑难问题进行分析研究得出的结论性意见；勘验笔录，是指在民事诉讼过程中，审判人员对与案件争议有关的现场、物品或者物体亲自进行或者指定有关人员进行查验、拍照、测量，并据此制成的书面记录。这 7 类证据在环境民事诉讼过程中都可以使用。

第四，举证责任。举证责任，是指在诉讼过程中，当事人为支持自己主张而依法向人民法院提供证据的责任。民事诉讼举证责任的一般原则是“谁主张、谁举证”，即“当事人对自己提出的主张，有责任提供证据”。然而，在环境民事诉讼中，实行的是举证责任倒置，也就是因环境污染引起的损害赔偿诉讼，由加害人就法律规定的免责事由及其行为与损害结果之间不存在因果关系承担举证责任，否则就要承担不利的法律后果。《侵权责任法》第 66 条就此作出了明确规定。

第五，因果关系。在一般侵权民事诉讼中，原告应当对被告的行为或者物件是其受到的损害的原因举证，即原告负责证明存在因果关系。在环境民事诉讼中则不同，在确定因果关系时，应当采用因果关系推定法认定因果关系成立；如果作为被告的污染方否认这一因果关系的存在，则应当举出相反的证据予以证明，否则就要承担不利的法律后果。

第六，诉讼时效。民事诉讼的诉讼时效期间一般为 2 年。但是，《环境保护法》对诉讼时效期间作出了不同的规定，“因环境污染损害赔偿提起诉讼的时效期间为三年”。环境诉讼时效期间从当事人知道或应当知道受到污染损害时起计算；环境民事诉讼的最长诉讼时效为 20 年，自环境权利被侵害之日起计算。

5. 江苏省齐女士向环境保护部投诉南京某小区餐馆油烟污染案——怎样通过投诉信访维护环境权益？

◇案情◇

南京某小区是南京市中心西南方向的民宅小区，小区内集中有多处小餐饮门店。小区属于南京市划定的禁止燃煤区。2008 年 7 月初，江苏省环境监察局就接到群众电话，投诉该小区小香锅餐厅的油烟污染问题，随即转南京市环境监察支队组织查处。经查，小香锅餐厅没有集中排放的油烟管道。南京市环境保护局对其下达了限期安装油烟净化器通知书。7月底，小香锅餐厅在限期治理时限内完成了油烟净化器安装工作。

2008年7月23日，江苏省市民齐女士向环境保护部写信反映南京市某小区餐厅和澡堂的环境污染问题。8月上旬，环境保护部环境监察局群众来信信访转办单要求，将齐女士信访的相关材料转请环境保护部华东环境保护督查中心核实查处。8月13日，华东环境保护督查中心会同江苏省环境监察局、南京市环境保护局到该小区进行了现场调查，看到10家小餐馆均在使用无烟煤作燃料，小香锅餐厅油烟净化器已安装完成，正在试运行。随后南京市环境保护局对该小区内的餐馆、澡堂等涉及大气污染的单位进行了全面排查。经排查确认，该小区内共有1家浴池，1家招待所，28家小餐馆（含1家打饼店）。浴池和招待所均无锅炉，不产生大气污染。28家小餐馆（含1家打饼店）有3家停业，其余25家在经营，20家使用无烟煤或焦炭，其中，成都平价大排档安装的油烟净化器设备老化，效果不佳。该小区内所有门店都有营业执照。目前，南京市环境保护局正在对使用燃煤的餐馆下达责令限期改正通知，改用清洁燃料，对成都平价大排档责令限期重新安装油烟净化装置。

调查处理结束后，华东环境保护督查中心、江苏省环境监察局和南京市环境保护局分别多次与信访人齐女士电话联系。信访人齐女士对处理结果表示满意。

◇分析◇

本案是一起通过环境信访成功维护其合法环境权益的典型案例。

在本案中，齐女士正是通过给环境保护行政主管部门写信的信访方式，顺利解决了困扰其多年的小区餐馆油烟污染问题。

目前，环境信访在促进环境纠纷解决，保护污染受害者的合法权益方面发挥了越来越大的作用。污染受害者在遇到环境权益受到侵害的情况下，不妨通过写信、打电话等信访方式向环境保护行政主管部门反映问题，要求其维护自身合法权益。污染受害者在运用环境信访手段维护其合法权益时应当注意如下问题：

第一，环境信访的提出。环境信访人在发现可能造成社会影响的重大、紧急环境污染信访事项和信息时，可以就近向环境保护部门报告，当地环境保护部门应在职权范围内依法采取措施，果断处理，防止不良影响的发生和扩大，并立即报告当地人民政府和上一级环境保护部门。当环境信访事项涉及两个以上环境保护部门时，环境信访人可以选择其中一个环境保护部门提出环境信访事项。环境信访人向两个以上环境保护部门提出环境信访事项的，由最先接收来信来访环境保护部门受理；受理有争议时，由争议各方协商解决，协商不成的，报其共同上一级环境保护部门指定受理机关。当环境保护部门发现受理的信访事项不属于环境保护部门处理时，信访工作人员应耐心告知信访人依法向有关行政机关提出。对应当通过诉讼、行政复议、仲裁解决的环境信访事项，应告知信访人以有关法规办理。原则上，环境信访人的环境信访事项应当向当地或上一级环境保护部门提出，环境信访人越级上访提出环境信访事项的，一般应告知信访人按规定程序提出环境信访事项，但上级环境保护部门认为有必要直接受理的，可以直接受理。

第二，环境信访的形式。环境信访可以通过书信、传真、电话、电子邮件或当面来访等多种形式。通过书信形式反映问题，应签署真实姓名，写明通信地址或邮政编码。申述信、控告信或检举信应当写明环境信访者的姓名、单位、住址及所申述、控告或检举的基本事实。通过电话反映问题的，应在问题说完之后，记录下环境信访者姓名、单位、住址。要求对方留下真名实姓，一方面是为了使反映的问题实事求是；另一方面也便于在处理过程中与来信来访者保持联系，便于调查取证，也有利于在问题处理结束后及时回复。采用当面来访方式反映问题的，应到环境保护部门设立或指定的接待场所，向环境信访工作人员提出。来访者应如实反映问题，由接待人员在来信来访登记册上记录后，留下真实姓名、地址、联系电话，就应离开，而不应以反映问题为由，纠缠接待者，影响正常工作。

一般对于来访者，环境保护部门接待人员只负责记录所反映的问题，没有经过现场调查，弄清事实，确定处理结果之前，接待人员是不可能当面给予答复的。多人反映共同意见、建议和要求的，一般应采用书信、电话形式提出，需要当面反映问题的，应当推选代表提出，代表人数不得超过 5 人。多人来访，在人数上应有限制，并应事先推选主要负责人，负责把各方面意见简明扼要进行陈述，不能影响环境保护部门的正常行政工作。

第三，信访人的权利和义务。信访人有如下权利：(1) 检举、揭发违反环境保护法律、法规和侵害公民、法人或者其他组织合法环境权益的行为；(2) 对环境保护工作提出意见、建议和要求；(3) 对环境保护行政主管部门及其所属单位工作人员提出批评、建议和要求。① 信访人在信访过程中应当遵守法律、法规，自觉履行下列义务：(1) 尊重社会公德，爱护接待场所的公共财物；(2) 申请处理环境信访事项，应当如实反映基本事实、具体要求和理由，提供本人真实姓名、证件及联系方式；(3) 对环境信访事项材料内容的真实性负责；(4) 服从环境保护行政主管部门作出的符合环境保护法律、法规的处理决定。② 信访人在信访过程中不得损害国家、社会、集体的利益和其他公民的合法权利，自觉维护社会公共秩序和信访秩序，不得有下列行为：围堵、冲击环境保护行政机关，拦截公务车辆，堵塞机关公共通道；捏造、歪曲事实，诬告、陷害他人；侮辱、殴打、威胁环境信访接待人员；采取自残、发传单、打标语、喊口号、穿状衣等过激行为或者其他扰乱公共秩序、违反公共道德的行为；煽动、串联、胁迫、以财物诱使、幕后操纵他人信访或者以信访为名借机敛财；在环境信访接待场所滞留、滋事，或者将生活不能自理的人弃留在接待场所；携带危险物品、管制器具，妨害国家和公共安全的其他行为。③

---

① 参见《环境信访办法》第 16 条。

② 参见《环境信访办法》第 20 条。

③ 参见《环境信访办法》第 21 条。

6. 河南省某市张某诉河南省某化工集团有限公司水污染损害赔偿案——怎样求助民间环保组织获得赔偿?

◇案情◇

1999年8月30日，河南省某市下岗工人张某和宿鸭湖水库管理局水产站签订了为期两年的利用宿鸭湖水面的养鱼合同，2000年1月开始投苗养殖，先后投资38.3万元。2000年9月27日上午10时，张某的养殖水面水质发生突变，从上游流入大量未经处理的带刺鼻气味的污水，接着他养殖的鱼就开始大量死亡，最后全部死光。经张某事后自查，鱼致死原因为2000年9月25、26日两天该市连降大雨，某化工集团有限公司内积水严重，该公司净化池与厂区积水平溢，氨水大量外泄，该公司利用推倒东围墙的办法向外急排厂区未经任何处理的有毒积水，致使此污水沿该公司原排污渠道急流入宿鸭湖，并直接冲进处于其宿鸭湖排污口正下方的张某的养殖水面，致使张某养殖的湖鱼中毒死亡。

事后张某多次找当地环境保护、渔政部门都未得到解决，后中央电视台《今日说法》、河南电视台《中原聚焦》节目都做了相关报道，原河南省省长也做了相关批示，但一直未得到处理。2002年张某就该市渔政监督管理站的行政不作为提起行政诉讼，该市某区人民法院、市中级人民法院分别于2002年5月28日、2002年8月29日作出一审、二审判决，判令被告该市渔政监督管理站依法履行职责。但因两年过去，该市渔政监督管理站以无法再取得当时水样化验检测以查明鱼致死原因为由，对此事采取不了了之的态度。张某为求得对自己养殖损失有个说法，三年来到处奔走，从借债投产到上访诉讼，已负债二十余万元，家中老少五口经济极度困难，几陷绝境。

中国政法大学污染受害者法律帮助中心在2003年6月4日接到张某的求助信后，认真研究了此案，并委托中心的志愿律师前往调查取证。经过调查，在确定可以作为中心的帮助案件后，委托志愿律师作为张某的代理律师帮助其进行维权诉讼。经过一年多的诉讼，该市某区人民法院于2004年11月6日作出判决，由被告赔偿原告张某死鱼损失12万元。一审判决后，被告不服，向该市中级人民法院提起上诉，又经过9个月的审理，该中级人民法院于2005年8月22日作出二审判决，驳回上诉，维持原判。

◇**分析**◇

污染受害者在求助于政府、媒体和司法机关无果的情况下，可以考虑向民间环保组织请求获得帮助。在本案中，张某正是在民间环保组织——中国政法大学污染受害者法律帮助中心的援助下最终获得了赔偿。目前，民间环保组织已经成为推动环境保护事业发展的重要力量，在帮助污染受害者维护自己合法环境权益的过程中发挥重要作用。

对于发挥民间环保组织在环境维权中的作用，我国法律作出了明确规定。《固体废物污染环境防治法》第84条第3款明确规定，国家鼓励法律服务机构对固体废物污染环境诉讼中的受害人提供法律援助。《水污染防治法》第88条规定，环境保护主管部门和有关社会团体可以依法支持因水污染受到损害的当事人向人民法院提起诉讼。国家鼓励法律服务机构和律师为水污染损害诉讼中的受害人提供法律援助。国务院《关于落实科学发展观加强环境保护的决定》也已确定要完善对污染受害者的法律援助机制。

污染受害者在寻求民间环保组织的帮助获得赔偿的过程中，应当注意以下两方面问题：

一方面，尽量向成熟的民间环保组织求助，以免受骗上当。目前，全国比较有影响力的民间环保组织除了本案中的中国政法大学污染受害者法律帮助中心，主要还有北京地球村环境文化中心、自然之友、中华环保联合会、绿色家园、北京天恒可持续发展研究所、中华环境保护基金会、环境文化促进会等。污染受害者最好仔细分析要求助的民间环保组织的章程，研究该组织的相关案例，认真了解该组织有无环境法律援助的内容。建议在以上情况都清楚的情况下，再寻求帮助。

另一方面，按照各民间环保组织的受案要求和规则向其寻求帮助。比如，本案中的中国政法大学污染受害者法律帮助中心可以为污染受害者提供法律帮助，垫付部分诉讼费用，但受害者需符合以下条件：因环境污染而受到危害的当事人；当事人确实无力支付诉讼费和律师代理费用；案件具有代表性、普遍性和典型性；属重大、疑难环境污染案件。符合上述条件的当事人，在向污染受害者法律帮助中心提出申请时，还应当填写法律帮助案件登记审批表；提交身份证复印件和住所地居委会或村委会证明；提交家庭经济状况证明；提供案件真实情况及证据材料。当然，除了本案中的污染受害者法律帮助中心外，中华环保联合会等组织也有专门的法务部门为污染受害者提供法律帮助，但污染受害者只有符合既定条件并履行了相关手续，才可能获得相关民间环保组织的法律援助。

三、关于环境诉讼的特别问题

1. 河南省某水库管理局诉某板纸厂水污染损害赔偿纠纷案——达标排放时是否还需要承担民事赔偿责任?

◇案情◇

原告河南省某水库管理局诉称，被告河南省某板纸厂从1999年开始，以废纸、商品浆等物质为原料生产黄板纸。板纸厂排放的造纸废水向东经田间沟河流入河南省某水库。2000年5月9日，经当地渔政监督管理站认定：水库因工业废水污染，1999年度水产损失达百万元，构成重大渔业污染事故。原告认为，被告从事造纸生产，应当履行污水治理的环境保护义务，但被告违反环境保护法律，向水库排放大量工业污水，造成原告水产减产，灌溉功能丧失，每年经济损失数千万元。请求法院判处被告：(1) 停止向水库排放污水；(2) 赔偿原告某水库管理局自2000年至2002年的经济损失10万元。

被告河南省某板纸厂辩称，纸板厂因排放水污染严重，曾经在1997年被当地环境保护部门下达限期治理通知。但是，1999年7月，纸板厂已经完成了废水治理工程改造，并已经经过有关部门验收合格；板纸厂的废水排放经处理后，符合国家规定的相关排放标准。被告排放的废水经田间水沟流入河流，最终排入水库；河流水质经监测达到国家规定标准，不影响河中鱼、蛙生存，而且沿河农民也是采用河水灌溉，这说明板纸厂处理后排放的废水不会对水库的水质造成污染。

被告请求法院驳回原告的诉讼请求。

在举证和质证过程中，原告提供的证据是：当地某资产评估事务所关于水库因水污染造成损失的评估报告，证明2000年水库水质污染造成的直接经济损失为7 838 099元。被告提供的证据是：(1) 当地环境监测站“废水限期治理达标验收监测报告”，证明被告排放废水治理后经监测，污染物排放指标达到国家规定；(2) 当地某村村民委员会和李某等人的书面证言、排放废水流经河段的照片，证明被告排放废水流经河段可养鱼、灌溉。

法庭经审理后，根据《水污染防治法》第55条第1款、第2款，《民法通则》第124条、第134条第1款第（一）项、第（七）项，《民事诉讼法》第128条的规定，判决被告板纸厂停止向水库排放造纸废水，并赔偿原告水库管理局2000年至2002年的损失10万元。

◇**分析**◇

本案双方当事人争议的焦点是：被告排放的废水已经符合国家规定的排放标准，是否还会造成水库水质污染？原告主张的损失额是否合理？

关于被告纸板厂排放的废水已经达标，是否还会造成水库水污染，是否还需要承担民事赔偿责任的问题，应当在当时生效的法律中寻找依据。根据我国1996年修订的《水污染防治法》第55条的规定：造成水污染危害的单位，有责任排除危害，并对直接受到损失的单位或者个人赔偿损失。赔偿责任和赔偿金额的纠纷，可以根据当事人的请求，由环境保护部门或者交通部门的航政机关处理；当事人对处理决定不服的，可以向人民法院起诉。当事人也可以直接向人民法院起诉。据此，纸板厂是否需要承担民事赔偿责任，不以其排放的污水是否超标为要件，只要其排污行为给其他主体造成了实际的损害，就应当承担民事责任。

根据最高人民法院《关于民事诉讼证据的若干规定》，被告应当对免责事由及其排放工业废水与损害结果之间不存在因果关系承担举证责任。《侵权责任法》第66条也作出了类似的规定。在本案中，被告的举证情况是：(1) 提供了排放废水流经河段的照片，但该照片不能证明废水中不含污染物及具体含量；（2）提供了书面证言，但书面证言因证人未出庭，不能判别是否真实，法院对此证据没有支持。最终，被告举证结果不能支持自己的主张，应当承担举证不能的法律后果。况且，无论被告排放的废水治理后是否达到国家规定的有关排放标准，作为向水库排放工业废水的源头之一，被告必然有一定的污染物最终排入水库，促使污染物量的增加，污染水库水质并造成损失。达到排放要求并非不再对环境造成污染，也不是不承担污染环境民事赔偿责任的法定理由。简言之，被告不能举证证明免责事由或其排污行为与损害不具有因果关系，其主张不能被法院采纳。

关于原告某水库管理局主张的损失额是否合理的问题。原告在诉讼中考虑损失系多家排污企业造成的，被告是小企业，因此请求被告赔偿2000年至2002年3年的损失10万元。实际上，由于造纸企业、化工企业工业废水的排入，造成水库的水质污染，这是当地人所共知的事实；其污染程度从对水库渔业生产的影响来看，在1999年造成直接经济损失已达百万元，构成了重大渔业污染事故。原告作为水库的管理机构，对环境污染给渔业生产、灌溉供水造成的损失，依法有权请求民事赔偿。被告是向水库排放工业废水的企业，原告请求其赔偿环境污染造成的损失，起诉的被告主体符合法律规定。原告诉讼请求要得到支持，应当证明实际损失的存在。原告提供的关于2000年污染造成损失780余万元的评估报告，评估机构的营业资格、评估资质合法有效，法院予以支持；该评估报告证明该年度的损失情况，与1999年渔业损失达百万元的结果相比，说明水库污染所造成的损失在增加，损失的发生和存在具有延续性。从被告于1999年至被起诉时连续排放废水，说明该期间污染源依然存在，可以认定2000年至2002年工业废水排入造成水库生产经营损失是连续存在的。原告请求被告赔偿水污染造成的损失，理由成立，法院予以支持。水污染给水库造成的损失，是多家排污企业共同造成的损害结果，各排污企业应承担共同赔偿责任，每一企业负有连带赔偿责任。原告请求被告赔偿10万元损失，该数额未超出全部损失数额，符合法律规定，法院应当予以支持。

2. 河北省宋某等三人诉何某等四人噪声污染损害赔偿案——环境污染纠纷能要求被告赔偿精神损失吗?

◇案情◇

原告河北省宋某等三人诉称，原告与被告系一墙之隔的邻居，同住一个大院。1995 年，被告何某在其居住的院中开办企业，开始生产饮料，厂子出口就在宋某家的后窗附近。此后，何某经常在午夜时分用农用三轮车和铁轱辘车来往运货，产生刺耳噪声，严重影响到与该厂仅一墙之隔的原告家的正常生活。两年前，何某生意越做越好，又有三人相继加入，饮料厂扩大了生产规模，噪声更大，持续时间也更长了。原告宋某之夫万某原本性格开朗，身体健康，却因不堪忍受噪声得了神经衰弱，为此，万某曾就噪声问题多次与被告进行交涉，但始终未能得到解决。被告依然选在午夜时分装卸货物。万某由于长期受到噪声干扰，患上神经官能症，精神抑郁，不能从事正常的生产劳动。2001 年 8 月 1 日中午，万某自杀身亡。原告宋某及其两个儿子将何某等四人诉至法院，请求法院判处被告停止侵害，赔偿被害人各项经济损失计 63 408.20 元，并赔偿原告精神抚慰金 5 万元。

被告何某等四人辩称，其用来运货的农用三轮车和铁轱辘车均是合法购买的合格产品，符合环境保护排放的要求，应该不会产生噪声污染。原告之夫万某自杀身亡，与被告排放的噪声没有直接关系，也没有必然关系，请求法院驳回原告的诉讼请求。但是被告考虑到噪声可能导致神经官能症，故愿意赔偿万某治疗神经官能症的医疗费 535 元。

在举证和质证过程中，原告提供的证据是：2001 年 8 月 7 日市环境保护局的噪声测试证明，证明被告饮料厂使用的三轮车在油门最小的情况下，噪声达到 67 分贝，远远高于国家规定的相应噪声标准。被告没有提供证据。

审理后，本案一审法院认定饮料厂三轮车在长达 6 年的时间内噪声排放超标，构成侵权，遂判决被告停止侵害，赔偿原告经济损失

13 495元，但对精神抚慰金没有支持。双方均不服判决，提出上诉。二审法院最终认定，原告长期受噪声污染侵害，精神上有一定的损失，尤其是万某的死亡给原告造成了较大的精神痛苦，遂在维持一审判决的基础上，判令被告给付精神抚慰金2万元。

◇分析◇

本案是我国首例噪声污染致人死亡案，一度引起较大轰动。本案双方当事人争议的焦点是：被告合法购买使用的三轮车，还会造成噪声污染吗？原告主张的精神抚慰金是否合理？

关于被告合法购买使用的三轮车是否会造成噪声污染的问题，本案被告认为，三轮车系被告合法购买的合格产品，相关质量保证书表明该产品符合《机动车辆允许噪声标准》等产品噪声标准，因此，被告正常使用三轮车，是符合法律规定的，不可能造成原告之夫万某自杀死亡。被告的这种抗辩显然缺乏法律依据。根据我国1996年《环境噪声污染防治法》第2条的规定，是否构成噪声污染的判断标准有二：其一，所产生的环境噪声是否超过国家规定的环境噪声排放标准；其二，是否造成了干扰他人正常生活、工作和学习的后果。据此，判断被告三轮车是否造成噪声污染，应当以《工业企业厂界噪声标准》等环境噪声排放标准为依据，被告混淆了产品的噪声标准与环境噪声排放标准的区别，其抗辩理由显然是不能成立的。

2002年6月，原国家环境保护总局发布的《关于企业厂界噪声标准适用问题的复函》明确指出，生产企业在生产活动中，在固定或者相对固定的地点使用农用三轮车、手推铁轮车等工具装卸货物，造成噪声污染，对该生产单位应当适用《工业企业厂界噪声标准》（GB12348—90）。

关于原告主张的精神抚慰金是否合理的问题，也值得关注。精神损害赔偿是指侵害人因侵权行为给他人造成精神痛苦，受害人可依法获得的金钱赔偿。它的基本功能在于补偿受害人所受的精神损害，抚慰受害人遭受的精神痛苦。2001年2月，最高人民法院颁布了《关于确定民事侵权精神损害赔偿责任若干问题的解释》，该司法解释为精神损害赔偿提供了法律依据。根据该解释规定，自然人因生命权、健康权、身体权等遭受非法侵害，向人民法院起诉请求赔偿精神损害的，人民法院应当依法予以受理。第 8 条明确规定，因侵权致人精神损害，造成严重后果的，人民法院除判令侵权人承担停止侵害、恢复名誉、消除影响、赔礼道歉等民事责任外，可以根据受害人一方的请求判令其赔偿相应的精神损害抚慰金。此外，2004 年 5 月 1 日起施行的最高人民法院《关于审理人身损害赔偿案件适用法律若干问题的解释》也对精神损害赔偿问题作了相应的规定："因生命、健康、身体遭受侵害，赔偿权利人起诉请求赔偿义务人赔偿财产损失和精神损害的，人民法院应予受理。"可见，如果环境噪声污染致人生命、健康、身体遭受侵害的，受害人有权提出一定的精神损害抚慰金的诉讼请求。

精神损害的赔偿数额一般根据以下因素确定：侵权人的过错程度，法律另有规定的除外；侵害的手段、场合、行为方式等具体情节；侵权行为所造成的后果；侵权人的获利情况；侵权人承担责任的经济能力；受诉法院所在地平均生活水平。

应当注意的是，当事人在侵权诉讼中没有提出赔偿精神损害的诉讼请求，诉讼终结后又基于同一侵权事实另行起诉请求赔偿精神损害的，人民法院不予受理。因此，精神损害赔偿一定要在侵权之诉过程中提出。如果诉讼终结后仍基于同一事实单独提出精神损害赔偿，法院是不予受理的。

3. 江苏省郭某诉某食品公司环境污染损害赔偿案——环境污染诉讼中原告应该承担哪些举证责任?

◇**案情**◇

原告江苏省郭某诉称：原告自 1984 年起利用鱼塘进行淡水养殖。1987 年，因被告某食品公司排放大量污水，造成原告成鱼大量死亡。后来，双方经村组织出面进行了处理，达成了处理协议，被告赔偿了部分经济损失，并承诺不再向原污染河道排污。1991 年，原告重新开挖池塘进行甲鱼养殖，当年甲鱼未有死亡。1992 年年底，甲鱼不明原因大量死亡，至 1993 年年底累计死亡达三百余斤。为此，原告请有关技术人员、专家会诊，均排除了病死的可能。后调查发现被告在 1992 年又向原污染河道大量排污。因原告鱼塘除被告排放的污水外，没有污染源，故导致原告甲鱼大量死亡的原因是被告的排污行为，原告要求被告赔偿经济损失 5 万元及鱼池报废损失 2 万元。

被告某食品公司辩称：在 1990 年 5 月 26 日，该食品公司曾委托原告所在村组织处理了与原告间的水污染损害赔偿一案，处理意见书明确载明，从领款之日以后，任何人不可在村内、组内的沟河内养鱼。原告在处理意见书上签名并领取了赔偿金，这说明原告已认可了意见书的条款。所以，原告甲鱼死亡即使是被告污染所致，责任亦应自负。而且就现有情况看来也难以认定甲鱼死亡是被告所致。原告方养殖的甲鱼死亡在年底，此时该公司制饮料期已过，此期间不再排污。由于以上理由，被告认为对此不应负责。

在举证和质证过程中，原告提供的证据是：县环境监测站 00087 号监测报告单，证明 1994 年 5 月 30 日、1994 年 8 月 24 日经当地县环境保护局对池水进行监测化验，发现池水中含大量有毒物质，不能作为养殖用水。被告提供的证据是：村委会留存的 1990 年 5 月 26 日处理意见书，证明 1990 年 5 月 26 日，原告所在村村民委员会为被告方有水源污染一事组织养鱼户进行处理，并形成书面处理意见，赔偿养鱼户的经济损失，处理意见中同时明确从领款之日后，在村内的沟河不可养鱼。本案原告是养育甲鱼户之一，在意见书上签名并领取了赔偿款。另外，被告辩称，对于原告举证 1994 年 5 月 30 日、8 月 24 日环境监测站监测报告，被告认为，其时与甲鱼死亡已有半年之隔，不能说明当时情况。

法庭审理后，判决驳回原告郭某的诉讼请求。原告不服，提出上诉，上诉法院判决维持原判。

◇分析◇

原告江苏省郭某与被告某食品公司环境污染损害赔偿案一案，双方当事人争议的焦点是：如何认定被告污染环境与原告的损失之间有无因果关系？被告是否应当按照举证责任倒置的原则证明自身没有导致原告的损失？

关于如何认定被告污染环境与原告的损失之间有无因果关系的问题，实践中，环境损害赔偿案件的因果关系证明，往往比一般民事赔偿案件复杂和困难得多。证明环境污染致损的因果关系，不能仅从表面现象加以认定，必须借助环境监测、分析化验、技术鉴定等手段。本案中，被告1987年排放污水致使村民养殖的成鱼死亡，这已得到双方的认可，并形成了处理意见书，由被告赔偿养鱼户的损失，这在一定程度上可以证明被告排污与村民成鱼死亡之间存在一定的因果关系。在此之后，原告开挖鱼池养殖甲鱼，被告继续排污，甲鱼不明原因死亡。如果单从表面的现象来看，被告排污与原告的甲鱼死亡之间似乎存在因果关系。但是，在法律中，确定因果关系的存在，不能从现象上的先后存续加以判断。在实际生活中，在时间上先后出现的现象之间并不必然存在引起与被引起的关系，这是因果关系复杂性决定的。要判断是否存在因果关系，必须进行个案具体的分析。本案正是通过诉讼过程中的调查取证，否定了这种因果关系的存在。

关于被告是否应当按照举证责任倒置的原则证明自身没有导致原告损失的问题，原告坚持认为，环境污染致人损害的侵权行为是一种特殊侵权行为。根据最高人民法院1992年颁布的《关于适用〈中华人民共和国民事诉讼法〉若干问题的意见》第74条的规定，因环境污染引起的损害赔偿诉讼，应实行举证责任倒置，即在环境污染引起的损害赔偿纠纷中对原告提出的侵权事实，被告否认的，由被告负举证责任。对此应有一个全面的理解，原告提出的“侵权事实”必须具备一定的条件，才能导致举证责任倒置规则的适用。这些条件包括：原告方受到一定的损失；这种损失经证明是因环境污染所导致；在相关的时间和地域内存在可能致损的污染源。只有符合这三个条件，才能引起举证责任倒置规则的适用，否则应视为原告未提出合适的“侵权事实”。在本案中，原告未证明以下事实：甲鱼死亡是因水池中的超量有害物质所致；在被告排放的污水中含有这种有害物质。

而被告在本案中证明：（1）鱼池与被上诉人排污河道不连通，中间相隔 4 米左右。（2）根据县环境监测站的监测报告单分析，每升采样池水中含有超量的硫化物。而在被上诉人的生产过程中一般没有硫化物产生，在污水中也没有硫化物。（3）甲鱼与一般鱼类对于水质的要求不同，甲鱼不靠腮呼吸，不通过水取氧，所以甲鱼对水质的要求没有鱼类要求高，即使有一定程度的污染，也不会造成死亡。从以上几点来看，被告已经能够证明甲鱼死亡与其排污行为之间不存在因果关系。

因此，本案法院最终认定，原告主张的“被告人污染环境行为是导致原告甲鱼死亡的唯一原因，以及二者之间存在必然的联系”缺乏事实根据。这也就意味着，在环境污染致人损害的案件中，原告并不是免除了所有的举证责任。

4. 青海省四个行政村村委会诉某水泥厂超标排放粉尘损害赔偿案——受害者采用过激方式自力救济能否免除法律责任？

◇案情◇

原告青海省某四个行政村村委会诉称：被告某水泥厂生产水泥过程中，超标排放粉尘，污染环境，影响农作物生长和人畜健康，污染了四邻乡村的生产环境和生活环境，给原告造成了损害。考虑到被告超过国家规定的标准排放生产水泥的事实，原告提出三项诉讼要求：第一，赔偿原告四个行政村自 1977 年至 1988 年 11 年期间的经济损失692.99万元；第二，水泥厂应当停产治理或者搬迁至其他地方；第三，水泥厂应当恢复当地已经被其破坏的地力。

被告某水泥厂辩称：水泥厂于 1970 年 3 月由国家投资兴建，设计能力为年产水泥 20 万吨，1977 年建成投产。由于工厂筹建时条件所限，忽视了环境保护，在生产过程中确实存在废气中粉尘含量超过标准排放问题，给四邻乡村带来环境污染。但是自 1979 年《环境保护法(试行)》颁布之后，工厂积极治理污染，部分排尘已达标。而且，污染环境的粉尘是大烟囱废气排至大气中的生料粉尘，其成分是大自然中的石灰石、黏土、铁粉混合粉磨而成，其物理性能与一般尘土相同，而不是水泥尘粉。此外，乡民闹事也给工厂带来了巨大的经济损失，被告因此提起反诉，请求法院判令原告赔偿该厂 1988 年至 1989 年的经济损失共 357.76 万元。

在举证和质证过程中，原告提供的证据是：(1) 有关科技的研究性文章证明硅酸盐水泥粉尘为研究对象的试验结论；(2) 农作物减产的事实和评估报告，证明四个行政村受到的实际损失。被告提供的证据是：(1) 有关村民近十年来多次聚众闹事的照片和记录，证明村民十年来多次采取过激行为扰乱社会秩序和企业的生产秩序，使被告和国家财产遭受巨大损失；(2) 被告积极治理污染的事实，证明窑尾大烟囱排尘浓度已经达到国家规定的排放标准；(3) 被告曾经补给当地农民补偿损失费一百多万元的签收单，证明被告已经为其排至场外的粉尘承担了赔偿责任。

法庭审理后，判决被告一次性赔偿原告 35 万元，原告赔偿被告经济损失 10 万元，从前款中扣除。所余 25 万元限被告 1990 年 10 月 31 日前给付原告 15 万元，1991 年 6 月 30 日前给付 10 万元。

◇分析◇

在本案中，双方当事人争议的焦点是：被告排放的粉尘是否造成了原告四个行政村农作物的减产？受害者采用过激方式自力救济能否免除法律责任？被告提出的反诉能否成立？

关于被告排放的粉尘是否造成了原告四个行政村农作物的减产的问题，原告起诉时提供了相关的研究性报告和论文，证实了粉尘的污染危害。但根据被告辩称，原告起诉所依据的这些研究性文章均是以硅酸盐水泥粉尘为研究对象的试验结论，而本案被告排至场外的粉尘主要是未经煅烧的生料粉尘，二者在物理属性和化学成分等方面存在明显差异，原告提供的证据并不能够证明本案争议的污染物的特性。被告认为，关于水泥及生料粉尘对各种土壤、农作物、人、畜等的利害关系，或者污染物排放量达到多大程度对上述地区才有损害，损害的程度有多大等，目前尚没有科学定论，不能以此作为索赔依据。同时资料表明，农作物的增产、减产还受自然条件、气候、管理等各种因素制约，原告对被告提出巨额的赔偿请求，请求显然过高，不应得到支持。

关于受害者采用过激方式自力救济能否免除法律责任、被告提出的反诉能否成立的问题，被告认为，被告多年来积极治理污染，窑尾大烟囱排尘浓度已达到国家规定标准，并已经给当地农民补偿污染损失费一百多万元。而原告所属的部分村民，近十年来多次聚众闹事，扰乱社会秩序、生产秩序，使被告和国家财产遭受巨大损失，其行为确属严重违法行为，应予严厉训诫。因此，考虑到被告过去超标准排放烟尘的时间较长，使原告所属一定范围的农民受到危害，厂群矛盾比较激化，被告同意适当增加一部分赔偿额，但原告也应当赔偿被告一定的损失。

可见，正当防卫权的行使，必须是公民在采取了其他一切能够采取的措施都不能避免环境危害影响的情况下，而且公民的自卫行动必须针对污染者及其设施，而不能损害与环境污染无关的设施，并应当注意不能超过必要的限度，避免不应有的损害。

5. 北京市某区 182 户居民诉某规划委员会撤销核发的许可证案
——怎样通过提起环境行政诉讼维护自身合法权益?

◇案情◇

原告北京市某区 182 户居民诉称：原告是北京市某小区 4 号楼和 6 号楼的居民，与小区对面 7 号院内的某科学院环境卫生监测所和某部食品卫生监督检验所（以下简称“两所”）仅相隔一条马路。由于“两所”经常将实验用的动物尸体、粪便、饲料装在普通编织袋中通过楼里的垃圾道往下扔，堆放在一般的生活垃圾池中，所以原告生活区一带一直有刺鼻气味。原本在7号院与4号楼和6号楼之间有一小片绿化带。2001年，“两所”获得了某规划委员会核发的《审定设计方案通知书》和《建设工程规划许可证》，将在绿化带附近兴建一幢新的动物实验房。原告请求法院判决某规划委员会撤销核发的污染环境的建筑的许可证。

被告某规划委员会辩称：拟建设项目为“二级动物实验室”，建设单位曾组织有关专家就此进行过论证，并将论证结果报行业主管部门。行业主管部门于2000年1月作出了《关于某科学院环境卫生监测所和某部食品卫生监督动物实验室建设可行性研究报告的批复》，2001年11月，市城乡建设委员会也下达《建设项目施工计划通知书》。在上述两个文件的基础上，该规划委员会才于2001年12月核发了《建设工程规划许可证》，并在核发该许可证时，要求建设单位就有关消防、绿化、交通、环境保护、市政、文物等未尽事宜与有关部门联系，妥善解决。因此，被告审批该项目过程中相关文件齐备，程序合法。建议法院驳回原告诉讼请求。

2002年10月，原告182户居民曾联名提出行政复议，请求审查某规划委员会核发的《建设工程规划许可证》的合法性。11月28日，行政复议决定作出：维持某规划委员会核发的《建设工程规划许可证》。2002年12月15日，182户居民向北京市某区法院提出行政诉讼。2003年6月19日，北京市某区法院对北京市原告182户居民状告北京市某规划委员会撤销核发的许可证一案作出判决：182户居民胜诉，同时撤销北京市某规划委员会下发的批文。北京市某规划委员会不服，提起上诉。二审法院审理过程中，该规划委员会又撤回了上诉。

◇**分析**◇

在本案中，值得关注的主要问题是：被告北京市某规划委员会的行为是否违法？法院是否有权判决撤销被告已经作出的行政许可？

关于被告北京市某规划委员会的行为是否违法的问题，应当从规划和环境保护两个领域的法律中寻找。按照本案所适用的《城市规划法》[①] 的规定，在城市规划区内新建、扩建和改建建筑物、构筑物、道路、管线和其他工程设施，必须持有关批准文件向城市规划行政主管部门提出申请，由城市规划行政主管部门根据城市规划提出的规划设计要求，核发建设工程规划许可证。因此，被告作为城市规划行政主管部门，有权依建设单位的申请，对符合城市规划设计要求的建设项目，核发《建设工程规划许可证》。但是，根据《环境保护法》第13条的规定，建设污染环境的项目，必须遵守国家有关建设项目环境保护管理的规定。建设项目的环境影响报告书，必须对建设项目产生的污染和对环境的影响作出评价，规定防治措施，经项目主管部门预审并依照规定的程序报环境保护行政主管部门批准。而本案中，被告北京市某规划委员会核发该许可证的日期早于建设项目环境影响评价报告的批准日期，可见，北京市某规划委员会核发许可证时，建设项目还没有取得环境保护行政主管部门的批准。另外，依据卫生部1983年颁布的《卫生系统实验动物管理暂行条例》规定，具有一定规模的实验动物室建筑，周围至少应有20米的卫生隔离区。而本案中被告核准的动物实验室工程设计方案中，实验室与住宅楼之间的距离不足20米，未达到这一距离要求。可见，被告的审批行为存在程序不正当、不合法的情形，具有违法性。

2003年9月1日起，我国《环境影响评价法》开始实施。该法第25条明确规定："建设项目的环境影响评价文件未经法律规定的审批部门审查或者审查后未予批准的，该项目审批部门不得批准其建设，建设单位不得开工建设。"第32条还规定了违法审批者应当承担的法律责任："建设项目依法应当进行环境影响评价而未评价，或者环境影响评价文件未经依法批准，审批部门擅自批准该项目建设的，对直接负责的主管人员和其他直接责任人员，由上级机关或者监察机关依法

① 《城市规划法》1989年12月26日经第七届全国人大第十一次常委会通过，自1990年4月1日起施行。2007年10月28日，第十届全国人民代表大会常务委员会第三十次会议通过《城乡规划法》，自2008年1月1日起施行，《城市规划法》同时废止。

给予行政处分；构成犯罪的，依法追究刑事责任。”据此，在该法生效之后审批机关违法批准建设项目的，直接负责的主管人员和其他直接责任人员将可能受到相应的行政处分，甚至被追究刑事责任。

关于法院是否有权判决撤销被告已经作出的行政许可的问题，我国《行政诉讼法》第54条有明确规定。具体来说，法院审理行政诉讼案件，根据不同情况，可以分别作出四种判决：(1) 具体行政行为证据确凿，适用法律、法规正确，符合法定程序的，判决维持。(2) 具体行政行为主要证据不足的，适用法律、法规错误的，违反法定程序的，超越或者滥用职权的，判决撤销或者部分撤销，并可以判决被告重新作出具体行政行为。(3) 被告不履行或者拖延履行法定职责的，判决其在一定期限内履行。(4) 行政处罚显失公正的，可以判决变更。据此，本案中被告北京市某规划委员会核发许可证的行为，滥用职权、违反法定程序，法院依法判决撤销是符合法律规定的。

6. 天津市费某等诉某有色金属加工厂和张某污染菜地案——损失由多个被告人共同造成时，原告应当如何请求赔偿？

◇案情◇

原告费某等五原告诉称，五原告系某村的菜农，菜地处于被告某有色金属加工厂的西侧和三号河的下游，并用三号河的水灌溉菜地。1996年7月下旬，张某开车到设在天津市某村的储酸罐加酸，在返回时，张某的车翻入某村用于灌溉的三号河支渠内，村委会派人将支渠的水加泵稀释后排入三号河。1996年9月15日，五原告均发现所种的菜苗出现烂根、烂叶的现象，3天内均发黄枯死。经某环境监测站对镇周围各厂的位置分布及其产品的分析，发现某有色金属加工厂在三号河的排污口处的底泥中，镍、钴等重金属的含量相当高，受污染的菜地也含有同类重金属，菜苗受这些重金属的影响，造成根部受害，影响生长。该站据此认定土壤中此类重金属含量过高，是造成蔬菜受害的主要根本因素。该站还通过化验分析认定，盐酸渗入（指翻车造成）致使灌溉水体酸化，三号河底泥中的过量重金属遇酸大量释放，并随灌溉水浇入菜地，是蔬菜出现突发性受害的主要原因。据此，五原告起诉至天津市某区人民法院，要求两被告赔偿损失，更换土壤。

被告某有色金属加工厂辩称，该厂自 1988 年建厂至 1996 年 9 月 15 日以前，长达 8 年之久，从未对周围农田产生过损害。盐酸车翻入灌渠后才出现农田严重受损的情况，说明盐酸流入灌渠是农田受损的根本原因，因此请求驳回原告诉讼请求。

被告张某辩称，翻车事故发生后，他主动找村里负责人说明了情况，双方经协商，由村委会设泵将该支渠的污水清除，排入三号河后再排入污水河，费用由他负担。据此，张某认为不存在对原告的菜地污染的问题。

法庭审理后，根据 1986 年《民法通则》第 124 条，1991 年《民事诉讼法》第 128 条的规定，认定被告某有色金属加工厂是本污染损害赔偿案件的主要责任者，被告张某虽非故意，也应对本起污染损害承担部分责任。判决五原告损失费 74 169 元、换土费 51 527.4 元，由某有色金属加工厂承担损失费 59 335.2 元、换土费 41 221.92 元，张某承担损失费 14 833.8 元、换土费 10 305.48 元。

◇分析◇

本案双方争议的焦点是：造成菜地土壤污染的原因是谁？两被告的责任如何区分？土壤污染应当如何清除？

关于造成菜地土壤污染的原因是谁、两被告的责任如何区分的问题，三方展开了激烈的辩论。本案中，某有色金属加工厂系化工厂，自 1988 年建厂以来，以生产镍盐为主，1991 年以后以生产钴盐为主。其中，1994 年至 1995 年 4 月期间，也生产了部分硫酸镍，此后未进行镍的生产，主要进行钴的工艺试验。该厂擅自在用于灌溉的三号河旁设置排污口，多年来排放未经处理的部分生产污水，经长时间的积淀，造成底泥中的重金属含量过量；污水随灌溉流入菜地土壤，从而使菜地土壤也积累了大量的重金属。经过某环境监测站对受污染的土壤的化验，证明土壤含有过量的重金属是造成蔬菜不能正常生长甚至死亡的根本原因。同时，调查表明，排放含有此类重金属污水进入灌溉用水的生产厂家在当地仅该有色金属加工厂一家，因此，该厂是本污染损害赔偿案件的主要责任者。

本案被告张某驾驶的车辆翻入连接三号河的灌溉支渠内，车内所装盐酸流入水中造成酸污染。如果张某能及时采取适当的清除措施消除污染，是不会造成灌溉水体过量酸化的。监测站的报告表明，三号河底泥中的重金属释出，并随灌溉水浇入菜地土壤造成蔬菜受害死亡，是与大量酸液的流入有直接关系的，即：本案蔬菜地重金属污染和酸液的流入有因果关系。因此，张某虽非故意，也应对本起污染损害承担部分责任。

关于土壤污染应当如何清除的问题，本案土壤污染损害造成了两个后果：一是原告所种菜地的直接收入受到影响，遭受了经济损失；二是土壤本身因污染而不能正常使用，必须治理以恢复土壤的正常使用。审判实践中，直接经济损失因每个人的管理、投入、所种菜的品种等不同，难以准确认定，往往参照上一年同地区菜地每亩收入的平均值核定。而对于土壤本身污染请求赔偿，一般有两种处理方法：一是通过充分利用土壤的自净功能，采取边试验边清除等措施，加入相应的化学肥料、有机肥，予以逐步改善，但这种方法所费时间往往很长；二是如本案五原告所主张的换土，即更换位于地表下 20 厘米的耕作层的土壤。在本案中，由于原告的土地用以种植蔬菜，并且在市场上销售，蔬菜的重金属含量对人的身体健康显然有一定影响，故第一种方法显然是不合适的。本案审理法院根据具体情况，最终采取了更换土壤的方法，这是适合具体情况的。经过相关部门出具的估算报告，每立方土的价格一般在 15 元～16 元之间（包括挖、装、运、卸费用），从菜地中取土、还土，每亩地还需人工费 216 元，拆除现有大棚需 300 元。综合以上估算，原告负责从事具体的换土行为，被告赔偿原告每亩换土费用 4 284.40 元。

四、常见类型环境污染及其纠纷处理相关问题

(一) 水污染

1. 山西省某人民检察院诉杨某重大环境污染事故罪案——环境污染事故责任人要承担刑事责任吗?

◇案情◇

公诉人山西省某人民检察院郭某诉称:被告人杨某于1993年开办了一家独资企业,生产文化用纸,该工厂设立在利用黄河水灌溉农田和解决城市供水问题的引黄干渠附近。1997年10月上旬,纸厂的污水坑决口,大量污水流入与引黄干渠一闸之隔的壕沟里,将壕沟中的引黄支渠淹没,同时污染了当地水库库存的41万立方水。公诉人认为,被告人杨某独资开办的某文化用纸厂将含有挥发酚等有毒有害物质的污水排入引黄干渠,致使污水随干渠内的供水流入水库,污染水库水体,使本市北城供水系统被污染,供水中断3天,公共财产遭受重大损失,其行为构成重大环境污染事故罪,请求依法判处。

附带民事诉讼原告人河流管理局诉称:1997年10月16日早6时许,当引黄水流入水库时,河流管理局工作人员看到有大量污水同时进入水库,库存的41万立方水被污染。经过逆流而上查看,发现污水来自纸厂积存污水的壕沟中。河流管理局要求被告人杨某赔偿该单位41万立方水被污染造成的经济损失24.6万元。附带民事诉讼原告人

水库管委会要求赔偿该单位为清除水体污染所遭受的经济损失 73 495 元。附带民事诉讼原告人供水公司要求杨某赔偿供水公司的营业损失及清除污染费等共 10.96 万元。

被告杨某辩称：承认纸厂的污水曾经流入引黄干渠，但是引黄干渠放水时，该污水已经被排除干净。水库和供水公司供水系统被污染，并非纸厂污水所致，责任应当由河流管理局承担。水库管委会和供水公司不应直接向其索赔。另外，河流管理局知道有污水进入水库后，既不采取任何措施，也不通知供水公司，因此造成城市供水系统被污染，河流管理局是有责任的。因此，三原告的经济损失应当由河流管理局承担，请求驳回原告诉讼请求。

法庭审理后，判决被告人杨某犯重大环境污染事故罪，判处有期徒刑 2 年，并处罚金 5 万元人民币。被告人杨某赔偿附带民事诉讼原告人河流管理局经济损失 24.6 万元；赔偿水库管委会经济损失 37 495 元；赔偿供水公司经济损失 75 320 元。

◇分析◇

本案值得关注的问题是：环境污染事故责任人要承担刑事责任吗？在环境刑事案件中受到损害的当事人，应当如何提出民事赔偿的请求？

关于环境污染事故责任人是否应当承担刑事责任的问题，我国刑法中有明确规定。《刑法》第六章专设第六节规定“破坏环境资源保护罪”，从第 338 条到第 346 条，共有 9 条作出专门规定。其中，第 338 条规定了“重大环境污染事故罪”：违反国家规定，向土地、水体、大气排放、倾倒或者处置有放射性的废物、含传染病病原体的废物、有毒物质或者其他危险废物，造成重大环境污染事故，致使公私财产遭受重大损失或者人身伤亡的严重后果的，处 3 年以下有期徒刑或者拘役，并处或者单处罚金；后果特别严重的，处 3 年以上 7 年以下有期徒刑，并处罚金。本案事实发生在《刑法》实施之后，被告杨某违反国家关于水污染防治的法律规定，将含有有毒物质的污水排入引黄干渠，严重污染了水体，致使市北城供水系统被污染，供水中断 3 天，公共财产遭受重大损失，造成重大环境污染事故，其行为已构成重大环境污染事故罪，依法应当承担刑事责任。

2006年7月21日，最高人民法院发布了《关于审理环境污染刑事案件具体应用法律若干问题的解释》，2006年7月26日，最高人民检察院发布了《关于渎职侵权犯罪案件立案标准的规定》。这两个司法解释的发布施行，将实施刑法中有关惩治环境污染和环境监管失职犯罪行为的规定予以具体化，便于实践中的操作。

值得注意的是，最高人民法院《关于审理环境污染刑事案件具体应用法律若干问题的解释》，对《刑法》环境污染刑事案件中“公私财产遭受重大损失”、“人身伤亡的严重后果”、“严重危害人体健康”、“后果特别严重”等作出具体的解释。比如，“公私财产遭受重大损失”是指：（1）致使公私财产损失30万元以上的；（2）致使基本农田、防护林地、特种用途林地5亩以上，其他农用地10亩以上，其他土地20亩以上基本功能丧失或者遭受永久性破坏的；（3）致使森林或者其他林木死亡50立方米以上，或者幼树死亡2 500株以上的。这样，自该司法解释实施以后的重大环境污染事故犯罪的追究，就有了更为明确的定罪标准。

关于在环境刑事案件中受到损害的当事人应当如何提出民事赔偿的请求，我国《刑法》第36条明确规定，由于犯罪行为而使被害人遭受经济损失的，对犯罪分子除依法给予刑事处罚外，并应根据情况判处赔偿经济损失。《刑事诉讼法》也规定，被害人由于被告人的犯罪行为而遭受物质损失的，在刑事诉讼过程中，有权提起附带民事诉讼。据此，污染犯罪责任人承担刑事责任，并不免除其对因污染行为而受害的民事主体所承担的赔偿责任。本案中，被告人杨某虽然采取了排污措施，但是未能将污水完全排净，亦未将闸门堵严，导致水库41万立方水被污染。显然，本案三家附带民事诉讼原告人所遭受的经济损失，都与杨某的犯罪行为有因果关系，法院判决被告分别向刑事附带民事诉讼三原告赔偿一定数额的损失，是合理的。

2. 江苏省谢某等97人诉某纸业公司等水污染损害赔偿纠纷案——单方委托的监测站报告能否作为定案依据?

◇案情◇

原告江苏省谢某等97人诉称：当地某水库地处江苏省两县交界处，1996年9月16日，江苏省人民政府通过《关于对江苏省地面水环境功能类别划分的批复》，将水库确定为三类水体。根据国家的有关规定，三类水体主要适用于集中式生活饮用水水源地二级保护区、一般鱼类保护区及游泳区。1996年12月12日，当地县人民政府作出鼓励农民在水库发展网箱养鱼的决定，本案谢某等97人即在水库进行网箱鱼养殖。1999年9月11日、2000年6月28日，水库网箱养鱼大量死亡。省渔政部门接到原告的报告后，于2000年7月13日委托某渔业环境监测站对水库渔业水域污染进行监测与调查，并对渔业污染造成的损失进行评估。2000年8月，监测站出具报告，认定事故的责任者应当是附近的两家排污企业，即某纸业公司和某化工总厂，两次污染共造成网箱养殖鱼类的损失额为560.4万元。原告请求法院根据监测报告，判决两被告共同赔偿该损失。

被告某纸业公司辩称：水库属跨省辖区水利工程，其开发利用及制定水土保持方案须经两省人民政府协商，发生争议应由双方的共同上级部门解决。江苏省单独作出的水体功能划分是错误的。监测站的报告不能作为本案的定案依据。监测站未取得鉴定资格，鉴定人员无上岗证，所用设备未经检定，报告内容超越职权。

被告某化工总厂辩称：省人民政府无权单方面调整该水域的水体功能，发文件将水库定为三类水体是越权行为；97名原告在不适宜养殖的水域进行养殖行为不合法，不应受到法律保护，其后果不应由其承担。

两被告均请求驳回谢某等97人的诉讼请求。

一审法院经审理判决：被告某纸业公司、某化工总厂停止对97名原告在水库网箱养殖的侵害；两被告连带赔偿97名原告网箱养鱼损失人民币560.4万元，事故调查费4.8万元；案件受理费38 010元、其他诉讼费5 000元由两被告连带负担。两被告不服，提出上诉，二审法院判决维持一审判决的责任认定和赔偿数额，并判令两被告于判决生效之日30日内完成给付。

◇分析◇

本案中值得关注的问题是：单方委托的监测站报告可以作为定案依据吗？某一个省政府有权划定位于跨省辖区内水库的水体功能吗？

关于单方委托的监测站报告可否作为定案依据的问题，是本案双方当事人争议的焦点。两被告认为，本案中监测站接受单方委托，鉴定结论没有按规定送达所涉及的被告方，属于程序违法；况且监测站在出具报告时没有依规定取得鉴定资格证书，有关鉴定人员没有取得鉴定上岗证。因此，两份检测报告不能作为本案的定案依据。法院认为，在2001年国家实行鉴定资格证书管理制度以前，根据《环境保护法》、1996年《水污染防治法》、2000年《渔业法》以及农业部1997年《渔业水域污染事故调查处理程序规定》等有关规定，渔业水域污染事故的调查处理应由当地渔政管理部门委托各级环境监测站进行调查取证并出具报告。因此，本案中监测站可以接受单方委托提供渔业污染事故的鉴定，原告单方委托的环境监测报告可以作为定案依据。

为了加强对渔业污染事故调查鉴定的管理，农业部于1998年4月发布了《渔业污染事故调查鉴定资格管理办法》，该办法第2条规定，“承担渔业污染事故调查鉴定的单位，必须取得《渔业污染事故调查鉴定资格证书》”。第12条规定：“持证单位参加事故调查鉴定的技术人员，必须取得中华人民共和国渔政渔港监督管理局核发的《渔业污染事故调查上岗证》。”鉴定资格证书由中华人民共和国渔政渔港监督管理局核发。农业部发布该办法后，国家渔政渔港管理局于2001年5月发布了关于颁发《渔业污染事故调查鉴定资格证书》及《渔业污染事故调查鉴定上岗证》的通知，并陆续公布了获得《渔业污染事故调查鉴定资格证书》的单位名称和获得《渔业污染事故调查鉴定上岗证》的人员名单。

关于某一个省政府是否有权划定位于跨省辖区内水库的水体功能的问题，两被告认为，水库属于跨省辖区的水利工程，应当依据2000年《水污染防治法实施细则》第7条的规定的水体保护区的划分权限，由两省的上级主管部门对水库的水体功能进行划分。某一个省人民政府单方将跨省水体确定为三类水体，认定具有渔业功能，违反了有关规定，属于越权行为。法院认为，水库虽然地处两省交界处，但在行政区划上，完全隶属于江苏省某市管辖。依据《地面水体环境质量标准》(GB3838—96）的有关规定，辖区内的水域功能划分，应当由各地环境保护部门会同有关部门提出方案，报省、自治区、直辖市人民政府批准。江苏省人民政府在环境保护部门提出方案后，依据规定对省境内的水域功能划分作出批复，并不越权。地面水域功能区划与水体保护区的内涵不尽一致，两者的审批权限与执行标准均不相同，对地面水域的功能划分应当执行地面水环境质量标准的有关规定。故两被告的主张不能成立，江苏省人民政府的文件可以作为本案的定案依据。

3. 海南省吴某诉某糖厂水污染损害赔偿案——怎样计算原告的损失额?

◇案情◇

原告海南省吴某诉称：1992年4月，其与某村签订承包村工业水库合同书一份，承包期为5年。经检测水库水质适合养鱼，原告遂向某鱼苗场购买鱼苗42万尾投入鱼塘放养。经过8个月正常养殖，尚未捕捞出售。1994年12月7日，被告某糖厂排污沟被杂物堵塞，引起工业废水溢流，从洼地流入菜地水沟又流放通往工业水库的水流沟流入鱼塘。同年12月9日，原告发现养殖的鱼大群死亡，立即报告市环境监测站。经现场监测，水库的水受到污染，使水溶解氧下降，致使鱼塘中鱼严重缺氧死亡。1995年1月12日，某价格事务所对受污染致死的鱼所造成经济损失进行价值评估，损失为58.7万元。原告自愿放弃部分权利，要求被告赔偿成本损失25万元。

被告某糖厂辩称：原告承包的地区原本属于工业水库，显然不适合用于养鱼，这是原告应当明知的。原告明知如此而放任养鱼，其本身有过错，因此，应当自己承担所谓的经济损失。糖厂生产过程中一直合法排污，不存在排污不当，污水管被杂物堵塞属于不能预见、不能避免的意外情况，糖厂主观上没有过错。发现堵塞后，糖厂也积极采取了防治污染的措施。而且，现场情况表明，流入鱼塘的污水与整个鱼塘相比所占比例很小，不可能污染鱼塘所养的全部鱼，原告诉求的损失数额没有科学和事实依据，原告起诉应予驳回。

在举证和质证过程中，原告提供的证据是：(1) 某环境监测站监测结果报告，证明水库水质已经受到严重污染，水溶解氧下降；(2) 某价格事务所的评估报告，证明受污染致死的鱼所造成经济损失为58.7万元。被告提供的证据是：(1) 现场情况录像和监测结论，证明水库中部分地点溶解氧低于渔业水质标准，其余地点符合水质标准；(2) 糖厂的排污系统图，证明糖厂有独立的排污系统，其排污管道并没有与原告承包的养鱼水库直接相通。

法庭审理后，依据《民法通则》第124条、《环境保护法》第41条、《水污染防治法》(1996年) 第41条规定，判决被告糖厂赔偿原告吴某损失人民币25万元。

◇分析◇

本案双方当事人争议的焦点是：污水管被杂物堵塞属于意外情况，糖厂还应承担侵权责任吗？原告养鱼的经济损失额应当包括哪些？

关于污水管被杂物堵塞属于意外情况，糖厂是否还应承担侵权责任的问题，被告方坚持认为，污染是由于污水管被杂物堵塞导致的，属于意外事件，被告对污水流入原告养鱼的水库的损害事实并没有故意和过失，因此不应当承担责任；原告方认为，废水流入水库的原因是由于其排污沟被杂物堵塞造成的，但被告对自己的排污沟有经常疏通且保持其通畅之义务，被告显然疏于履行该义务，才导致污水因管理不善而流出，从而给他人财产带来损害，被告方应当承担侵权责任。我国1996年《水污染防治法》第55条规定，造成水污染危害的单位，有责任排除危害，并对直接受到损失的单位或者个人赔偿损失。水污染损失由第三方故意或者过失所引起的，第三方应当承担责任。水污染损失由受害者自身的责任所引起的，排污单位不承担责任。根据这一条款，水污染责任人只有在能证明第三人致损或者受害人自我致害两种情况时，才可以免除承担民事责任。本案中，原告已经证明承包前水库水质符合养鱼标准，因此，这两种免责事由都不存在，本案被告应当承担相应的民事侵权责任。

关于原告养鱼的经济损失应当包括哪些，原告认为，我国《民法通则》规定的财产损害的赔偿，包括赔偿直接损失和间接损失。本案中，原告因污染而死亡的鱼是已经过8个月饲养而长大的成鱼，只要上市就可得到预期利润，这同鱼苗刚投入后不久即因污染而死亡的情况不同。因此，本案中原告的损失应当包括原告承包鱼塘以来的所有投入和预期卖鱼的价格收入，即包括鱼苗费、鱼苗运输费、饲料费、鱼塘同期租金、养鱼雇工费用等直接损失和鱼苗经几个月长成大鱼后预期可得的利润等间接损失两部分。而被告认为，被告流出的污水不可能使整个鱼塘的水全部受到污染并导致鱼全部死亡，某价格事务所的评估报告以原告养鱼的所有投入和所有预期卖鱼的收入为依据，这显然不符合实际情况，应当重新估算。本案法院认为，原告方鱼塘中虽然还存在一定数量的活鱼，但考虑到这些鱼已经受到污染，即使有部分没有死亡，从维护人体健康的角度分析，也不宜再行出售或者食用，因此，被告以只有少量废水溢流不会引起鱼群全部死亡为由的抗辩不能成立，原告所有的鱼苗都可以计入遭受损失的范围。

为加强渔业水域环境的监督管理，科学合理地计算因污染事故造成的渔业损失，为正确判定和处理污染事故提供依据，农业部于1996年10月发布了《水域污染事故渔业损失计算方法规定》，对污染事故渔业损失量的计算作了详细的规定。该办法规定，因渔业环境污染、破坏直接对受害单位和个人造成的损失，在计算经济损失额时只计算直接经济损失。根据该规定，污染事故中的渔业损失量，是指污染源直接或间接污染渔业水域造成鱼、虾、蟹、贝、藻等及珍稀、濒危水生野生动植物死亡或受损的数量。计算方法应根据事故水域的类型、水文状况、受污染面积的大小以及受损害资源的种类而定，计算方法包括围捕统计法、调查估算法、统计推算法和专家评估法等。

4. 四川省某丝绸厂诉某造纸厂等三被告水污染损害赔偿案——水污染损害赔偿案件中怎样进行司法调解？

◇案情◇

原告四川省某丝绸厂诉称：该厂于1967年经当地县政府和县轻纺局批准筹建，选址在某河流码头处，现在已是拥有固定资产2 000余万元的中型企业。第一被告某造纸厂沿河建立，1993年开始生产，以竹子为原料造纸，年产量约300吨。投产以来，非法向河段排放了大量含有纤维状悬浮物及其他有害物质的污水。第二被告某造纸厂沿河建立，1992年9月建成投产，以废旧纸张为原料再生造纸，年产量约100吨。投产以来，非法向河段排放了大量生产过程中的黄色清洗液。第三被告某化工厂沿河建立，1995年2月投产，同年3月中旬停产。生产期间，非法向河段排放了少量含有害物质的污水。由于上游河水将三被告非法排放的高浓度黑色污水冲击至原告取水区域，致使原告四千余名职工的生活用水严重污染。原告组织工人打井取水，花去各种费用18万余元。同时，由于污染的水体色度高，无法达到制丝用水标准，致使其产品出现大面积颜色不整齐。原告因此蒙受经济损失达18万余元。经县环境监测站对上述三被告所排放的污水进行了抽样检验，结论为：第一被告某造纸厂、第二被告某造纸厂、第三被告某化工厂排放的污水，其各项指标均大大超过《四川省水污染物排放标准》三级标准最高允许排放浓度。

第一被告某造纸厂辩称：该厂排放的污水确有超标，但污水多排入他处，只有部分污水直排入河。因此，对原告的损失，该厂同意适当赔偿。第二被告某造纸厂辩称：该厂是1992年建成投产的小型再生造纸厂，年产量不足百吨。目前，该厂的治理工程已竣工，污水处理设施运行正常，处理后的排放水基本达标，对原告的损失，同意适当赔偿。第三被告某化工厂辩称：该厂只试产了1个月，排放的污水量小，对原告的损失，只同意略作赔偿。

法院审理后，发现本案三被告严重污染环境的行为已经引起当地政府的极大重视，本案在当地影响很大。法院依照1991年《民事诉讼法》、《民法通则》、《环境保护法》、1996年《水污染防治法》及有关的法律规定，主持原、被告双方进行调解，双方自愿达成了赔偿协议，本案纠纷得到了很好的解决。

◇**分析**◇

本案的了结，对我国现阶段频频出现的水污染纠纷有重要参考价值。本案的焦点是水污染损害赔偿案件中如何进行司法调解。

我国《宪法》第26条规定，国家保护和改善生活环境和生态环境，防治污染和其他公害。近年来，我国环境保护虽然取得了积极进展，但由于人口增长和工业的不断发展，环境保护的形势仍然十分严峻，仍存在主要污染物排放量超过环境承载能力，流经城市的河段普遍受到污染等情况。在2005年国务院发布的《关于落实科学发展观加强环境保护的决定》中，论述“切实解决突出的环境问题”时，明确提出要“以饮水安全和重点流域治理为重点，加强水污染防治”。因此，对涉及面较广、影响力较大的水污染纠纷，应当采取最有效、最快捷的方式，妥善加以解决。本案原告某丝绸厂，由于位处三被告排污口下游，致使四千多名职工生活用水受到严重污染，还导致生产的产品出现严重质量问题，遭受重大损失。因此，原告采取诉讼手段保护自身的合法权益，是行使我国法律赋予公民和法人的基本权利。

我国《环境保护法》、1996年《水污染防治法》及其实施细则明确规定：企、事业单位向水体排放污染物的，不得超过国家和地方规定的污染物排放标准以及国家规定的企、事业单位污染物排放的总量指标。造成水污染危害的单位，有责任排除危害，并对直接受到损失的单位或者个人赔偿损失。赔偿责任和赔偿金额的纠纷，可以根据当事人的请求，由环境保护部门或者交通部门的航政机关处理；当事人对处理决定不服的，可以向人民法院起诉。当事人也可以直接向人民法院起诉。

根据我国《民事诉讼法》的规定，人民法院审理民事案件，应当根据自愿和合法的原则，在事实清楚的基础上，分清是非，进行调解。本案中，为了查清事实，分清是非，法院对原、被告的陈述及县环境监测站的监测报告、县卫生防疫站的卫生监测报告、国家商检局生丝品级检验证书、县人民政府有关文件等证据进行了质证，认定由于三被告所排放污水均超过《四川省水污染物排放标准》三级标准最高允许排放浓度，污染了原告某丝绸厂的水源，致其生产、生活遭受损失，应当承担相应的法律责任。同时，在审理过程中，本案法院还积极同当地县委、县政府取得联系，一方面，通过行政手段责令三被告停产治理或者搬迁生产车间、转产；另一方面，通过法律途径组织原、被告双方调解，综合考虑三被告排污浓度、体积、总量、持续时间、距离远近等各项因素，达成协议。从而，通过调解结案的方式，使一场涉及多方当事人的水污染侵权案件得到了圆满的解决。

5. 陕西省刘某诉某石油开发公司水污染损害赔偿案——被告对污染损害无过错，还要承担责任吗？

◇案情◇

原告陕西省刘某诉称：1993 年 8 月，原告承包了陕西省某县芦河管理处管理的水库养鱼。承包前，该水库内有一定数量的存鱼，承包后，原告于当年向该水库投放鱼苗 22.5 万尾，次年又投放 42 万尾，

1995年再次投放56万尾，3年共计投放鱼苗120.5万尾。经过原告的精心管理，库内鱼苗生长良好，有的已可上市销售。但是，1995年7月31日左右，位于水库上游被告某石油开发公司的油井排出的污水和部分原油被雨水冲入原告水库，致水库严重污染，鱼类中毒，随即开始小面积死鱼，数日后大面积死鱼，不久大部分死亡，给原告造成惨重损失，故诉请法院要求被告赔偿直接经济损失150万元。

被告某石油开发公司辩称：我公司在开采石油的过程中，十分重视环境保护，从无乱排乱放污水和原油的现象。1994年冬，虽因储油罐阀门冻坏，造成部分原油漏失，但发现后已及时补救。况且，油井距原告水库数十公里，根本不可能造成污染。加之，我公司曾委托某环境监测中心站对水库水质进行过化验，其结论是鱼类死亡与石油开采及污染无关。因此，原告所诉事实不能成立，应依法驳回其诉讼请求。

在举证和质证过程中，原告提供的证据是：(1) 原告的承包合同及水库管理处的书面证言，证明原告的养鱼事实。(2) 某鱼种场、水产开发办的售鱼苗发票，证明原告承包水库后，曾3次购买鱼苗120.5万尾。(3) 市水产站鉴定小组的鉴定结论，证明库内死鱼损失价款为653 850.58元。(4) 照片及录像证据，证明洪水过后，下游河岸到处可见原油痕迹，水库水面也有明显浮油、死鱼。被告提供的证据是：(1) 照片及录像证据。证明被告公司钻打的两口油井在水库上游约三十公里的位置，所排废水均顺山坡流入井侧后渠储油罐。(2) 某环境监测中心站监测报告，证明水库水质符合国家标准。

法庭审理后，一审法院判决被告某石油开发公司应立即采取治理污染措施，停止向附近山沟排放废水和原油，并在判决生效后1个月内赔偿原告陕西省刘某经济损失30万元。被告某石油开发公司不服，提出上诉，二审法院调解结案。

◇分析◇

本案双方当事人争议的焦点是：被告对造成的污染损害没有主观过错，是否还应当承担民事赔偿责任？原告主张的损失额是否合理？

关于被告对造成的污染损害没有主观过错，是否还应当承担民事赔偿责任的问题，是本案争议最集中的焦点。按照我国《民法通则》的规定，环境污染损害赔偿案件属于特殊侵权民事案件，但对其民事责任的承担，适用过错原则还是无过错原则，还存在一些认识的不一致。一种观点认为，我国《民法通则》第 124 条明确规定："违反国家保护环境防止污染的规定，污染环境造成他人损害的，应当依法承担民事责任。"而"违反国家保护环境防止污染规定"显然意即主观上存在过错，所以，环境污染致人损害的民事责任必须以违反国家有关规定为构成要件。另一种观点认为，环境污染致人损害赔偿案件应当适用特别法的规定，不以污染者的过错为责任要件，即使其污染环境的行为合法，也能引起环境污染致人损害的民事责任。我国《环境保护法》第 24 条的规定：任何产生环境污染和其他公害的单位，都必须采取有效措施，防治在生产建设或其他活动中产生的废气、废水等物质对环境的污染和危害。现行《水污染防治法》、《固体废物污染环境防治法》也规定，只要污染环境造成损害即应当承担责任，不以行为人主观过错或者行为的违法性要求为要件。《侵权责任法》亦作出了类似规定。

判断被告对造成的污染损害有没有主观过错，不应当仅仅从民事法律中找依据，而应当注意在环境保护法律中找。鉴于环境污染问题的特殊性，我国的环境保护法律对污染问题作了一系列的严格规定。本案中，被告为阻挡污水及原油漫流，在储油罐沟底筑起长 2 米、宽 0.7 米、高 1 米的拦坝，将原油、污水聚积坝中；洪水来后，被告也积极采取了拦坝截流措施。这些行为，看起来似乎可以证明被告主观上没有故意，客观上也从事了积极防治污染的行为，似乎可以成为被告要求免责的理由。但是，按照当时我国石油开采行业部门的规定，原油和钻采石油过程中产生的废水包含部分有害污染物，必须另打注水井注入 2 000 米以下地面予以处理，均不得乱排乱放，污染环境，而被告石油开发公司，公然违反行业的规定和《环境保护法》及《水污染防治法》的规定，将原油和废水排入自筑拦坝。该拦坝起不到真正的防污作用，且不具备起码的防洪功能，以致发生洪水将其污染物冲入水库，造成水体污染、鱼类中毒死亡的后果。被告的行为不但具有违法性，而且主观上有过错。

关于原告主张的损失额是否合理的问题，也存在较大争议。根据农业部1996年10月发布的《水域污染事故渔业损失计算方法规定》，因渔业环境污染、破坏直接对受害单位和个人造成的损失，在计算经济损失额时只计算直接经济损失。直接经济损失包括水产品损失、污染防护设施损失、渔具损失以及清除污染费和监测部门取证、鉴定等工作的实际费用。其中，水产品损失额按照当时当地工商行政管理部门提供的主要菜市场零售价格来计算。水产品损失量包括中毒致死量和有明显中毒症状但尚能存活以及因污染造成不能食用的。由于水产品损失量既包括成品，也包括半成品、苗种，而计算损失量，最终以成品损失量表示，所以苗种、半成品与成品损失量的换算比由渔政监督管理机构根据不同种类和当地实际情况而定。污染防护设施损失、渔具损失以及清除污染费用和监测部门取证、鉴定等所需的费用按实际投入计算。

本案在处理时，对原告财产损失的大小较难确定，一审以确认水库鱼苗投放品种数量为前提，通过专家评估鉴定推算出鱼类死亡时的大小及数量，然后按现行市场价格确定赔偿数额为30万元。对此，二审审理时认为不够科学，因为鱼苗投放后的成活率及死亡时的数量及重量均是推算出来的，加之，鱼的市场价格还有打捞、销售环节上的折价因素。所以，经二审法院主持调解，最后双方自愿达成赔偿12万元的协议，其赔偿数额比较合理，双方均已履行。

6. 安徽省某青蛙养殖示范基地诉某矿业有限责任公司环境污染损害赔偿案——水污染民事纠纷中怎样申请检察机关介入?

◇案情◇

原告安徽省某青蛙养殖示范基地诉称：该养殖基地于1998年投资建立，1998年11月30日，原告投放种蛙360对。2000年8月3日早晨，原告发现基地内种蛙、蝌蚪大批死亡，就立即向市环境保护、防疫、水产等有关部门进行报告，请求对事故进行调查取证。有关部门的执法人员和专家赶到现场，迅速进行了勘察取样等调查取证工作。数份鉴定结论表明，种蛙和蝌蚪死亡的直接原因是某矿业有限责任公司所属活性白土厂排放含酸超标污水造成的。原告遂于 2000 年 10 月 19 日，向某区人民法院提起民事诉讼，请求判令被告赔偿经济损失。

被告某矿业有限责任公司辩称：该公司所属活性白土厂位于青蛙养殖示范基地上游约 40 米处，所排放的污水是含酸废水。但是，白土厂的污水排放是通过管道排放，而且白土厂厂区至原告取水口的管道是完好的，根据原告蛙池的条件和沟渠布置，除非原告人工向蛙池引水，否则被告排放的污水不可能自然流进蛙池；原告所说的蝌蚪死亡损失数额是估算值，并没有现场清点记录证实，无法认定具体的损失数额。请求法院对原告的诉讼请求予以驳回。

在举证和质证过程中，原告提供的证据是：(1) 原告养殖基地的营业执照复印件、现场照片，证明原告起诉符合法律规定；(2) 省环境监理现场记录、市卫生防疫站鉴定报告、市水产站关于蝌蚪死亡原因的认证、市水产站关于养殖水体污染损失情况鉴定评估书，证明被告排放的废水污染了原告养殖基地是导致原告损失的直接原因；(3) 损失评估费和水质检测费收据、原告基地租赁农田和房屋的租赁协议等，证明原告损失大小。被告对本案没有提供证据。

本案经过两审法院审理终结。基层人民法院判处被告赔偿原告示范基地经济损失 20 万元。原告、被告均不服，提出上诉，市中级人民法院于 2001 年 10 月 12 日作出二审判决，改判被告赔偿原告经济损失 8 万元整。原告遂申请检察机关介入，2002 年，检察机关向省高级人民法院提出检察意见书，请依法予以纠正。而后，市中级人民法院决定对本案立案再审。

◇分析◇

本案值得关注的问题包括：如何计算污染受害者的损失额？人民

检察院如何介入环境侵权民事案件?

关于如何计算污染受害者的损失额的问题，前面已经提及。根据我国农业部1996年10月8日发布的《水域污染事故渔业损失计算方法规定》，因渔业环境污染、破坏直接对受害单位和个人造成的损失，在计算经济损失额时只计算直接经济损失，范围包括水产品损失、污染防护设施损失、渔具损失以及清除污染费和监测部门取证、鉴定等工作的实际费用。一审时，原告提出的赔偿具体请求共有5项：死亡的种蛙、蝌蚪损失452 000元；污染发生后水质检测费、损失评估费1 920元；养殖基地的土地和房屋租金8 680元；养殖基地3名专职人员生活费22 950元；清理养殖基地蛙塘、恢复生产费用10 580元。但由于原告举证不力，法院最终没有全部支持这些损失额。我们认为，上述几项内容都应当是确定渔业污染事故原告损失额的依据。

关于人民检察院应当如何介入环境侵权民事案件的问题，本案中，一审法院于2001年6月6日作出判决，判令被告赔偿原告示范基地经济损失20万元整。原告、被告均不服一审判决，向市中级人民法院提出上诉，市中级人民法院于2001年10月12日作出二审判决，改判被告赔偿原告经济损失8万元整。养殖基地不服终审判决，向市中级人民法院及省高级人民法院申请再审，同时向某区人民检察院提出申诉，请求提请省人民检察院对本案终审判决进行抗诉。2002年3月19日，区人民检察院向市人民检察院提出《建议提请抗诉报告书》，建议市人民检察院提请省人民检察院向安徽省高级人民法院提出抗诉。市人民检察院审查后，以原一审判决认定事实错误为由，于2002年4月26日提请省人民检察院抗诉。省人民检察院对该案卷宗依法进行了审查，认为市中级人民法院的终审判决认定事实的主要证据不足。但省人民检察院没有依法提出正式抗诉，于2002年6月14日，向省高级人民法院提出检察意见书。而后，市中级人民法院决定对本案立案再审。

可见，检察机关介入环境侵权纠纷，至少包括以下三种方式：(1) 下级人民检察院向上级人民检察院提出《建议提请抗诉报告书》。本案中，区人民检察院向市人民检察院提出《建议提请抗诉报告书》，建议市人民检察院提请省人民检察院向省高级人民法院提出抗诉。其法律依据来自1991年《民事诉讼法》第185条的规定：地方各级人民检察院对同级人民法院已经生效的判决、裁定，发现有法律规定情形之一的，应当提请上级人民检察院按照审判监督程序提出抗诉。（2）上级人民检察院向下级人民法院提出抗诉。其法律依据来自1991年《民事诉讼法》第185条的规定：上级人民检察院对下级人民法院已经发生法律效力的判决、裁定，发现有认定事实的主要证据不足、适用法律确有错误等情形之一的，应当按照审判监督程序提出抗诉。（3）人民检察院对同级人民法院实行法律监督。本案中，省人民检察院没有提出抗诉，而是向省高级人民法院提出检察意见书，请法院依法予以纠正。其法律依据来自1991年《民事诉讼法》第14条的规定：人民检察院有权对民事审判活动实行法律监督。而后，市中级人民法院决定对本案立案再审。

（二）大气污染

1. 某电影摄制组焚烧垃圾致大气污染案——向大气排放污染物应申请行政许可吗？

◇案情◇

1987年3月1日，某电影摄制组在上海开拍电影。开拍后连续5天在上海市区的外滩、九江路等处拍摄外景时，在现场焚烧旧橡胶轮胎、柏油等物人工制造烟火，在此过程中，大量废旧轮胎和柏油等在外滩等人口密集区内焚烧，导致局部地区的严重大气污染。根据环境监测部门的现场监测数据，焚烧现场大气中氮氧化物浓度超过标准23倍，二氧化硫浓度超标26倍，飘尘超标15倍，烟气黑度大于格林曼

5 级。附近居民和行人要求环境保护行政主管部门制止这一严重污染环境的行为。

上海环境保护局认为，该摄制组在闹市区焚烧散发有毒有害物质的橡胶轮胎，事先没有向环境保护行政管理部门申报，焚烧过程又不采取任何防治污染措施，造成局部大气严重污染，依据《环境保护法（试行）》和《上海市排污收费和罚款管理办法》的有关规定，在 1987 年 3 月 27 日对该电影摄制组罚款 5 万元。

◇**分析**◇

这是我国较早的一起因向大气排放污染物而受到行政处罚的案例。虽然案情发生在 1989 年《环境保护法》实施之前，但是依然对今天的环境保护实践具有启示意义。本案争议的焦点集中在防治大气污染的行政程序问题上。

某电影摄制组未向当地环境保护行政机关申报，在没有获得环境保护行政机关许可的情况下，擅自在闹市区焚烧散发有毒有害物质的橡胶轮胎等，造成局部严重大气污染，环境保护行政机关可依法采取措施予以制止，并进行行政处罚。另一方面，这也是一起因大气污染而受到行政处罚的涉外案件。该摄制组拍摄电影得到了我国有关主管部门的批准，而且上海市人民政府还专门发出通知，要求有关单位协助摄制组的工作，所以摄制组的拍摄行为是合法的。但是，就像企业的生产是合法的而其超标排污行为是违法的一样，合法拍摄过程也会产生违法行为。电影烟火的制作，从技术上来说本来可以不采用焚烧橡胶轮胎、柏油等这种严重污染大气的方法，即使使用这种方法也可以避免在人口密集区焚烧。由于摄制组缺乏环境保护意识，无视我国环境保护法律法规，造成上海市局部大气严重污染，因而构成了环境违法行为。在法律适用方面，该案发生在《大气污染防治法》颁布之前，当时适用的法律只有《环境保护法（试行）》，具体条文是该法第 19 条关于“有害气体的排放，必须符合国家规定的标准”和第 32 条关于对违法行为给予警告、罚款等行政处罚的规定。另外，《上海市排污收费和罚款管理办法》也对在居民集中地区焚烧沥青、油毛毡等废弃物的行为作出了管理规定。上海市环境保护局通过国家法律和地方性环境法规的联合适用，使得对此项违法行为的处罚有了切实的法律依据。

2. 韩某诉内蒙古某冶炼厂大气污染损害赔偿案——大气污染案件受害者怎样取证和举证?

◇**案情**◇

原告韩某有果园一处，位于被告内蒙古某冶炼厂工厂东侧。1998年5月至6月，冶炼厂出现二氧化硫污染事故，经当地人民政府组织事故调查组进行调查后，划定了污染范围并进行了相应赔偿。同年6月，原告果园内的林木也出现了异常现象。原告认为这也是因为被告污染造成的，因此向被告索赔，但是遭到拒绝。中国林科院生态研究所经过鉴定，认为林木受损是因二氧化硫超标排放污染所致。1998年11月，经当地环境监测中心站监测，被告工厂二氧化硫排放超标。

一审法院在审理期间，委托农业部果品及苗木质量监督检验测试中心对原告果园内林木受损害、死亡原因进行鉴定，结论为：原告果园内林木死亡原因并非二氧化硫污染所致，而是由于病虫害等原因造成的。依据该鉴定结论，一审法院判决驳回原告韩某的诉讼请求。韩某不服，提起上诉。二审法院认为上诉人韩某提供的中国林科院对其果木受损原因的鉴定报告系单方委托、单方送检，其鉴定程序违法，不予采信；对于上诉人提出的原审法院所委托的鉴定单位农业部果品及苗木质量监督检验测试中心不具备鉴定资格，其鉴定结论不具备科学性、公正性及原审法院在审理本案时存在偏袒被告的情形，因无证据证实，故不予支持。二审法院最终判决驳回上诉，维持原判。

◇分析◇

本案的争议焦点主要在诉讼证据方面。具体来说，主要是大气污染案件受害者的取证和举证问题。

根据我国《民事诉讼法》的相关规定，污染受害者首先要提供受到污染的证据。当被告拿出受害并非污染所致的证据时，受害人需要进一步提出证据以反驳被告。反驳有两种途径：（1）对被告证据的科学性、真实性进行质疑，比如被告提供的鉴定结论是否遵循了严格的鉴定程序、科学的鉴定方法以及所采用的鉴定资料是否充分和可靠等；（2）用直接证据证明损害是因污染所致。

在本案中，原告韩某在果园林木受损害事实发生后，采取了单方委托中国林科院生态研究所进行鉴定并取证的方法，在程序上具有瑕疵，法院对该证据的证明力提出了疑问。而一审法院在审理期间，也委托农业部果品及苗木质量监督检验测试中心对原告果园内林木受损害、死亡原因进行鉴定，这种由法院进行取证的做法是否符合法律规定呢？我国《民事诉讼法》第64条规定，当事人及其诉讼代理人因客观原因不能自行收集的证据，或者人民法院认为审理案件需要的证据，人民法院应当调查收集。由此可见，我国污染损害赔偿诉讼的取证方式是以当事人自行收集和提供证据为主，法院在上述两种情况下也可调查收集证据。因此，本案中一审法院委托农业部果品及苗木质量监督检验测试中心对原告果园内林木受损害、死亡原因进行鉴定的行为是合法的。

3. 北京市27户居民诉某煤炭开发经营公司空气污染案——大气污染案件如何提起代表人诉讼?

◇案情◇

原告等一批居民居住在北京市某区，所住房屋建于1987年，毗邻该区企业局属下的一个灰场。被告某煤炭开发经营公司于1988年接收该灰场，并将其改作煤炭收储和运销站。1991 年和 1999 年，被告两次扩建场地，使其与原告房屋的最近距离由 1988 年时的 100 米，缩短为不足 10 米。从原告房屋旁的通道经过的重型大卡车和被告院内不分昼夜运转的筛选设备，在没有任何防范措施的情况下产生了大量的煤尘和噪声污染。

原告认为被告的环境污染行为严重侵犯了其人身和财产权益，随后开始向区环境保护局等部门投诉。在所反映的问题无法得到解决的情况下，其中 27 户居民共 77 人于 2000 年 1 月 28 日联名向区人民法院提起诉讼，共同要求被告停止侵害。区法院先是要求原告分别起诉，并退回了原告的诉状，后在原告的交涉下，才勉强同意每户选定一人提起一个诉讼。

2000 年 3 月 20 日，原告按区法院的通知准时来到法庭，正当他们准备陈述自己所遭受的侵害时，独任审判员直接宣读了一审裁定。法院认为，原告在未经环境保护主管机关处理之前向人民法院起诉，不符合法律的相关规定，故裁定驳回原告的起诉。原告不服，于同年 3 月 21 日向北京市第一中级人民法院提起上诉。10 月 30 日，原告收到了市第一中级人民法院指令区法院进行审理的终审裁定。区法院于 2001 年 1 月 17 日、18 日和 19 日连续 3 天分 3 组审理了这 27 个案件。在此次庭审中，原告每户增加了 2 万余元物质损失的赔偿请求。2001 年 7 月 4 日，区法院以 2000 年 3 月 23 日市环境保护监测中心的监测报告证明被告的煤尘排放没有超过国家污染物排放标准为由，判决驳回原告的诉讼请求。而原告随后再次向市第一中级人民法院提起上诉。

◇分析◇

本案是一例典型的应当采用代表人诉讼方式进行的环境民事案件。

在本案中，区法院开始对 77 人的共同起诉不予受理，而要求原告分 77 案起诉。后在原告律师的交涉下，才勉强同意按 27 户每户选 1 名代表起诉，分 27 案受理。区法院拒绝采用民事代表人诉讼形式，违反了我国《民事诉讼法》关于民事诉讼案件在符合法定条件的情况下可以采取代表人诉讼形式的规定。民事诉讼法之所以规定代表人诉讼制度，就在于在众多共同诉讼人的情况下，可以大大简化诉讼程序，加快案件的审理，节省人力、物力和财力，也可以避免法院就同一或同类案件作出相互矛盾的裁判。本案完全符合代表人诉讼的条件，区法院在庭审中也是分组合并开庭审理的。本案中区法院将一个共同诉讼案件分为27案审理，增加了当事人的诉讼成本，仅诉讼费分案计算与合案计算便多出3万余元的差额；而且增加了法院审理工作的负担，增加了法院投入本案的人力和物力，也可能出现一些本不应产生的错误，如本案上诉后因案卷太多就发生丢失一份卷宗的事件。本案被告在没有任何防污措施的情况下产生大量的煤尘和噪声污染，使原告基于共同原因受到人身和财产的损害。因此，本案的众多污染受害人具有相同的诉讼利益，诉讼标的也为同一种类，而且当事人一方人数众多，超过10人以上。当事人要求合并为一案审理，符合民事诉讼法关于共同诉讼之代表人诉讼的条件，可以由原告选定1名或数名代表人代表全体受害人进行诉讼，诉讼结果由全体参加诉讼的原告承担。环境民事代表人诉讼对于环境侵权案件具有重要的理论与实践意义。因为，在单个受害者受损利益不大或短期危害不明显的环境侵权案件中，虽然该群体积累的整体利益、长期利益将受污染的严重损害，但要求认识水平不一的每个人均自愿起诉本身就缺乏合理性。因此，应改变“单个诉讼”这一传统模式，谋求大量小额被害者通过代表人诉讼维护自己的合法权益。

Q 4. 广西宾阳四家滑石厂排放废气致农民果树损失案——大气污染损害赔偿的免责条件如何适用?

◇**案情**◇

广西宾阳县新开镇谭某在新圩镇圩后背山岭种植了1 386株葡萄，每年带给他的收入有上千元，然而，从2000年4月起，刚刚进入盛产期的葡萄花芽、花蕾、幼果慢慢地枯死，使谭某收入锐减，他想到可能是果园附近的鸿泰、新兴、新得利、天生四个滑石厂排出的毒气污染环境导致果树枯死，于是他积极向有关部门反映。与此同时，果农欧某等三人也因自己种植的龙眼、芒果、葡萄莫名其妙地枯死，向新圩镇政府反映。2000 年 7 月，经宾阳县环境保护局、新圩镇政府等部门调查后认定，滑石粉厂排出的浓烟经低压和空气中的二氧化硫、水反应变成亚硫酸，飘落在果树嫩叶上，造成叶片组织坏死，叶片卷曲，无再生产能力。而鸿泰等 4 家滑石粉厂在政府作出停业整顿后，仍继续进行生产，造成果农的损失进一步扩大。2001 年 6 月 10 日，宾阳县农业环境保护站对果树受污染情况进行调查，证实由于烟尘的污染，导致果树枯死，直接影响当年水果的产量。谭某等人根据上述测试结果，要求鸿泰等 4 家滑石粉厂赔偿 2001 年度水果绝收所带来的损失，但 4 家滑石粉厂均以种种理由主张自己负责，拒绝赔偿。谭某等人的损失能得到赔偿吗?

◇分析◇

本案涉及环境污染损害赔偿责任的免责条件问题。

根据我国相关法律的规定，在环境污染损害发生后，如果造成污染损害的原因是不可抗力或第三人的过错，则可能会出现当事人免于承担法律责任的情况。当然，是否免责需要对案件中涉及的损害赔偿事由和责任进行具体分析。如果不符合法律规定的免责条件，环境污染的致害人仍然要承担赔偿责任。

所谓环境污染损害赔偿责任，是指因污染环境造成他人财产、人身损害时，污染者应当承担的民事责任。环境污染损害赔偿责任采用的归责原则是无过错责任原则，其成立应具备下列条件：（1）须有污染环境的行为；（2）须有污染环境损害后果；（3）污染环境的行为与污染损害后果须有因果关系；（4）须没有免责事由。我国《民法通则》第 124 条规定：“违反国家保护环境防止污染的规定，污染环境造成他人损害的，应当依法承担民事责任。”我国《环境保护法》第 41 条第

1 款规定："造成环境污染危害的，有责任排除危害，并对直接受到损害的单位或者个人赔偿损失。"本案中鸿泰等 4 家滑石粉厂排放的烟尘造成谭某等 4 人的果树枯死、绝收，滑石粉厂污染环境的行为与果树的枯死、绝收存在因果关系，且滑石粉厂不存在不可抗力，也不存在第三人的过错等免责事由，完全符合环境污染损害赔偿责任的成立条件。我国《大气污染防治法》第 62 条第 2 款规定：赔偿责任和赔偿金额的纠纷，可以根据当事人的请求，由环境保护行政主管部门调解处理；调解不成的，当事人可以向人民法院起诉。当事人也可以直接向人民法院起诉。根据此规定，谭某等人在滑石粉厂拒不承担赔偿责任的情况下，可以依法申请环境保护部门调解处理，也可以直接向人民法院起诉，要求滑石粉厂承担废气污染赔偿损失的民事责任。

5. 程某等诉湖北大冶有色金属公司大气污染赔偿案——大气污染案件诉讼中的因果关系怎样确定?

◇案情◇

1991 年 8 月中旬，湖北省大冶县的株树村、南阳村、西山村等十几个村庄的 2 818 户村民的近万亩晚稻、芝麻等农作物出现叶片卷曲，产生白色斑点和萎蔫枯死等症状。经专家察看现场进行鉴定，认定系二氧化硫污染所致，污染源是大冶有色金属公司（以下简称大冶公司）。大冶公司认为其排污浓度在国家标准之内，故拒绝赔偿。1992 年 8 月，受到污染的 2 818 户农民推举程某、石某等人为诉讼代表人，联名向市中级人民法院提起损害赔偿之诉，请求判令大冶公司赔偿经济损失 655 160 元。

市中级人民法院受理此案后，经审理查明：1991 年 8 月中旬，事故发生的 5 天里，被告确有排污事实。并且经过法院委托鉴定，排除了水稻、芝麻等农作物受害系病虫害和其他化学物质药害所致的可能性。原告程某等2 818户农民耕种的 9 577.04 亩晚稻和芝麻受到损害，其中芝麻受害面积为 3 310.83 亩，与 1990 年相比减产71 468.6千克，晚稻受害面积为 6 266.21 亩，与 1990 年相比减产 364 762.6 千克。按当年的价格计算，直接经济损失为 512 323.81 元。

1993 年 9 月 10 日，市中级人民法院根据《民法通则》第 124 条、第 134 条第 1 款第 7 项的规定，判决被告大冶公司赔偿原告程某等 2 818农户的经济损失 512 323.81 元；驳回原告程某等 2 818 户农民起诉的其他请求。

◇分析◇

本案涉及环境法律中的多个问题，除涉及代表人诉讼外，还涉及环境污染损害赔偿纠纷案件的因果关系推定、举证责任、归责原则等问题。在此主要分析环境污染损害赔偿案件的因果关系推定问题。

为了便于环境污染案件的受害人更好地保护自己的合法环境权益，对于环境污染危害适用因果关系推定的原则已经是各国的通常做法，也就是说，以追究法律责任为前提，原告只要能够举证必要程度的因果关系的或然性就足够了。对此，我国《环境保护法》尚无明文规定，但司法实践中已采用，并且收到了比较好的效果。因果关系推定是法律上确认因果关系的方式之一。因果关系将加害人的行为与损害后果联系起来，只有在因果关系成立的前提下，才考虑行为人的主观心理状态，主观过错将行为人心理状态、行为和行为后果联系起来。所以针对一般侵权行为，法官在认定加害人民事责任时，先确定因果关系是否成立，如果不成立，加害人不承担民事责任；如果成立，则继续追究行为人是否有过失，如果有过失，则有责任，如果无过失，则无责任。由于环境侵权实行无过失责任，所以只需确定因果关系成立，加害人就应该承担责任。

因果关系有认定和推定之分，因果关系认定要求原告证明因果关系的存在，一般在确定因果关系方面适用“相当因果关系说”。因果关系推定是在原告对因果关系举证不便或者举证不能的情况下，要求被告举证证明因果关系不成立。原告举证上的困难往往有以下原因：（1）原告缺乏专业知识，而被告具备专业知识；（2）原告收集证据可能会受到被告的阻挠；(3) 被告对其行为和后果更了解；(4) 科学技术方面的局限使举证发生困难。一般侵权行为适用因果关系的认定，但是针对环境污染，由于污染行为复杂多样、致害范围广泛，依照一般常识难以判断，需要高深的自然科学知识，对其因果关系的确定，一般采用因果关系推定。

在本案中，1991 年 8 月中旬，湖北省大冶县保安镇株树、牛山两个办事处的株树村、南阳村、西山村、高溪村、大垅村、桂花村、芦咀村、黄海村、牛山村、元塘村、枫林村、西海村等十几个村庄的 2 818户村民的近万亩晚稻、芝麻等农作物出现叶片卷曲，产生白色斑点和萎蔫枯死等症状。镇环境保护局农技人员根据群众反映和现场勘察结果，迅速向镇政府、市环境保护局、大冶县环境保护局、大冶有色金属公司等有关单位报告，并邀请湖北省农业生态环境保护站、植物保护总站、华中农业大学和气象研究所的专家察看现场进行鉴定，结果认定系二氧化硫污染所致。经法院审理查明，事故发生的 5 天里，被告所属冶炼厂利用二氧化硫废气回收生产硫酸、磷酸的车间生产情况不正常；这期间的气象资料表明风向为东风、偏东风，被告所在地和原告所在地是上下风向。被告大冶公司排放含有二氧化硫的烟尘，顺东风飘向大冶县保安镇株树、黄海、西山等十几个村的部分地区。受理法院还委托湖北省农业生态环境保护站、湖北省气象科学研究所鉴定，鉴定结果排除了本案水稻、芝麻等农作物受害系病虫害和其他化学物质药害所致的可能性。据此，法院确认 1991 年 8 月中旬大冶县保安镇的株树、黄海、西山等十几个村部分地区农作物遭受的损害，是被告大冶公司下属冶炼厂排放的含有二氧化硫的烟尘所致。根据已查明的事实，法院的推理逻辑是：(1) 被告曾排放含二氧化硫的污染物；(2) 在被告排污期间，位于其下风向的农作物受害；(3) 农作物受害症状呈典型的二氧化硫污染特征；(4) 在同一区域内没有其他二氧化硫排放源，且可排除农作物病虫害、气候灾害及农业生产自身管理等干扰因素。在此基础上确认了被告排污和农作物受害之间的因果关系。对于法院的因果关系推定，被告大冶有色金属公司虽然予以否认，但不能举出证据。根据环境侵权诉讼当中实行举证责任倒置的原则，被告应当承担举证不力的不利后果。

6. 河北某县松香剥皮毛散发异味污染居民生活环境案——怎样处理环境法律法规未明确规定的排放异味行为?

◇案情◇

河北省某县城有两座民宅相邻，仅隔一堵矮墙，其中右邻居几乎每天早晨6点开始用松香做原料放在一个大锅里加热后剥离猪头、鸡鸭鹅等外皮上的细毛、绒毛，散发出呛人的气味，致使左邻右舍居民多次要求环境保护部门查处。当环境保护执法人员去制止时，该居民却称："我在自家天井里搞得，与隔壁家无关，他无权干涉。"环境保护部门也多次要求该户居民停止产生异味的加工，但他拒不执行。《环境保护法》和《大气污染防治法》对这种情况也没有相应的管理和处罚条款，特别是对产生异味的松香没有监测数据标准。受害居民在气愤之余又感到有些失望，难道对加害人的行为就无法处理了吗?

◇分析◇

我国《环境保护法》和《大气污染防治法》对松香剥皮毛散发异味污染居民的情况确实没有专门的规定加以规范，法律也不可能对每一种具体物质的污染都作出规定。但只要属于大气污染，就属于《大气污染防治法》的适用范围。具体到本案的情况，可以采取行政的和民事的两种途径加以解决。

从行政的途径来说，如果排放异味的是一个新建的肉类加工单位或者个体户，环境保护部门可以根据《建设项目环境保护管理条例》的规定让其履行环境影响登记审批手续；对没有履行审批手续的，可以依照该条例的规定给予处罚。如果依照该条例也不好处罚的话，可以根据《大气污染防治法》第12条的规定让排污者履行排污申报登记手续。对拒绝申报的，可以依照该法第46条的规定给予处罚。如果排放的气体具有恶臭成分或者含有有毒物质，而又没有采取有效措施加以防治，就可以根据《大气污染防治法》第56条的规定进行处罚。

从民事途径来说，受污染损害的居民与排放异味者处于相毗邻的位置，可以根据《民法通则》第83条关于相邻关系的规定，要求排放异味影响其正常生活者停止侵害、排除妨碍、赔偿损失。

排污的居民说在自家天井搞经营活动，别人无权干涉，是不对的。在自己家里从事某种活动，只要干扰了别人，影响了别人的正常生活，他人就有权干涉。这种干涉，可以是行政机关的管理活动，也可以是受害者直接要求排污者停止污染。发生了这种侵权行为，受害居民可以直接找排污者协商解决，也可以请求环境保护行政主管部门调解处理，还可以向人民法院提起民事诉讼。

由于环境保护部门用行政处罚手段解决这类问题时涉及有无污染、污染物是什么和污染物的标准以及监测等一系列比较复杂的问题，而法律和标准的规定尚不够健全，所以在处理这类纠纷时最好是通过调解的方式。调解不成，污染受害者可以向法院提起民事诉讼。

（三）噪声污染

1. 辽宁省大连市某娱乐城噪声污染案——噪声污染受害者怎样获得救济？

◇案情◇

自2000年5月份以来，辽宁省大连市某小区居民于某家隔壁新办了一个以唱卡拉OK为主的娱乐城，昼夜歌声不断，噪声此起彼伏。由于该娱乐城与于某家的住宅相邻，虽然经当地市环境保护局两次督促娱乐城老板进行隔音整改，但效果不佳，噪声依旧袭人。环境保护执法者当着娱乐城老板的面测量噪声强度时，老板故意放低音，执法者一走，噪声马上恢复平常状态。据内行人讲，噪声高达 80 分贝左右。于某的两个孩子在读初中和高中，学习非常紧张，于某又是一个中度神经衰弱患者，全家人都与音乐无缘，听到高音量就神经紧张，以致严重影响孩子学习和全家人正常就寝。对此于某曾根据《环境噪声污染防治法》等法律法规，多次向当地环境保护部门提出申请，寻求解决办法。执法者的回答是：治理不能完全达标，但拆除又无章可循。其依据国家环境保护总局、国家工商行政管理总局的通知中关于"在居民楼内，不得兴办产生噪声污染的娱乐场点"的规定去找环境保护局投诉，但是环境保护局回答：该娱乐城与你家住宅不是出现在同一居民楼内。在这种情况下，于某应该怎么办？

◇**分析**◇

针对本案的具体情况，噪声污染受害人可采取以下措施维护自己的合法权益：

(1) 我国《环境噪声污染防治法》第 43 条第 1 款规定：新建营业性文化娱乐场所的边界噪声必须符合国家规定的环境噪声排放标准；不符合国家规定的环境噪声排放标准的，文化行政主管部门不得核发文化经营许可证，工商行政管理部门不得核发营业执照。本案中的娱乐场所建于 2000 年 5 月，应当执行《环境噪声污染防治法》的这一规定。如果其边界噪声环境不符合国家规定的环境噪声排放标准，当地的文化行政主管部门和工商行政管理部门不得向经营人核发文化经营许可证和营业执照。如果已经核发，于某可以向核发许可证和营业执照部门的上一级行政机关申请行政复议，要求撤销已发的许可证和营业执照；如果上级行政机关维持下级行政机关的决定，于某可以向人民法院提起行政诉讼，要求核发证照的部门收回证照。当然也可以不经行政复议而直接向人民法院提起行政诉讼，要求核发证照的部门收回证照。如果娱乐场所的经营人没有取得文化经营许可证和营业执照而营业，于某可以请求当地文化行政主管部门和工商行政管理部门依法查处其非法经营活动。如果有关管理部门不予查处，可以依照《行政诉讼法》的规定向人民法院提起要求有关行政机关履行法定职责的行政诉讼。

（2）根据《环境噪声污染防治法》第43条第2款关于“经营中的文化娱乐场所，其经营管理者必须采取有效措施，使其边界噪声不超过国家规定的环境噪声排放标准”和第59条关于对违反这一规定，造成环境噪声污染的，由县级以上人民政府环境保护行政主管部门责令改正，可以并处罚款的规定，于某可以请求当地环境保护行政主管部门对经营管理者给予处罚。

1999年6月25日国家环境保护总局、公安部、国家工商局联合发布的《关于加强社会生活噪声污染管理的通知》中明确规定：对违反规定造成严重噪声污染的单位，当地环境保护部门应依法责令其限期治理；对经限期治理逾期仍未达到环境保护要求的，除按国家规定收取超标准排污费和处以罚款外，当地环境保护部门应向县级以上人民政府报告，按照规定的权限，责令其停业、搬迁或关闭。因此环境保护部门对那些造成环境噪声严重污染的娱乐场所，有义务向县以上人民政府报告，让人民政府责令其停业、搬迁或关闭。

（3）如果行政手段不能解决受害人所遭受的环境噪声危害问题，于某还可以根据《环境噪声污染防治法》第61条关于“受到环境噪声污染危害的单位和个人，有权要求加害人排除危害；造成损失的，依法赔偿损失”的规定，对娱乐场所的经营管理者向人民法院提起要求排除危害、赔偿损失的民事诉讼。

在提起诉讼前，于某还应当收集受到污染的证据，主要是娱乐场所的噪声排放情况。鉴于影响受害人的娱乐场所与其住房之间没有间距，无法在室外监测，根据环境监测办法标准，可以在其室内监测，其适用的噪声值降低10分贝。如果其住房所在区域属居住、文教机关为主的区域，其白天的噪声值为55分贝，夜间的噪声值为45分贝，减去10分贝，白天为45分贝，夜间为35分贝。于某可以委托当地环境监测站在其房间内监测。监测时，不要让娱乐场所的经营管理者知道；否则，他就会暂时减轻噪声排放，从而得不到真实的噪声分贝值。

如果监测的结果超标，就可以向法院起诉，要求娱乐场所的经营管理者排除危害、赔偿损失。

2. 江西南昌某居民小区汽车报警器噪声扰民案——噪声污染受害人可否采取自力救济措施?

◇案情◇

随着我国私人轿车数量上升，城市居民小区内因汽车防盗报警器误响而导致噪声扰民的问题也日益突出。江西南昌某居住小区没有停车场，所有的汽车都停在住宅旁。由于车辆安装了防盗报警器，稍有“风吹草动”，报警器就响声大作。居民就此事多次向小区物业管理部门反映过，也和一些车主协商过，但小区管理人员表示，安装报警器是车主个人的事，他们无权干涉。而车主们担心不安装报警器会导致车辆丢失。

一天夜里，受雷雨天气影响，一些汽车内的报警器失灵，纷纷响起来，其中的一辆夏利车的报警器响了一夜，严重影响居民休息。次日中午，交警队接到群众举报，将车从楼后拖到楼前。凑巧的是，交警拖车时，夏利车停止了鸣叫，但交警刚走，报警器又开始叫起来，一直持续到深夜12点多。但此后，汽车报警器仍时时影响居民的休息。有一天，忍无可忍的居民将某车车窗玻璃砸个粉碎。车主发现后，要求该居民赔偿财产损失。

◇分析◇

本案的主要争议是噪声污染发生后，受害人能否采取自力救济?以及自力救济在法律上的性质是什么?在此需要明确如下几个问题：

(1) 噪声扰民构成侵权。

汽车报警器产生的噪声扰民，是近年来普遍存在的一个问题。这种现象已经构成了侵权。我国《环境噪声污染防治法》第41条规定，本法所称社会生活噪声，是指人为活动所产生的除工业噪声、建筑施工噪声和交通运输噪声之外的干扰周围生活环境的声音。首先，城市居民小区属于“噪声敏感建筑物集中区域”，在此区域内产生的汽车报警器长时间而且刺耳的报警声，严重干扰了人们正常的生活、学习和工作，因此应属于社会生活噪声范围。其次，汽车报警器的长时间噪声，侵犯了小区居民的生活安宁权。生活安宁权是公民隐私权的一项内容。在这种侵权行为当中，车主是第一责任人，而小区物业管理部门也有责任。小区物业管理部门虽然不可能对小区内汽车进行逐个检查，以防止噪声污染的发生，但是在小区内车辆发生噪声污染后，有责任提醒车主排除噪声。如果小区物业没有尽到这种提醒的义务，在主观上存在过错，在法律上要承担相应的责任。

（2）居民自己采取行动，制止汽车噪声的行为是自力救济，但注意不要故意破坏他人财物。

根据相关法律的规定，当侵害行为发生时，公民可以诉请政府及相关部门或者法院来阻止侵害的发生，也可以在紧急情况下自己采取行动阻止侵害的发生，后者在法律上被称为自力救济。在居民区内汽车噪声污染发生的时候，居民自己采取行动，制止汽车噪声的发出，这种自力救济是正当的，只要不超过必要限度，就不会承担法律责任。但如居民是为了发泄自己的不满，而对发出噪声的汽车采取破坏行为，则是违法行为。在自力救济和故意破坏他人财产两者之间的区分应当采取下列标准：一要看行为人主观上是否存在故意，二要看汽车破坏的程度。如果行为人打碎汽车玻璃，只是为了调试车内设施，制止噪声的继续发出，则是正当的；但如果存在明显的破坏举动，比如扎破汽车轮胎等，这是在侵害他人财产，要赔偿他人损失。不过，在这种情况下，因为车主侵权在先，即使行为人要赔偿，也要考虑情节，只要适当赔偿即可。

（3）公民应当增强维权意识。

随着汽车报警器扰民事件的不断发生，社会各界都在积极寻求办法加以解决，一些地方相关部门也制订了规范和处罚的措施。要解决这个问题，要靠多方努力：1）车主要增强保护和尊重他人生活安宁权的意识，注意购买质量较好的防盗报警器；2）小区物业管理部门要加强管理，出现类似现象后要尽到提醒的义务；3）政府和各有关部门，也要尽到责任，接到有关举报后，要尽力去解决；4）车管部门在验车的时候也可以针对报警器一项进行检查，对安装不合格报警器的车辆不予检验通过；5）有关部门还要约束报警器生产厂家，要卖合格的产品，对将不合格报警器投放市场的厂家，要采取惩罚措施。但是其中最有效的方法，还是依靠公民个人法律意识的增强。如果被汽车报警器噪声侵扰的居民们联手诉讼要求停止侵害并索赔，那么对于车主来说就很有威慑力了，能够更有效地制止噪声扰民的现象。

3. 湖南某化工有限责任公司噪声污染致养殖户甲鱼死亡案——怎样确定噪声污染损害赔偿范围?

◇**案情**◇

1991年，湖南某市冷水滩区奉某、柏某夫妇利用自己住房周围的空地修建了一个甲鱼养殖场养殖甲鱼。1996年，该市某化工有限责任公司（以下简称化工公司）租用奉某夫妇住房后面的房屋和空地，建厂生产化肥。随着工厂规模的扩大，生产过程产生的噪声也越来越大。奉某夫妇也因噪声污染问题与化工公司发生过激烈冲突，但情况并未好转。2002年10月，奉某养殖的甲鱼在化工厂噪声影响下开始出现成批死亡现象。经该市冷水滩区公证处公证确认，从2002年11月至2003年3月，奉某的甲鱼养殖场共死亡野生小甲鱼7 890只，大甲鱼9只。经该市价格认证中心价格鉴定，其损失共为121 518元。

该市冷水滩区渔政处经过实地调查和解剖检验后认为，奉某的甲鱼养殖场死亡的甲鱼属非疾病死亡，也属非中毒性死亡，根据甲鱼有冬眠的习性分析，应属噪声污染所致。奉某夫妇在多次找化工公司交涉未果的情况下，向法院起诉化工公司，要求赔偿损失。

冷水滩区法院审理后认为，化工公司的工业噪声超标，对周围的环境带来了噪声污染，奉某的甲鱼养殖场正处于该厂的噪声污染范围内。据此，法院判决由化工公司赔偿奉某夫妇甲鱼死亡、鉴定检测等经济损失123 728元，立即停止超标噪声污染，并采取措施彻底防治超标生产噪声。

◇分析◇

因本案是典型的噪声污染导致当事人养殖的水产品死亡，令当事人蒙受损失的案件，因此，针对本案，我们可以选择一个实用性较强的角度——环境损害赔偿的范围来进行分析。

在环境与资源保护法中，物质损害赔偿实行全额赔偿原则，即加害人既要对现有财产的直接减少进行赔偿，也应当对正常情况下实际上可以得到的利益即间接损失进行赔偿。对于因环境侵权行为造成的人身损害引起的财产损失，应根据人身受损害的程度确定赔偿的范围。对于经过治疗可以恢复健康的一般伤害，应赔偿医药费、住院费、住院期间的伙食补助费，必要的营养费、护理费、治疗期间的交通费和误工工资等；对于因环境侵权行为造成人身残废的，除赔偿必要的医疗费外，还应根据其劳动能力丧失的程度和收入减少的情况，赔偿因不能工作而减少的收入和残废者的生活补助费；对因环境侵权行为造成人的死亡的，侵权人除应赔偿死者在死亡前因医疗或者抢救其生命的花费外，还应支付丧葬费、死者生前扶养的人的必要的生活费等。

在实践中，经常出现由于环境污染对人的生理和心理造成不良影响，受害人遭受巨大痛苦，但却没有具体财产损失的情况。例如，环境噪声会引起失眠、记忆力减退、食欲下降；恶臭使人头痛、恶心、寝食不安。这些侵扰都会使受害人感到非常痛苦。在2001年3月最高人民法院《关于确定民事侵权精神损害赔偿责任若干问题的解释》之前，解决这类问题没有明确的法律依据。该解释第1条规定：“自然人因下列人格权利遭受非法侵害，向人民法院起诉请求赔偿精神损害的，法院应当依法予以受理：（一）生命权、健康权、身体权……”；第 8 条第 2 款规定：“因侵权致人精神损害，造成严重后果的，人民法院除判令侵权人承担停止侵害、恢复名誉、消除影响、赔礼道歉等民事责任外，可以根据受害人一方的请求判令其赔偿相应的精神损害抚慰金”；第 9 条规定：“精神损害抚慰金包括以下方式……（三）其他损害情形的精神抚慰金”。这三条规定在事实上成为此后主张环境污染精神损害赔偿的最主要的法律依据。

值得注意的是，尽管最高人民法院《关于确定民事侵权精神损害赔偿责任若干问题的解释》为环境污染精神损害赔偿提供了基本的法律依据，但该解释并没有明确规定与环境损害有关的精神损害赔偿问题。而且，该解释第 8 条第 1 款规定，“因侵权致人精神损害，但未造成严重后果，受害人请求赔偿精神损害的，一般不予支持，人民法院可以根据情形判令侵权人停止侵害、恢复名誉、消除影响、赔礼道歉”。就因环境侵权造成的精神痛苦来说，对于何为“严重后果”尚无较为明确的法律依据。

在本案中，根据死亡甲鱼的解剖结果，已经排除了甲鱼是因疾病或中毒而死亡的结论，再根据甲鱼有冬眠习性的分析和化工公司与养殖场距离很近的事实，不难得出甲鱼正是死于化工公司噪声污染的结论，由此给奉某夫妇带来了巨大损失，证据确凿，法律适用恰当，化工公司应当赔偿受害人的直接和间接经济损失，包括有关的鉴定费用等。

4. 江苏南京室内装修施工噪声污染致人死亡案——噪声污染案件中如何确定因果关系?

◇**案情**◇

2001 年 9 月 24 日，家住南京市某居民小区的张某与南京某装饰公司签订了一份家居装饰工程合同，考虑到装修噪声会影响邻居的正常生活，开工前，张某跟邻居打了招呼，并在装饰工程合同中明确约定施工人员每天施工时间为早上8:30～11:30，下午1:30～5:30。考虑到楼下73岁的何老先生曾患心肌梗塞住过院，张某还特地到何某家做了说明。可施工不久，何某就向张某反映工程队中午施工影响他休息。于是，张某又找施工队商量下午施工推迟到2点钟，施工队也表示同意。但不久，施工人员就没有按照约定的时间施工了。为此，何某和老伴施某多次与施工人员进行交涉，但无果。

2001年12月18日晚9点45分，何某夫妻俩正准备休息，刺耳的电钻声又响了起来。何老先生便上楼与施工人员交涉，让他们停工。不一会儿，施某听到楼上响起了急促的敲门声，感到有些不对，赶紧披衣上楼。等她走到楼上张某家门口时，发现老伴已经瘫倒在施工现场，不省人事。身为医生的施某顿时感到大事不好：丈夫的心肌梗塞病又犯了。邻居见情况不妙，急忙拨打了急救电话。120急救人员几分钟后赶到时，发现何某已经没有心跳，呼吸消失了，动脉也停止了，初步断定人已死亡。之后，何某被送往省人民医院抢救，但还是因心肌梗塞急性发作死亡。施某随后向法院起诉。①

◇**分析**◇

本案涉及噪声污染损害赔偿案件中的一个常见问题——损害赔偿法律责任的构成要件。分析本案的关键问题在于被告的装修行为是否具有违法性，装修行为所产生的噪声污染与原告的死亡有无因果关系。本案属于特殊侵权行为，在责任认定上应当适用无过错责任原则，即不论加害人实施侵权行为是否有过错，都应对受害人的损害承担责任，在举证方式上应当实施举证责任倒置。

我国《环境噪声污染防治法》第47条的规定：在已竣工交付使用的住宅楼内进行室内装修活动，应当限制作业时间，并采取其他有效

---

① 参见金瑞锋编著：《环境污染受害者权益保障百例解析》，140页，北京，机械工业出版社，2004。

措施，以减轻、避免对周围居民造成环境污染。而本案中，被告在事发当晚9时以后使用排放强噪声的电钻进行室内装修，明显违反了上述法律规定，其行为具有违法性。根据我国法律相关规定，原告只需要证明两点：一是被告的行为产生了噪声污染；二是证明产生了损害事实的后果。被告某装饰公司应当对装修噪声与损害结果之间不存在因果关系承担证明和举证责任，但是被告证明不了这一点，法院有权推定二者之间存在因果关系。

此外，有关医学资料表明，噪声是诱发心脏病发作的因素之一，故受害人在发病前所受到的噪声干扰与其死亡之间具有法律上的间接因果关系。因此，被告装饰公司应当依法承担相应的责任，如丧葬费，精神损害抚慰金等。

5. 王某诉北京市综合投资公司、北京市公路局等噪声污染案——房地产开发商对交通噪声污染是否应承担责任?

◇案情◇

1992年11月，王某等人与拆迁人北京市综合投资公司（以下简称投资公司）签订拆迁安置协议，约定安置其到某区六里桥×号院×号楼居住。1994年5月，王某入住后发现该楼邻近京石高速公路，噪声污染十分严重，日常生活和学习受到严重干扰。王某多次要求解决噪声污染问题，均无结果。为此，王某等人于2000年8月向法院提起诉讼，请求判令投资公司、北京市公路局、北京市首都公路发展有限公司（以下简称发展公司）限期采取减轻噪声污染的措施，将住房内噪声值降低到标准值以下，赔偿从入住以来的噪声扰民补偿费每月60元，总计4 500元。经北京市某区环境保护监测站实地监测，噪声值超过国家《城市区域环境噪声标准》规定的最高限值。

法院经审理认为，投资公司在开发建设该楼时，京石高速公路已通车数年，该公司有关建楼规划手续虽符合当时规定，但并不能免除该公司对噪声污染进行治理的责任，故投资公司在治理和改善住户居住条件的问题上应承担主要责任。发展公司是京石高速公路的经营管理人和受益人，且噪声污染源主要来自于京石高速公路，故发展公司在经营管理过程中有义务承担起治理和改善环境的责任。故判决投资公司在 2 个月内为原告居住的住房南侧大间、门厅及阳台安装隔声窗，将住房的室内噪声降到白天 60 分贝以下，夜间 45 分贝以下，投资公司和发展公司赔偿王某所受噪声污染损失每月 60 元，自 1994 年 5 月起到住房安装隔声窗之月止。

◇分析◇

本案被一些媒体称为“中国公路交通噪声污染第一案”，具有典型的代表意义。

关于此案的争论很多，我们在此结合我国《民法通则》、《合同法》和《环境噪声污染防治法》以及其他相关法律法规，从开发商承担的法律责任角度对此案进行分析。

(1) 开发商是否应承担侵权责任?

从本案来看，原告选择了侵权之诉，法院也支持了原告的诉讼请求。那么，认定开发商在商品房道路交通噪声污染案件中承担侵权责任是否具有法律依据呢?《民法通则》将侵权行为分为一般的侵权行为和特殊的侵权行为两大类。其中，一般的侵权行为适用过错责任的归责原则，而特殊侵权行为则适用无过错或过错推定的归责原则。《民法通则》第六章第三节规定了几种特殊的侵权行为，其中与商品房道路交通噪声污染案件有关的是环境污染侵权行为。《民法通则》第 124 条规定：违反国家保护环境防止污染的规定，污染环境造成他人损害的，应当依法承担民事责任。《侵权责任法》第 65 条也作出了类似规定。据此，污染环境致人损害民事责任的构成要件可以概括为三个方面：其一，加害人违反国家有关规定污染环境；其二，造成了他人损害的后果；其三，损害后果和加害人污染环境的行为存在因果关系。在商品房道路交通噪声污染案件中，交通噪声并非开发商所制造，开发商不是交通噪声污染的加害者或制造者，依法不属于承担环境污染侵权责任的民事主体，因此不可能承担环境侵权的民事责任。

（2）开发商是否应承担合同责任？

民事责任的另一种形式是合同责任，其主要因当事人的违约行为而产生。在商品房买卖中，开发商对购房者负有的首要合同义务便是其出售的商品房必须符合合同的约定和法律的规定。目前，在商品房买卖中，开发商普遍采用的是工商行政管理部门和建设行政管理部门联合制订、发布的合同范本。而该范本没有对商品房质量标准作具体、明确的约定。但是，我国《城市房地产开发经营管理条例》第16条规定，房地产开发企业开发建设的房地产项目，应当符合有关法律、法规的规定和建筑工程质量、安全标准、建筑工程勘查、设计、施工的技术规范以及合同的约定。同时，根据《合同法》第61条和第62条的规定，当事人对合同标的物的质量要求不明确的，按照国家标准、行业标准履行。因此，即便在合同对商品房质量未作明确约定的情况下，国家规定的质量标准是商品房购销合同当然的一部分，如果开发商出售的商品房不符合法律法规的规定或相关的国家标准、行业标准，其仍应依法承担违约的合同责任，准确地说是质量瑕疵担保责任。①

根据有关法律规定，开发商承担瑕疵担保责任的前提是：商品房的质量不符合合同的约定或法律的规定。我国现行环境保护法律和相关建筑设计的国家标准，对开发商在房地产开发项目中所承担的防噪义务均有一定程度的规定。如果开发商违反了规定的防噪义务，且无其他可以免责的事由，其就有依法承担合同责任的可能性。当然，在本案中，还涉及共同责任的问题，即公路投资管理方与开发商为受害人的噪声污染损害承担共同法律责任。

---

① 参见蒋文军：《开发商在商品房道路交通噪声污染中的民事责任探析》，载http://bbs.szhome.com/commentdetail.aspx?id=19329654，2008年11月。

6. 江苏徐州某小区居民与铸造厂噪声污染纠纷案——噪声污染案件可否选择行政处理程序?

◇案情◇

江苏省徐州市安居工程某小区二期民安园，由市经济适用住房发展中心承建，1997 年上半年居民开始陆续进住。至 1998 年 4 月份，有居民不断向市环境保护部门反映，临近的某铸造厂噪声连续 24 小时不停，睡在床上，感到耳膜被震动得难以忍受，彻夜难眠。再加上该厂时常向高空中排放出多余的废气，更让高层的居民心惊肉跳。伴随着夏季的来临，噪声扰民显得更为突出，严重扰乱了居民的正常生活，学生无法安心学习。

根据徐州市环境保护局的监测结果及了解的有关情况，噪声源为两台空气压缩机、一台碰撞机和两台水泵及制氧高压外排等，该厂及其制氧分厂执行了三类区域排放标准，即白天限值 65 分贝，夜间限值 55 分贝。1998 年 6 月 5 日市环境监测人员在该厂厂界处测得夜间噪声为 62 分贝，超标 7 分贝。且现厂界围墙距居民楼仅有 15 米，按照制氧行业的安全生产标准，距离应为 30 米。早在 1995 年，市政府已经发文指定这一区域不适宜居住。

经过市环境保护局协调，有关方面达成如下协议：铸造厂制氧分厂在 6 月底制定治理方案，按照三类区域排放治理达标，受害居民由市经济适用住房发展中心负责采取防护措施；如治理达标后，仍然出现噪声扰民现象，市经济适用住房发展中心应接受居民提出的调（退）房要求。

◇分析◇

本案是一起噪声污染引起的民事纠纷经过行政协调处理的案件，主要涉及对《环境保护法》第 41 条第 2 款的理解。

《环境保护法》第 41 条第 2 款规定，赔偿责任和赔偿金额的纠纷，可以根据当事人的请求，由环境保护行政主管部门或者其他依照法律法规规定行使环境监督管理权的部门处理；当事人对处理决定不服的，可以向人民法院起诉。

本案是在环境保护行政主管部门的行政调解处理下解决的。关于环境民事纠纷的行政调处问题，早在1987年武汉市环境保护局对某重型机床厂和某渔场的环境污染纠纷中就有所体现。当时，环境保护局在调解不成的情况下，作出了行政处理决定，当事人不服而引发一起司法诉讼，把环境保护局告到法院，从而引发了一场争论。其中争议最大的问题主要有：行政处理的概念是什么，是否包括行政调解和调解不成情况下作出的行政处理决定；行政处理的性质是什么，是否为环境保护部门或其他依法行使环境监督管理权的部门的法定职责或是民事行为；行政处理的结果是否具有法律上的效力，即法律约束力或执行力；由行政处理引发的诉讼是民事诉讼还是行政诉讼等。这几个问题如果解决不好，就会造成环境保护工作的混乱，可能影响相关立法并最终导致环境纠纷难以及时处理。实践中已经出现过在不同的地方同样基于行政处理决定而引发的民事诉讼和行政诉讼。虽然在本案中尚未出现这样的问题，但我们也需要把上述关键问题澄清。

在本案中，环境保护部门的处理还是比较及时的，较好地理清了纠纷事实，并促使双方达成协议明确了责任：由铸造厂制氧分厂在6月底制订治理方案，按三类区域排放治理达标，受害居民由市经济适用住房发展中心负责采取防护措施；如治理达标后，仍然出现噪声扰民现象，市经济适用住房发展中心应接受居民提出的调（退）房要求。这是因为原告所居住的小区是由市经济适用住房发展中心承建的，居民是在1997年上半年陆续入住的，而早在1995年，市政府已发文指定这一范围不适宜居住。这说明，市经济适用住房发展中心在开发安居工程时没有注意到居住区周围的环境影响，在规划、设计上没有考虑到居民住宅区的环境质量问题，在不适于居住的地方建造了居民楼，所以也要承担一定的责任。

(四) 固体废物污染

1. 云南省某铜矿未依法建成固体废物贮存设施案——未依法建成固体废物贮存设施，将受到何种行政处罚?

◇案情◇

云南省某铜矿由某农场投资于1994年建成投产。2007年12月29日后，铜矿经整合组建为云南某矿业有限责任公司，但未完成采矿许可证和营业执照的变更手续，法人代表是杨某。铜矿主营采矿和选矿，采用浮选工艺生产铜精矿，年开采处理铜矿石90 000吨，年生产铜精矿450吨。采矿部分共有坑道5个，现在开采的有3个，分别是3中段、4中段和5中段（坑道)，浮选过程为磨细矿石加入黄药、松油和石灰选出铜精矿。铜矿生产过程中产生的主要污染物是采矿废渣和浮选尾矿。铜矿专门建有尾矿库进行贮存浮选尾矿，不外排。现铜矿增加了尾矿渣水分离设备，将尾矿中的水和渣分离，水进行循环使用，废渣集中堆存于尾矿坝中。

2008年5月26日，环境监察大队执法人员在对该铜矿进行现场监察时，发现铜矿没有建成采矿3中段、4中段和5中段的废渣贮存设施或场所，废渣直接排放于坑道口下方的山箐中和山坡上，存在环境安全隐患。执法人员要求铜矿必须于2008年6月26日前改正违法行为，建成渣坝投入使用。2008年8月20日，环境监察大队再次对铜矿进行现场监察时，发现铜矿还没有建成采矿3中段、4中段和5中段的废渣贮存设施，废渣仍然直排于坑道口下方的山箐中和山坡上。铜矿虽曾在5中段下方修建了一道高3.5米、长8米的挡墙，但挡墙早已被废渣填满，根本不能防止废渣流失，且废渣经雨水冲刷，已造成流失，对当地生态环境造成一定的影响。

该县环境监察大队对此事进行立案调查，并于2008年8月29日向该县环境保护局报告提交调查结论，依据《固体废物污染环境防治法》第68条第1款第2项和第2款的有关规定，建议对云南省某铜矿作出以下处罚：(1) 罚款人民币1万元整；(2) 责令停止违法行为，限期于2008年12月31日前改正。

◇分析◇

行政处罚是行政责任的一种。《行政处罚法》第23条规定："行政机关实施行政处罚时，应当责令当事人改正或者限期改正违法行为。"环境行政处罚，是指有行政处罚权的行政机关或者法律、法规授权的组织，对违反环境行政法律规范和依法应当给予处罚的行政相对人所实施的法律制裁行为。环境行政处罚可以分为财产罚、申诫罚和行为罚等三类。财产罚包括罚款、没收违法所得和非法财物；申诫罚包括警告等；行为罚包括责令停产停业、暂扣或者吊销许可证（执照）等。

根据《固体废物污染环境防治法》规定，产生、收集、贮存、运输、利用、固体废物的单位和个人，必须采取措施，不得擅自非法处理固体废弃物，防止或者减少固体废物对环境的污染。针对工业固体废弃物，国家实行申报登记制度。产生工业固体废物的单位必须按照国务院环境保护行政主管部门的规定，向所在地县级以上地方人民政府环境保护行政主管部门提供工业固体废物的种类、产生量、流向、贮存、处置等有关资料，并且前述事项发生重大改变的应当及时申报。产生工业固体废物的单位发生变更的，变更后的单位应当按照国家有关环境保护的规定，对未处置的工业固体废物及其贮存、处置的设施、场所进行安全处置或者采取措施保证该设施、场所安全运行。

在本案中，该铜矿没有依法对其工业固体废物进行申报，同时没有废渣贮存设施或场所，而是采取了直接堆砌的方式处理，违反了前述规定，需承担相应的行政责任。根据《固体废物污染环境防治法》第68条规定，县级以上人民政府环境保护行政主管部门对这两种违法行为可以责令停止违法行为，限期改正，处以罚款。具体来讲，不按照国家规定申报登记工业固体废物，或者在申报登记时弄虚作假的处5 000元以上5万元以下的罚款；对暂时不利用或者不能利用的工业固体废物未建设贮存的设施、场所以安全分类存放，或者未采取无害化处置措施的处1万元以上10万元以下的罚款。据此，该铜矿应当承担的环境行政处罚措施包括罚款和限期改正。前者属于财产罚，即县级以上人民政府环境保护行政主管部门强制违反法律规定的违法行为人缴纳一定数额的货币作为处罚，以补偿其造成的损失或者进行惩戒。罚款数额由主管部门根据行为的性质和危害程度决定。后者属于行为罚，要求违法者在一定期限内纠正违法行为，履行法定义务。

2. 山东省王某诉刘某、村委会、环境卫生管理处损害赔偿案——非法填埋固体废物致人损害的民事责任如何分担?

◇**案情**◇

山东省某市居民刘某与12岁男孩王某分别居住在同一胡同东西的两侧。两宅北侧有一个多年形成的枯水湾。胡同中间地下有一条连通两家和枯水湾的下水管道。2002年7月，刘某为在屋后修建鸡舍，找到当地环境卫生部门，并经村委会同意，用城市垃圾填垫水湾。倾倒垃圾一个月时，由于村民反映污染严重、臭气熏人，被村干部出面阻止。2002年12月天气变冷，经村组织同意，刘某又开始联系往水湾里倾倒城市生活垃圾。至2003年“非典”时期，由于垃圾臭气熏天，刘某在垃圾上面覆盖了一层厚土。垃圾在密闭、水分、压力、有机物质、适当温度等条件下产生了大量沼气。沼气沿着通向王某家的下水支道排向其住宅内卫生间。2003年7月4日傍晚，王某进入卫生间洗澡，因光线黑暗，他用打火机点燃蜡烛照明，瞬间发生了爆炸，王某烧伤。经送医院诊断，王某全身烧伤面积达90%以上，法医鉴定为重伤，并构成九级伤残。王某住院治疗53天，花去医药费1万余元。王某家人查出卫生间起火的原因，向刘某索赔未果后，于2003年9月10日向该市人民法院起诉刘某、村委会和当地环境卫生管理处，要求赔偿。

一审法院审理认为，环境卫生管理处不应违法在居民区处置垃圾。本案依法应适用举证责任倒置原则。作为被告的刘某和环境卫生管理处都没有提供任何证据证明原告王某的受伤害行为与他们的污染行为不存在因果关系，也没有任何证据证明自己没有责任，刘某和环境卫生管理处应当承担举证责任不能的后果。由于水湾属村集体所有，村委会对违法处理垃圾行为未加制止，导致了损害后果的发生，应当承担管理不当的责任。原告王某的父母在发现垃圾产生难闻气味后未采取补救措施，在孩子洗澡时也未加注意，应承担监护不力的责任。

2004 年 3 月 17 日，原审法院一审判决王某的医药费、护理费、住院伙食补助费、交通费、残疾者生活补助费、精神损害赔偿金等共计 42 454.5 元，分别由刘某负担 16 981.8 元，环境卫生管理处负担 11 887.26 元，村委会负担 11 038.17 元，受伤害者的法定监护人自负 2 547.27 元。

一审判决后，刘某不服，提起上诉。在二审审理期间，由于刘某就自己负担的部分与王某的家人庭外达成和解并实际履行，法院于 2004 年 9 月 15 日依法裁定准予刘某撤回上诉，原审判决的其他事项发生了法律效力。

◇分析◇

法院认定本案原告与被告构成共同侵权，这就涉及损害赔偿责任的分担问题。

最高人民法院《关于审理人身损害赔偿案件适用法律若干问题的解释》第 3 条规定，二人以上共同故意或者共同过失致人损害，或者虽无共同故意、共同过失，但其侵害行为直接结合发生同一损害后果的，构成共同侵权，应当承担连带责任。二人以上没有共同故意或者共同过失，但其分别实施的数个行为间接结合发生同一损害后果的，应当根据过失大小或者致害比例各自承担相应的赔偿责任。据此，法律对共同侵权不要求加害人在主观上一定要具有共同侵权的故意，只要加害人在客观上有共同的侵权行为，就应当承担共同侵权责任。

根据《民法通则》、《环境保护法》的规定，污染环境造成他人损害的，应当依法承担民事责任。另外根据《固体废物污染环境防治法》的规定，环境卫生管理处负责市区垃圾清运和街道清扫保洁工作，应按规定处理城市垃圾，不得随意倾倒、抛撒或者堆放，不应违法在居民区处置垃圾。同时环境卫生管理处对固体废物污染防治负有监督管理职责。在本案中，由于环境卫生管理处违反法律规定，允许刘某用城市垃圾在居民区填垫水湾，也未监督刘某采取相应的污染防治措施，与刘某、村委会的行为共同导致了损害事件的发生。刘某利用、处置固体废物，依法必须采取防流失、防渗漏或者其他防止污染环境的措施，其主观上存在过失，行为具有违法性，并直接导致了王某受到损害。村委会对其所有的水湾没有尽到管理的职责，放任刘某的行为导致损害结果的发生。三被告对损害发生的结果并不存在主观上的共同过错，但三者的行为结合导致了损害结果的发生。因此，三被告应该根据其过错承担按份责任。

一审法院还以环境侵权的免责事由之一，即受害者自我致害为由，认定王某父母在发现垃圾产生难闻气味后未采取补救措施，在孩子洗澡时也未加注意，应承担监护不利的责任。受害者自我致害，是指受害人对所遭受的损害主观上具有过错，即行为人明知会发生损害结果，希望或放任该结果的发生；或者是行为人因疏忽应当预见而没有预见导致发生损害，或者预见到该损失可能发生，却轻信可避免该损害发生。但在本案中，按照一般人的情况，受害人王某没有办法事先知道刘某非法处理固体废弃物的行为必然或可能引起家中浴室起火。那么，王某的主观状态就不符合受害者自我致害的规定。一审法院以“受害者自我致害”为由判决王某承担部分责任有欠妥当。①

---

① 参见王灿发、常纪文等：《环境法案例教程》，154、155页，北京，清华大学出版社、北京交通大学出版社，2008。

3. 安徽省梁某走私废物案——如何追究非法走私废物的刑事责任?

◇案情◇

安徽省梁某毕业于某大学金属材料系，通过偶然的机会对钼的经济价值产生了极大的兴趣。2004 年 10 月，梁某在网上联络到一家新加坡公司，以乙市 A 公司的名义委托安徽省 D 公司签约进口了 150 吨含钼废催化剂，并以“钼精矿”名义申报进口，然后卖给乙市 B 公司，从中获利二十多万元。11 月，梁某又联系到英国一家金属公司，随后假冒乙市 C 公司的名义以每吨 850 美元的价格委托安徽省 D 公司进口 5 个集装箱共计 126 吨“钼精矿”，从中获利 25 万元。2005 年 1 月 31 日，梁某又帮助乙市 B 公司法人代表杨某以类似手段进口 261 吨含钼废催化剂，并和杨某约定事成后收取 10%的佣金。

连续大批量进口同类商品引起了海关的注意。经海关化验，这些“钼精矿”实际为含钼废催化剂，属国家明令禁止进口的固体废物。废催化剂其实是一种工业垃圾，是在化工领域生产过程中产生的一种固体废物，而且具有一定的毒性。由于废催化剂在提炼的过程中产生的废气、废水、废渣会严重污染环境，所以发达国家基本上都将这种废催化剂进行深埋处理，我国法律也明令禁止进口废催化剂。但是由于这种废催化剂含钼，而钼又被称为“黑色黄金”，是地球上稀有的矿产资源，对含钼的废催化剂加以提炼将会产生巨大的经济利益。在这种经济利益的驱动下，有人不惜铤而走险。人民法院判决梁某犯走私固体废物案，被判处有期徒刑 8 个月，并处罚金 10 万元。

◇分析◇

根据《刑法》第 152 条及第 153 条的规定，梁某的行为构成走私废物罪。走私废物罪规定在《刑法》分则第三章“破坏社会主义市场经济秩序罪”第二节“走私罪”中。本罪客观表现为违反海关法规，逃避海关监管，将境外固体废物等废物运输进国（边）境，是行为犯；本罪客体为社会主义市场经济秩序；主观方面为故意；本罪的主体可以是自然人，也可以是单位。

固体废物并非完全禁止进口。但是根据相关法律，进口废物有着严格的条件，即应该是作为原料且可以以无害方式利用的固体废物，并且应根据国家相关部门制定的禁止进口、限制进口和自动许可进口的固体废物目录进行。国家严令禁止进口列入禁止进口目录的固体废物。进口经审查许可的限制进口目录的固体废物，依法办理自动许可手续后，进口自动许可目录的固体废物，应该同时符合国家环境保护标准，并经质量监督检验检疫部门检验合格。

在《刑法修正案（四）》实施之前，《刑法》原第155条第3款规定，逃避海关监管将境外固体废物运输进境，属于"走私固体废物罪"。该修正案将该罪从《刑法》第155条中相对剥离出来，规定了独立的法定刑，2003年8月15日最高人民法院、最高人民检察院公布的《关于执行〈中华人民共和国刑法〉确定罪名的补充规定（二）》将其罪名调整为"走私废物罪"，犯罪对象由固体废物扩展为包括液态废物和气态废物，并且加上了情节严重的情节犯及达到犯罪起点限定和情节特别严重配以较重刑罚的两个法定量刑幅度，即"情节严重的，处五年以下有期徒刑，并处或者单处罚金；情节特别严重的，处五年以上有期徒刑，并处罚金"，这使得《刑法》的规定更具操作性。

4. 天津市李某诉某研究院损害赔偿案——不具有法人资格的单位如何承担赔偿责任？

◇**案情**◇

2006年4月4日上午，天津市李某在某地质矿产测试中心办公楼的垃圾箱内捡了两个白色塑料瓶，没有想到瓶内的残留液体流出后竟将她的手指烧伤。疼痛难忍的李某当即找到该测试中心询问原由，中心工作人员得知情况后让李某马上用水冲，赶快去医院。经天津市第四医院诊断，李某伤情为：左手中、环指、右手食、拇指氢氟酸烧伤。

同年 5 月 25 日，李某发现该测试中心垃圾箱内又出现了烧伤其手指的白色塑料瓶，遂拨打 110 报警。管片派出所出警后发现，这三个白色塑料瓶上的标签标有氢氟酸品名。2006 年 6 月 14 日，因该测试中心违反了《排放污染物申报登记管理规定》第 4 条的规定，河东区环境保护局向其下发了行政处罚事先告知书，对该中心作出了“限 5 日内补办排污申报登记手续及罚款人民币 2 000 元”的行政处罚。与此同时，李某提出，此事的发生给其身心造成极大伤害，其多次找到该测试中心及其上级单位某地质研究院协商解决此事，均遭拒绝。为此，李某将上述两单位告上法庭，要求二者连带赔偿其医疗费、护理费、精神损失费等 9 900 余元，并承担其后续治疗费用。

在法庭上，测试中心辩称，原告所述烧伤手指的经过缺乏事实依据，并且原告诉称的于 2006 年 5 月 25 日发现被告垃圾箱内出现氢氟酸空瓶并报警的事实，与原告所受的损害没有关联性，不能作为本案的证据，由此认为原告的损害后果与其中心没有因果关系，不同意原告的诉讼请求。

在案件审理过程中，法院另查明，被告某测试中心是被告地质研究院的国有分支机构，为非法人单位，对外不独立承担责任。综合案件事实，法院认为，本案被告因违反了相关规定，受到了环境保护主管部门的行政处罚，从而证明了被告在处置危险物的过程中存在过错。根据相关法律规定，受到固体废物污染损害的单位和个人，有权要求赔偿损失。同时，最高人民法院《关于民事诉讼证据的若干规定》中也规定，因环境污染引起的损害赔偿诉讼，由加害人就法律规定的免责事由及其行为与损害结果之间不存在因果关系承担举证责任。被告虽举证，但不能充分直接证明其处置危险物氢氟酸的行为与原告的损害结果不存在因果关系，故被告的抗辩，法院不予采纳。对给原告造成的人身损害的后果，被告应承担全部民事赔偿责任。原告要求被告赔偿医药费、护理费、交通费、住院伙食补助费的诉讼请求，依法应予支持。然而原告请求的精神赔偿没有法律依据，后续治疗费待实际发生时，可另行主张权利。由此，法院作出一审判决，判决被告地质研究院对李某人身损害后果承担全部民事赔偿责任，赔偿李某医疗费、护理费等计 4 041 元。

◇分析◇

本案涉及环境侵权民事责任承担的问题。

《民法通则》将民事主体分为自然人与公民两种，个体工商户、联营等是两者参与民事活动的特殊形式。《合同法》等法律则规定了“其他组织”享有实质上的民事权利能力。《民事诉讼法》也赋予了“其他组织”独立的民事诉讼当事人地位，给予一部分不具有法人资格的单位以诉讼能力，以自己名义作为民事诉讼的当事人。对于这里的“其他组织”，最高人民法院在《关于适用〈中华人民共和国民事诉讼法〉若干问题的意见》明确了九种主体是合法成立、有一定的组织机构和财产、依法登记领取营业执照或者其他证照，但又不具备法人资格的组织。这九种主体是：(1) 依法登记领取营业执照的私营独资企业、合伙组织；(2) 依法登记领取营业执照的合伙型联营企业；(3) 依法登记领取我国营业执照的中外合作经营企业、外资企业；(4) 经民政部门核准登记领取社会团体登记证的社会团体；(5) 法人依法设立并领取营业执照的分支机构；(6) 中国人民银行、各专业银行设在各地的分支机构；(7) 中国人民保险公司设在各地的分支机构；(8) 经核准登记领取营业执照的乡镇、街道、村办企业；(9) 符合本条规定条件的其他组织。

法人的分支机构在法律上不具有独立性，表现为由法人为实现其宗旨申请设立，由法人指派其管理人员，只能在所属法人业务范围内活动，不具有完全独立的财产，从而不具备独立民事主体资格。所以，分支机构是所属法人的一部分，其行为就是所属法人的行为。我国《公司法》、民政部《社会团体分支机构、代表机构登记办法》等立法都规定各种类型法人的分支机构不具有法人资格，其法律责任由设立该分支机构的法人所承担。

在本案中，被告某检测中心是被告某地质研究院的分支机构。如果某检测中心通过依法登记获得相应证照，即具有独立的法人资格，根据最高人民法院《关于适用〈中华人民共和国民事诉讼法〉若干问题的意见》，其可以具备诉讼主体资格，在此也可以独立承担赔偿责任。但是，由于该检测中心不具有独立法人资格，所以原告只能起诉某地质研究院，由地质研究院而不是检测中心承担相应的责任。

（五）海滩海港环境污染

1. 广西刘某诉某油气公司、某地矿建设工程发展中心滩涂污染损害赔偿案——环境纠纷案件中的诉讼时效中断如何认定?

◇案情◇

1996 年 7 月，刘某租用某市某村委会的 80 亩滩涂用于文蛤养殖。1996 年 11 月 12 日至 1997 年 2 月 27 日，1997 年 2 月 1 日至 5 月 12 日，某油气公司、某地矿建设工程发展中心分别在刘某养殖场 100 米、800 米至 1 000 米外定点抽沙。最靠近上游抽沙现场前三个养殖场均未出现大量文蛤死亡现象或仅出现了正常范围内的文蛤死亡。1997 年 3 月上旬，刘某发现所养文蛤死亡，遂向管委会等有关部门报告。4 月 18 日和 5 月 1 日，管委会、该市水产局、防疫站、自治区防疫站、自治区海洋监测预报中心等单位对文蛤死亡原因及抽沙对环境的影响进行了评价鉴定。自 1997 年 3 月起，刘某曾向该市有关部门反映情况并要求赔偿损失，但从未直接要求两公司承担文蛤死亡的赔偿责任。1998 年 8 月 14 日刘某书面要求管委会责成两公司对码头抽沙造成文蛤死亡进行赔偿，当时管委会社会工作局主管农、林、渔的副局长胡某签收了这一文书。刘某于 2001 年 6 月向一审法院起诉某油气公司、某地矿建设工程发展中心。

一审法院认定，原告 1997 年 5 月即要求有关单位进行赔偿或责成二被告对其损失进行赔偿，3 年的诉讼时效从此时开始起算，至 2000 年 5 月时效期间届满。上诉人起诉时距文蛤死亡已 4 年多，超过环境污染损害赔偿诉讼的 3 年诉讼时效。并且，原告所出示的胡某所签文书证明力不足，胡某也没有到庭作证。法院因此判决驳回原告刘某的诉讼请求。

刘某不服一审判决，上诉至二审法院，认为本案诉讼时效应于 1998 年 8 月 14 日中断。二审法院认定了这一事实，并且判决撤销一审判决，某地矿建设工程发展中心、某油气公司各赔偿上诉人刘某经济损失 148 893 元，并互负连带责任。

◇分析◇

本案系滩涂污染损害赔偿纠纷，争议焦点在于，1998 年 8 月 14 日，时任管委会社会工作局主管农、林、渔的副局长胡某签收刘某要求责成两公司对码头抽沙造成文蛤死亡进行赔偿的文书这一事实，是否引起诉讼时效的中断。

根据《环境保护法》第 42 条“因环境污染损害赔偿提起诉讼的时效期间为三年，从当事人知道或者应当知道受到污染损害时起计算”的规定，本案的诉讼时效期间为 3 年，从原告知道或者应当知道其所养文蛤受到二被告抽沙污染致死时起计算。诉讼时效制度的设计目的是出于提高经济效率、稳定社会秩序等考虑，对于不积极主张权利的权利人所享有的权利不给予司法保护，以促使权利人积极行使自己的权利。

“诉讼时效中断”制度规定于《民法通则》第 140 条，即：诉讼时效因提起诉讼、当事人一方提出要求或者同意履行义务而中断；从中断时起，诉讼时效期间重新计算。诉讼时效中断的制度目的则在于保护权利人，规定只要权利人作出了特定行为，就可以中断诉讼时效的计算，以弥补诉讼时效制度中不利于权利人权利维护的缺陷。最高人民法院在《关于贯彻执行〈中华人民共和国民法通则〉若干问题的意见（试行）》中列举了引起诉讼时效中断的几种情况，包括权利人向债务保证人、债务人的代理人或者财产代管人主张权利；债权人向人民法院、特定机关寻求救济；义务人同意履行义务等。2008年8月，最高人民法院通过的《关于审理民事案件适用诉讼时效制度若干问题的规定》又对诉讼时效中断作出了更为详细的规定。

在本案中，刘某书面要求管委会责成两公司对码头抽沙造成文蛤死亡进行赔偿，即属于债权人向特定机关寻求救济的情况。胡某在一审法院的调查笔录上明确承认在报告上签字，此笔录经过当庭质证，具有法律效力；胡某从发生污染到诉讼时任管委会社会工作局主管农、林、渔工作的副局长，多份行政文件表明，胡某牵头负责处理文蛤死亡事件，是代表当地政府处理文蛤死亡事件的主要参与者。1998年8月14日，胡某签收赔偿报告，属于职务范围，该行为应认定为职务行为。1997年3月，刘某的文蛤开始出现死亡现象，此时刘某就知道自己的权利受到侵害，本案诉讼时效应从此时起算。而1998年8月14日胡某签收报告的行为已表明刘某积极地主张了自己的合法权利，因此构成诉讼时效中断的事由，诉讼时效应该从此时开始重新起算。根据前述《环境保护法》第42条的规定，本案的诉讼时效期间为3年，刘某于2001年6月向一审法院起诉，没有超过法律规定的诉讼时效期间。

2. 山东省某学院诉某市港务局及其分公司港口作业污染损害赔偿案——怎样证明环境污染损害的事实?

◇**案情**◇

原告山东省某学院位于被告山东省某市港务局分公司堆场北。原告从2001年8月份在某中学校址上开始办学，被告从1992年起在其堆场进行装卸煤炭、矿石等作业。原告认为其长期以来受被告前港口作业造成的矿石粉尘、煤粉尘等各种粉尘的污染，对师生的身体健康造成了潜在的伤害，原告围墙、各楼房墙壁等的墙面由白变红、变黑，严重影响了原告的正常教学工作。原告多次找当地环境保护部门及被告协商，没有得到合理的解决。原告依法向法院起诉，请求法院判令被告停止侵害，恢复原告校园围墙及各楼房墙壁等的原状并承担诉讼费用。原告在庭审时增加诉讼请求，还要求被告给原告的教学楼、宿舍楼等各楼房增加一层窗子。

在诉讼过程中，原告提供了11份证据，其中包括：原告提交给当地环境保护局的申请、报告若干，以证明某公司存在污染；环境保护部门于2002年7月3日出具的“污染责任认定证明”复印件一份，环境保护部门向原告出具的信函复印件，证明被告对原告污染侵害的事实，主要污染物为煤粉尘和矿石粉尘；原告手抄的环境保护部门“环境违法行为限期改正通知书”一份，证明被告因对周边环境造成粉尘污染已被环境保护部门处罚。

人民法院认为，针对被告某分公司的作业行为是否对原告造成污染这一事实问题，原告所提交的证据或者为原告的单方请求，或者为复印件、手抄件，不能证明被告对其造成污染。法院认为原告某学院没有提供证据证明其师生的身体健康受到了被告现实或可能的侵害。同时，原告所受粉尘等影响属于合理忍受的范围。因此，人民法院以原告的诉讼请求证据不足、理由不充分为由，驳回原告诉讼请求。

◇分析◇

在民事诉讼中，要通过证据来确定损害事实以及其他事实是否存在和具体情况。任何案件的事实一旦发生，就不可能重现。所以需要当事人采用合法手段，收集案件事实发生时留下的客观证明，以法律要求的形式提交证据，以证明案件事实。

根据我国《民事诉讼法》的规定，证明损害事实的证据可以分为7种：书证、物证、视听资料、证人证言、当事人陈述、鉴定结论和勘验笔录。污染受害者可以通过这7种形式的证据，证明是否存在损害事实，包括污染的起始时间、被告的具体排污行为、影响地域、对原告的影响程度、损失金额等等。

此外，当事人并不是对案件所有的事实都要举出证据。无须举证证明的事实包括：自然规律及定理，例如太阳从东方升起；众所周知的事实，例如2008年北京举办了奥运会；根据法律规定或者已知事实和日常生活经验法则，能推定出的另一事实；已为人民法院生效的裁判所确认的事实；已为仲裁机构的生效裁决所确认的事实；已为有效公证文书所证明的事实。

一般来说，由承担举证责任的当事人收集证据，进行举证。但是，如果申请调查收集的证据属于国家有关部门保存并须人民法院依职权调取的档案材料，或者是涉及国家秘密、商业秘密、个人隐私的材料，或者是当事人及其诉讼代理人确因客观原因不能自行收集的其他材料，当事人及其诉讼代理人可以申请人民法院调查收集证据。

当事人向人民法院提供证据，应当提供原件或者原物。如需自己保存证据原件、原物或者提供原件、原物确有困难的，可以提供经人民法院核对无异的复制件或者复制品。在本案中，原告提交的环境保护部门“环境违法行为限期改正通知书”是复制品，无法证明是否存在原件，也无法证明是否与原件一致。在我国，不能单独作为认定案件事实的依据有：无法与原件、原物核对的复印件、复制品；未成年人所作的与其年龄和智力状况不相当的证言；与一方当事人或者其代理人有利害关系的证人出具的证言；存有疑点的视听资料；无正当理由未出庭作证的证人证言。因此，原告手抄的“环境违法行为限期改正通知书”无法与其他证据共同佐证被告存在污染行为并对原告造成了损害。

需要注意的是，收集证据必须以合法形式进行。以侵害他人合法权益或者违反法律禁止性规定的方法取得的证据，不能作为认定案件事实的依据。

3. 浙江省林某诉卢某、阎某、谢某养殖水产污染损害赔偿纠纷案——环境污染损害赔偿纠纷中原告的举证责任如何承担?

◇案情◇

2001年6月17日22时左右，浙江省卢某、阎某、谢某及雇佣的临时工在其承包的某市45亩水面鱼塘内，投放了95斤茶籽饼用于清塘。6月18日2时左右开始排水，鱼塘水通过闸门流向南沙港。此时正值涨潮，潮高1.38米，并且伴有风。6月18日5时左右，距鱼塘排水闸门200米处，位于南沙港内的林某等网箱特别是西北侧养殖户所放养的鲈鱼、黄鱼等经济鱼类出现死亡现象。同日8时，林某向派出所报案，该所即对有关人员（包括网箱养殖户雇佣的临时工）等作了调查，其中证人吴某（系林某雇佣的养鱼临时工）证明“6月17日18时30分在网箱养殖处闻到一股农药味，当时是东南风（据气象部门记载该时段是东风），6月18日5时发现网箱内有鱼死亡”。专家认为，林某网箱出现突然急性死鱼属非自然和非鱼病致死现象。茶籽饼实物并没有农药味。6月18日下午，某市水产局养殖科等派员赴现场进行调查。6月19日，林某委托研究机构对死鱼进行了解剖，但未作毒性物质检测。该市渔政渔监管理站据此并结合调查结果作出了“网箱内死鱼属于非自然和非鱼病致死现象”的情况说明。林某于2001年7月19日以网箱养殖鱼类死亡系被告使用茶籽饼清塘后排水所致为由向法院起诉。

双方当事人提供了大量的证据，经过举证和质证，人民法院对这些证据进行了认证。林某认为，被告明知或应当知道茶籽饼的清塘与剧毒的双重性有可能对邻近海域与养殖物造成损害，却为图自己的清塘便利，实施不规范清塘操作，未等到茶籽饼毒性挥发就将含毒的污水排放入海，造成林某网箱鱼类大批死亡，二者具有直接的因果关系，被告对此应承担赔偿责任。故请求法院判令三被告连带赔偿损失171 000元。

该法院经审理认为，本案中林某主张被告投放茶籽饼的行为，造成水域污染，导致其养殖鱼类死亡，然而综合被告举证其投放茶籽饼的数量及有关专家的意见，认为被告使用茶籽饼清塘排水的行为，不会造成林某养殖鱼类的死亡，即林某的损失并非其侵权所致。根据茶籽饼的性能，及其在水产养殖上的应用要求，并参照有关专家的意见，确定被告用于清塘的茶籽饼的数量并未达到致鱼类死亡浓度，不足以引起林某养殖鱼类死亡。法院认为林某既没有证据推翻被告的否认，也没有证据显示养殖鱼类死亡确系茶籽饼中毒而死，故认定林某诉请的证据不足，依据《民事诉讼法》第 64 条第 1 款的规定，判决驳回林某对被告卢某、阎某、谢某的诉讼请求。

◇分析◇

在诉讼中，原告首先要证明自己在环境纠纷中享有起诉的权利。根据《民事诉讼法》，只有与案件有直接利害关系的公民、法人和其他组织才可以提起民事诉讼。原告必须首先证明自己符合这一规定。在本案中，林某需要证明自己是适格原告。

其次，原告需要证明自己的合法权益受到污染损害，包括污染损害事实和损害结果。损害一般分为四种：财产损害、人身损害、精神损害、环境权益损害。财产损害，是指因加害人的污染行为导致受害人的财产减少以及人身权利受损引起的财产损失和经济支出，便于用金钱衡量。本案中原告养殖鱼类死亡的事实即属于此。原告林某提供村和网箱养殖协会盖章、养殖人员 2001 年 6 月 19 日出具的“鱼死亡清单证明”，载明了原告养殖鱼类死亡的品种、数量和价格。另外法院从某市公安局派出所调取的询问笔录和该所于 2001 年 6 月 18 日出具的“情况反映”、网箱死鱼照片等证据均反映了原告养殖鱼类死亡、被告用茶籽饼清塘及排水的事实。人身损害，是指民事主体的生命权、健康权、身体权受到不法侵害，造成伤残、死亡及其他损害结果。人身损害往往会引起直接的财产损失，但是两者并不等同。精神损害，是环境侵权对人的生命、身体、健康等权益造成侵害，导致受害人精神活动出现障碍，使人产生或者不良情绪，如烦躁、愤怒、焦虑、沮丧、悲伤、忧郁、绝望等。[①] 环境权益损害，是指环境质量下降或功能丧失，比如化工厂排放废弃物污染水体使其水质下降，不能被饮用等。

① 参见胡平：《精神损害赔偿制度研究》，34 页，北京，中国法制出版社，2004。

再次，原告需证明被告存在加害行为，加害行为可分为作为与不作为两种。作为导致污染损害往往比较好理解，比如加害人排放废水、废气、废渣、放射性物质以及噪声、振动、电磁波辐射造成环境污染的行为。但是不作为有时也会导致污染损害，比如不及时维修或者更换无法正常运转的污染处理设备导致的污染损害。本案林某为证明被告使用茶籽饼清塘后即排水的行为，提供了相应的证据，但由于形式上不符合法定要求，不被认定。

最后，原告需提供足够的证据反驳对方作出的辩解。这一点往往被受害者所忽视。虽然在因环境污染引起的损害赔偿诉讼中，加害人就法律规定的免责事由及其行为与损害结果之间不存在因果关系承担举证责任，但原告也有必要为反驳对方所提出的免责事由及不具有因果关系的辩解提供证据，证明自己的主张。就因果关系来说，证据形式也包括调查报告、鉴定报告等，但针对普遍现象的科研结论往往只有参考作用。本案中原告林某提供了两份报告，但由于第一份报告未作毒性检测，另一份报告只是排除了非自然和非鱼病死亡现象。两份报告对于林某诉讼请求的支持力度弱于被告提供的证明鱼死亡与其行为不具有因果关系的证据。被告提供的证据通过解剖等手段证明，被告茶籽饼的用量不会导致塘内鱼类等水生物质全部死亡，不可能对外港水域的鱼类等水生生物产生致死后果，更不会对外海水域中的网箱养殖鱼类产生致毒致死作用的结论。因此，法院没有支持林某的诉讼请求。

4. 山东省某水产公司诉某市航道局、某市港务局水域污染损害赔偿纠纷案——非法养殖的污染损失能否要求损害赔偿?

◇案情◇

1991 年 1 月，山东某市港务局总体布局规划获批，规定在港界范围内不得再建与规划的港口功能无关的其他永久性建筑物，必须建设的临时性建筑物，需经港务局同意，签订必要的协议文件，港口发展建设时需拆除的，应无条件拆迁。1993 年 4 月 15 日，该市水产局和某街道办事处作为甲方，港务局作为乙方，签订了关于港务局规划中养殖区搬迁补偿的协议书，规定乙方在施工期间，甲方在上述海区范围内尚未搬迁的养殖区，如因施工造成损害，乙方不再给予赔偿。双方当时对拆迁范围存在争议。随后，养殖区未如期全部搬迁。1995 年 5 月 18 日，该市某区政府为该街道某村委会颁发了浅海滩涂养殖使用证。某水产公司系该居委会开办的水产企业，具有独立法人资格。1998 年 4 月 20 日，该市人民政府通过了关于拆迁范围及遗留拆迁费支付等问题的会议纪要（以下简称 1998 年会议纪要）。该会议纪要规定，除该纪要确定拆迁的养殖面积之外，1995 年颁发给村委会的养殖许可证继续有效。港务局依法办理各项手续后，对港口进行管理开发。

2000 年 3 月份，原告在位于杂货码头西南侧的养殖区内培育扇贝，其中部分属于 1998 年会议纪要中划定的拆迁范围。2001 年 6 月中旬，因被告在施工过程中排放污染物，扇贝小苗开始死亡，直至 7 月 5 日全部死亡，共给原告造成经济损失 226 万元。原告于 7 月 15 日将污染事实书面通知了市港务局，但未得到任何答复。原告认为两被告违反有关规定，在未采取防污措施的情况下进行施工，给其造成了损失，请求法院判令被告赔偿经济损失 226 万元及勘验鉴定费用。被告认为其作业程序合法，手续完备，专家的论证与实际的监测结果都证明施工期养殖区水域不存在污染，因此不应承担赔偿责任。

法院认为，该区人民政府 1995 年将在 1991 年已确定划为某港界内的水域确权给某村居委会用于海上养殖并核发了浅海滩涂养殖使用证，违反了《渔业法》和《海上交通安全法》的规定，原告在港界内的水域从事养殖生产也不符合法律规定。因此，原告在本案中所主张的权利不能视为合法权利，两被告对原告的养殖物受到的损害不承担赔偿责任。因此，法院认为原告的诉讼请求理由不充分，法律依据不足，驳回其诉讼请求。

◇分析◇

本案争议的焦点是原告在不具有从事海上养殖合法权利的情况下，其遭受被告污染而导致的损失能否得到赔偿。

案件发生时，应适用1986年《渔业法》。该法第10条规定，县级以上地方人民政府根据国家对水域利用的统一安排，可以将规划用于养殖业的全民所有的水面、滩涂，确定给全民所有制单位和集体所有制单位从事养殖生产，核发养殖使用证，确认使用权，即当时县级以上人民政府有权颁发养殖使用证。但是，1983年《海上交通安全法》第22条要求，未经主管机关批准，不能在港区从事有碍航行安全的活动。本案涉及的海域在1991年已经被规划为海港，在规划初期，也已明确港务局为该港区的主管单位。因此，未经该港区港务局的批准，区人民政府无权单独决定颁发养殖许可证。区人民政府为某街道某村委会颁发养殖许可证的行为违反了法律的规定，导致原告水产公司的养殖行为不合法，最后被法院依此判决不能获得赔偿。

在这种情况下，原告所遭受的损失应该由谁承担呢？其实，由于本案中区人民政府超越法定职权作出准予养殖的行政许可决定，原告因为信赖该行政许可而在港区养殖水产，所以原告在主观上不存在过错。因此，水产公司可向该区政府要求赔偿。

（六）有毒有害化学物质、放射性物质和电磁辐射污染

1. 北京市金某诉某装饰公司装修污染致人损害赔偿案——室内装修污染是否属于环境污染？

◇案情◇

2000年12月，家住北京市的金某的儿子与某装饰公司签订了居室装修工程施工合同。2001年1月20日，装饰公司如期施工完毕，

并因施工质量问题分别于 2001 年 3 月、4 月进行了重复施工。同年 5 月 14 日，金某住进了装修好的房子。入住后，金某出现视力模糊、听力几乎丧失、反应迟钝、心血管和肠胃系统功能受损等症状。2002 年 7 月，金某委托中国室内装饰协会室内环境监测中心对自己装修过的居室内空气是否符合标准进行了鉴定。同年 7 月 31 日，环境监测中心出具的监测报告认为，主卧室内空气中甲醛含量超过国家标准（GB/T16127—1995）标准值。2002 年 9 月 27 日，该中心出具的另一份监测报告认为，主卧室内空气中甲醛含量超过国家标准（GB/T18883—2002）。金某因此将装饰公司告上法庭。一审法院判决要求某装饰公司赔偿金某医疗费、检测费等经济损失 3 万元。装饰公司对一审判决不服，提起了上诉。

二审法院经审理认为，某装饰公司在家居装修施工用材及工程交付使用后，应最大化地防止和减少因施工所造成的空气污染给住户健康造成的危害，所完成的工程质量及环境保护指标应符合国家对家居装修施工的规范要求。经中国室内装饰协会室内环境监测中心两次依据国家新旧标准对金某的住房室内污染问题进行科学鉴定，均证明室内空气甲醛含量严重超标，证实该公司完成的装修工程造成了室内空气严重污染。而该公司无法证明和排除金某所受到的人身损害与其施工造成的室内空气污染无关，且甲醛属于有害气体，严重超标的情况下确会对人的视觉、听觉神经及嗅觉器官等方面造成不良危害，因此，该装饰公司应当承担相应的法律责任。最终，二审法院维持了一审判决。

◇分析◇

本案的一个争议焦点是室内装修污染是否属于环境污染。

室内环境污染来源包括：建筑材料和装饰材料；采暖、烹饪、吸烟和其他家务劳动；家庭劳作的化学溶剂等；人体本身；室内所处的地质环境和工业污染以及辐射、照明；等等。其中最主要的污染来源是建筑、装修和装饰材料。①

有观点认为，室内装修污染虽然包含“污染”二字，但不属于环境法上的“环境污染”，因为现有立法对“装修”的意义进行的界定强调，室内装修的地点是在住宅室内，不含住宅户外以及住宅外部，装修的内容是装饰美化，对室外自然环境因素的影响不大。本案中所涉及的室内装修纠纷也就不属于环境污染纠纷，而是属于室内环境卫生问题，可根据《合同法》、《产品质量法》以及侵权法来解决。②

实际上，室内装修污染应该属于环境污染。首先，《环境保护法》第2条对“环境”采用了概括加列举的方式作出了定义。考虑到当时室内装修污染问题尚不严重，也没有被人们清楚地认识，因此室内环境没有在其中被明确列举出来也是可以理解的。但是，根据其中对“环境”所下的概括性规定，即“影响人类生存和发展的各种天然的和经过人工改造的自然因素的总体”来看，室内应该也属于经过人工改造的自然因素的一种，室内环境也属于《环境保护法》中所规定的环境。其次，根据现有环境立法的相关规定，污染实际上是因某种物质的介入而导致环境特性的改变，影响环境的有效利用和危害人体健康。室内装修污染也是由于装修行为使室内的各项环境指标改变，影响居住和危害人体健康，属于污染的范围。最后，《室内空气质量标准》（GB/T18883—2002）也明确规定，该标准由原国家环境保护总局和卫生部共同解释，将室内空气质量纳入环境保护工作的范畴。

因此，室内装修污染应该属于环境污染的范围。室内装修污染的受害者可以选择根据环境立法的相关规定维护自己的合法权益。当然，室内装修行为同时也属于民法上规定的加工承揽行为，受害者也可以根据自身实际情况选择是否适用《合同法》或者是《产品质量法》，以提起侵权诉讼的方式维护自己的合法权益。

---

① 参见中国政法大学污染受害者法律帮助中心编：《公民环境维权手册》，2页，2006。

② 参见汪劲：《环境法学》，4页，北京，北京大学出版社，2006。

2. 北京市李某等诉某汽车公司车内苯含量超标致人死亡案——车内空气适用什么环境标准?

◇案情◇

2002年8月，朱某从北京某汽车销售公司购买了一辆汽车，同年10月被确诊为再生障碍性贫血。2003年3月，朱某病逝。2003年7月底，中国室内装饰协会室内环境监测中心检测该车车内空气苯含量为0.18毫克/立方米，高于室内环境标准。朱某的丈夫李某及其母亲、女儿将该汽车销售公司和汽车生产商某汽车公司告上法庭，要求赔偿医疗费等共计70多万元。被告汽车公司认为，虽然目前国家还没有出台车内空气标准，但该公司引进的原材料、配套件等均很注重环境保护，从源头上就对污染进行了控制，所以汽车质量没有问题，朱某的患病、死亡与他们没有关系。2004年4月，北京市某区人民法院对此案进行一审判决，驳回了原告的全部诉讼请求。北京市某中级人民法院二审认为，原告不能证实朱某患重症再生障碍性贫血而导致死亡是由于其购买和使用的汽车存在苯污染所造成的，故上诉人起诉缺乏事实和理由，裁定驳回原告起诉。一审、二审诉讼费各50元由原告承担。

◇分析◇

本案的争议焦点是由于国家没有颁布车内空气质量标准，汽车公司所制造的汽车能否被认定存在车内空气苯含量超标进而导致朱某死亡的情况。

在诉讼过程中，被告汽车公司认为，国家没有颁布车内空气质量标准，且原告购买汽车的时候《室内空气质量标准》尚未实施，因此原告根据《室内空气质量标准》中苯含量的限制认为汽车内苯含量超标没有意义，《室内空气质量标准》不能适用于车内空气质量检测及评价；该公司所生产的汽车不存在苯超标的质量缺陷。

原告认为，汽车作为一个可封闭的、供人使用的空间，客观存在空气质量的要求，且应当比室内空气质量的要求更为严格。在没有车内空气质量标准的情况下，适用《室内空气质量标准》是合理的。《室内空气质量标准》提供了人体所能够承受的空气中苯含量的最低浓度，超出此浓度就会对人体产生危害。而原告在购买被告所生产的汽车将近一年后所做的检测，仍然得出车内苯含量超标的结果，加上苯易于挥发的特性，自然可以得出汽车刚购买时苯含量严重超标进而导致朱某罹患重病死亡的结论。

一审法院认为，原告所做的车内空气质量检测是在购车近一年之后进行的，不能证明当时的车内空气质量状况；且国家没有颁布车内空气质量的标准，因此判决驳回原告的诉讼请求。二审法院也以原告不能证明朱某的死亡与其购买和使用的车内苯含量超标为由，裁定驳回起诉。

那么，是否国家没有颁布专门的车内空气质量标准，车内空气质量就无法可依了呢？其实，缺乏相应的标准，并不意味着无法据此作出判断，也不能因此阻碍受害人主张和维护自身的合法权益，而应该根据客观情况考虑适用相关标准作出判断。《产品质量法》第 13 条第 1 款明确规定：可能危及人体健康和人身、财产安全的工业产品，必须符合保障人体健康和人身、财产安全的国家保障、行业标准；未制定国家标准、行业标准的，必须符合保障人体健康和人身、财产安全的要求。因此，在没有相应标准的情况下，法院应该以保障人体健康和人身、财产安全为最基本的标准，来判断车内空气质量是否“达标”。

同时，车内环境与室内环境都是人们日常所处的环境，属于生活环境的一种，两者具有共通性；且车内环境比室内环境更为狭小、封闭，理论上对有毒有害物质的浓度限制应该更严。因此，此案中原告援用《室内空气质量标准》认定车内空气中苯含量超标是合理合法的。根据最高人民法院《关于民事诉讼证据的若干规定》第 4 条所规定的环境诉讼中举证责任倒置的原则，本案实际上应该由作为被告的汽车公司（而非原告）承担证明车内苯含量与朱某死亡之间不具有因果关系的责任。

3. 辽宁省三名警员遭放射源辐射索赔案——怎样确定环境犯罪引起的民事损害赔偿责任的范围？

◇案情◇

辽宁省甲公司经理王某在未向公安部门和卫生部门登记的情况下，将本公司的两台含有放射源铱—192的伽马射线机借给没有使用资格的乙公司。乙公司梁某在使用后，将其中一台归还甲公司，随后于2001年4月17日将另一台借给了某大学无损探测专业的毕业生张某。

张某因与女青年李某恋爱关系破裂，蓄谋报复。2001年4月18日，张某携带具有放射源铱—192的金属链找李某，以期使李某因放射死亡。二人发生争执，张某持刀刺杀李某。民警高某、赵某以及协勤人员李某赶到案发现场制止了暴力。但是三人却误将铱—192金属链当作普通手链，在未采取任何防护措施的情况下将其作为物证带回派出所，先后共放置7天。在此期间三人均出现呕吐、脱发、溃烂等症状，同年5月下旬确诊是受同位素放射源辐射所致。3名警员基本丧失工作能力、生育能力，同时患多种重症。司法部司法鉴定中心鉴定三人为六级伤残。2002年12月25日，人民法院审理认定被告人王某、梁某构成了过失犯罪，判处梁某有期徒刑2年，缓刑3年；王某有期徒刑1年，缓刑2年。而犯罪嫌疑人张某因放射病于案发后一年死亡。

刑事审判结束后，三名警员向法院提起诉讼，要求铱—192所有者甲公司和借出铱—192的乙公司及其主管部门锅炉压力容器检验研究所赔偿医疗费、精神损失费等费用共计780余万元。

人民法院经审理认为，甲公司明知放射源为危险品，却违反危险品管理规定，未经有关部门备案就将放射源借出，应承担10%的责任；乙公司在借用放射源后，未能妥善保管并将其借给没有使用资格的张某，应承担30%的责任；张某将放射源扔在现场是故意行为，应承担50%的责任；三名警员未按照有关规定将放射源在内的涉案物品进行妥善处理，应承担10%的责任。根据相关法规，分别判处原告赔偿三名警员医疗费、交通费等 98 102.79 元。三名警员认为，法院判决应承担50%责任的张某早已死亡，承担不了任何实质性责任。另外10 万元的赔偿不足以支付医疗费，均不服判决提起上诉。

◇分析◇

同位素铱一192 专门用于检测锅炉焊接裂缝，有很强的辐射能力。梁某、王某的行为构成了我国《刑法》规定的“危险物品肇事罪”，即违反爆炸性、易燃性、放射性、毒害性、腐蚀性物品的管理规定，在生产、储存、运输、使用中发生重大事故，造成严重后果。因此，判处梁某、王某承担刑事责任是正确的。

肇事者在承担刑事责任的同时，如果其犯罪行为使被害人遭受经济损失的，还应该承担民事赔偿责任。《刑法》第 36 条明确规定：由于犯罪行为而使被害人遭受经济损失的，对犯罪分子除依法给予刑事处罚外，并应根据情况判处赔偿经济损失。承担民事赔偿责任的犯罪分子，同时被判处罚金，其财产不足以全部支付的，或者被判处没收财产的，应当先承担对被害人的民事赔偿责任。2000 年 12 月最高人民法院发布的《关于刑事附带民事诉讼范围问题的规定》又将诉讼限制在因人身权利受到犯罪侵犯而遭受物质损失或者财物被犯罪分子毁坏而遭受物质损失的情况。这些规定都将附带民事诉讼的赔偿范围限于直接物质损失，也就是只包括因犯罪行为引起的物质损失，而不包括精神损失。“对于被害人因犯罪行为遭受精神损失而提起附带民事诉讼的，人民法院不予受理。”

与此不同的是，民事侵权赔偿的范围更广泛。比如人身伤害的赔偿范围就包括：医治一般伤害所造成的医疗费等费用；劳动能力丧失的补偿；致人死亡的补偿；间接受害人的扶养损害赔偿；人身损害的抚慰金赔偿；通过最高人民法院《关于确定民事侵权精神损害赔偿责任若干问题的解释》进一步明确的精神损害。《放射性污染防治法》以及本案发生时应适用的《放射性同位素与射线装置放射防护条例》（已失效）均规定，因放射性污染造成他人损害的应当依法承担民事责任。

只是后者将民事赔偿的范围限制在“经济损失及医学检查治疗费用，并支付处理放射事故的各种费用”。2005 年 12 月 1 日实施的《放射性同位素与射线装置安全和防护条例》取消了对这一赔偿范围的限制。

可见，我国环境刑事附带民事诉讼侵权赔偿的范围要小于普通的民事诉讼。在环境侵权案件中，受害者可以根据案件实际情况，选择提起刑事附带民事赔偿诉讼，或者单独提起民事赔偿诉讼，以最大限度地维护自己的合法权益。

4. 天津市孙某诉某研究所放射性污染损害赔偿案——怎样在环境损害诉讼中请求诉讼时效延长?

◇**案情**◇

孙某原来是冶金部某研究所的职工。1980 年 5 月 21 日进行化学实验时，高温强碱熔物洒在孙某手背上，造成孙某 3 度烫伤。1981 年 4 月 5 日，孙某生下一个畸形女婴小芳。小芳大脑发育不全，双足内翻，生殖系统畸形，至起诉时生活不能自理。1999 年，北京某医院检查发现小芳母女体内的放射性元素铀、钍等含量高出常人数倍。母女经过多方检查、鉴定后，发现她们体内均有超量放射性元素。向多家专业机构咨询后，孙某认为她当时受有害的高温强碱熔物烫伤是导致小芳残疾的直接原因。2000 年下半年，孙某与小芳对研究所提起诉讼，要求赔偿精神损失。

一审法院认为，从事含有放射性物质的检测作业造成损害，作业单位应承担民事责任，被告某研究所应赔偿孙某精神损失费 4 万元，赔偿小芳精神损失费 2 万元。研究所不服，提出上诉。二审法院作出判决，驳回上诉，维持原判。

2001 年 9 月，某大学公共卫生学院也作出了“小芳的畸形与放射性物质铀、钍等有直接关系”的结论。于是，2002 年，小芳以生命健康权被侵害为由，再次起诉至河西区法院，提出 77 万余元的人身损害赔偿。某研究所在答辩时提出，孙某当年烫伤时尚未怀孕，且其烫伤仅是轻伤，根本达不到工伤定级要求，也构不成放射性损伤。造成小芳残疾的原因有多种可能，与其母当年的烫伤并无直接关系。在小芳的病历证明中，说明造成其残疾的原因可能有三种：(1) 高龄产妇；(2) 母女长期接触有毒有害物质；(3) 母亲在怀孕期间受有毒有害物质的烧伤。而孙某在生小芳时已经是38岁，属高龄产妇，不能排除此因素。原告小芳所提供的某大学公共卫生学院证明材料，因是该学院某鉴定人员的个人意见，加之该学院并不属放射性医学专科医院和职业病的权威鉴定机构，不具有法律效力。据此，被告要求法院聘请放射性损伤方面的权威鉴定机构对孙某的烫伤级别和小芳的残疾原因作一定论，并要求法院依法判定研究所不承担赔偿责任。

◇分析◇

虽然在本案中被告没有以原告的权利主张超过诉讼时效进行抗辩，但是该案对于我们认识和运用诉讼时效延长制度具有典型意义。

法律除了规定环境诉讼适用3年的特殊时效外，《民法通则》第137条还规定了最长诉讼时效以及诉讼时效延长制度，即“从权利被侵害之日起超过二十年的，人民法院不予保护，有特殊情况的，人民法院可以延长诉讼时效期间”。最高人民法院《关于贯彻执行〈中华人民共和国民法通则〉若干问题的意见（试行）》第169条也规定，权利人由于客观的障碍在法定诉讼时效期间不能行使请求权的，适用有关延长的规定。

诉讼时效延长制度，是指人民法院查明权利人在诉讼时效期间确有法律规定之外的正当理由而未行使请求权的，应适当延长已完成的诉讼时效期间。诉讼时效延长适用于诉讼时效届满之后，而不是诉讼时效过程之中。延长诉讼时效的“特殊情况”由人民法院认定。诉讼时效延长的具体时间，也由人民法院根据具体情况决定。

由于环境侵权具有长期性、潜伏性、持续性等特点，受害者往往需要经过很长一段时间才能发现损害或者找到致害者以提起诉讼。因此，环境污染损害案件的受害者往往要面对超过法律所规定的环境纠纷3年诉讼时效，甚至超过20年最长诉讼时效的困境。在本案中，孙某于1980年5月21日进行化学实验时受到的放射性伤害；1981年4月5日产下的畸形女婴小芳。但是直到1999年体检时，才发现母女体内异常的放射性元素含量。小芳2002年提起诉讼时，距离孙某的受伤以及小芳的出生都已经超过20年。

由于医疗技术水平和科技知识水平的限制，环境污染受害者在很多情况下都像本案中的孙某母女一样，并不知道自己遭受损害的真正原因，也就无法向法院提起诉讼以维护自己的权益。这应该属于诉讼时效延长制度适用条件中具有正当理由的“特殊情况”。为了更好地保护环境污染受害者的合法权利，受害者如果发现排污者造成环境损害的违法行为已经超过法定诉讼时效的，可以向法院申请延长诉讼时效。

5. 福建省李某诉某市电业局排除妨碍案——行为受到电力法律法规限制是否属于电磁辐射损害?

◇**案情**◇

2003年12月，经福建省某市有关单位批准、同意，该市电业局开工建设一项输变电工程。环境影响评价认为该工程对沿线居民的身体健康不会造成影响。该工程中的一段线路跨越了李某的房屋上空，送电导线与房屋之间的最小垂直距离为6.27米。2005年2月，该市某镇人民政府召开工程说明会，承诺该高压线不会对线下居民的人身、财产安全构成威胁。2005年6月，该市电业局经公证，向李某留置送达安全通告。通告说明在高压线下方严禁堆放易燃、易爆物品，附近居民的任何东西不得靠近高压线，最小净空距离不得小于5米，并要求遵守《电力法》和《电力设施保护条例》的相关规定。

李某于是以电业局违反法律、法规规定，强行在他房屋上方架设高压电线，侵犯了他的合法权益为由，向法院请求判令电业局拆除架设在他房屋上方的高压电线，并恢复原状。被告电业局认为，工程建设行为获得相关的许可证，并进行了环境影响评价，也履行了相应的防险和告知义务，线路的垂直距离和电磁辐射均符合相应的技术规范，不会对原告造成任何损害。

一审法院认为该建设项目符合各类规范要求和技术标准，原告在电力设施保护区内的行为受到限制，是《电力法》等法律、法规的禁止性规定所要求的，而不是被告给原告造成的妨碍，被告架设该电力线路对原告也不具有危险和构成侵权，因此判决驳回原告的诉讼请求。

李某不服一审判决提起上诉，并在二审中增加诉讼请求，要求被告给予一定的经济补偿。二审法院以李某在原审诉讼中并未提出补偿请求，故对补偿请求不作审理，并判决驳回李某的上诉，维持原判。

◇**分析**◇

在本案中，李某认为电业局没有经过他的同意，就在他房屋上空架设高压电线，使他的生活受到了一定的限制，对他造成妨碍，因此要求法院判令电业局拆除高压线，并对其进行补偿。这就涉及下列问题，即：如果电业局的建设行为是合法的，那么依照电力法律法规使李某受到的各种限制，是否属于对李某造成的电磁辐射损害？是否因此需要对李某进行补偿？

由案情可知，电业局的建设工程办理了相应许可证，并且通过了环境影响评价，符合国家、行业技术标准，其建设行为不具有违法性。李某没有任何证据能够证明其人身、财产因为高压线的架设而受到侵害，因此也不存在电业局的行为虽然合法但是对李某造成侵害而需要赔偿的问题。

李某认为，被告在其房屋上方架设高压线，导致其房屋变成电力线路保护区，在此范围内活动受限，这也是对他权益的侵犯。这种主张是否成立呢？根据《电力法》第 53 条第 2 款规定：“任何单位和个人不得在依法划定的电力设施保护区内修建可能危及电力设施安全的建筑物、构筑物，不得种植可能危及电力设施安全的植物，不得堆放可能危及电力设施安全的物品。”因此，原告的行为受限是法律的禁止性规定，而不是被告直接对原告作出的限制，这种限制也谈不上是电磁辐射侵害的后果。原告有遵守法律规定以保护电力设施的义务，履行这种义务是公民应尽的职责。

关于本案的二审程序，根据我国《民事诉讼法》的规定，在二审中，原审原告增加独立的诉讼请求的，第二审人民法院可以根据当事人自愿的原则就新增加的诉讼请求进行调解，调解不成的，告知当事人另行起诉。因此，二审法院没有支持李某要求补偿的请求是正确的。

法律法规篇

中华人民共和国环境保护法

（1989年12月26日第七届全国人民代表大会
常务委员会第十一次会议通过、公布并实施）

第一章　总　　则

第一条　为保护和改善生活环境与生态环境，防治污染和其他公害，保障人体健康，促进社会主义现代化建设的发展，制定本法。

第二条　本法所称环境，是指影响人类生存和发展的各种天然的和经过人工改造的自然因素的总体，包括大气、水、海洋、土地、矿藏、森林、草原、野生生物、自然遗迹、人文遗迹、自然保护区、风景名胜区、城市和乡村等。

第三条　本法适用于中华人民共和国领域和中华人民共和国管辖的其他海域。

第四条　国家制定的环境保护规划必须纳入国民经济和社会发展计划，国家采取有利于环境保护的经济、技术政策和措施，使环境保护工作同经济建设和社会发展相协调。

第五条　国家鼓励环境保护科学教育事业的发展，加强环境保护科学技术的研究和开发，提高环境保护科学技术水平，普及环境保护的科学知识。

第六条　一切单位和个人都有保护环境的义务，并有权对污染和破坏环境的单位和个人进行检举和控告。

第七条　国务院环境保护行政主管部门，对全国环境保护工作实施统一监督管理。

县级以上地方人民政府环境保护行政主管部门，对本辖区的环境保护工作实施统一监督管理。

国家海洋行政主管部门、港务监督、渔政渔港监督、军队环境保护部门和各级公安、交通、铁道、民航管理部门，依照有关法律的规定对环境污染防治实施监督管理。

县级以上人民政府的土地、矿产、林业、农业、水利行政主管部门，依照有关法律的规定对资源的保护实施监督管理。

第八条　对保护和改善环境有显著成绩的单位和个人，由人民政府给予奖励。

第二章　环境监督管理

第九条　国务院环境保护行政主管部门制定国家环境质量标准。

省、自治区、直辖市人民政府对国家环境质量标准中未作规定的项目，可以制定地方环境质量标准，并报国务院环境保护行政主管部门备案。

第十条　国务院环境保护行政主管部门根据国家环境质量标准和国家经济、技术条件，制定国家污染物排放标准。

省、自治区、直辖市人民政府对国家污染物排放标准中未作规定的项目，可以制定地方污染物排放标准；对国家污染物排放标准中已作规定的项目，可以制定严于国家污染物排放标准的地方污染物排放标准。地方污染物排放标准须报国务院环境保护行政主管部门备案。

凡是向已有地方污染物排放标准的区域排放污染物的，应当执行地方污染物排放标准。

第十一条　国务院环境保护行政主管部门建立监测制度，制定监测规范，会同有关部门组织监测网络，加强对环境监测和管理。

国务院和省、自治区、直辖市人民政府的环境保护行政主管部门，应当定期发布环境状况公报。

第十二条　县级以上人民政府环境保护行政主管部门，应当会同有关部门对管辖范围内的环境状况进行调查和评价，拟订环境保护规划，经计划部门综合平衡后，报同级人民政府批准实施。

第十三条　建设污染环境的项目，必须遵守国家有关建设项目环境保护管理的规定。

建设项目的环境影响报告书，必须对建设项目产生的污染和对环境的影响作出评价，规定防治措施，经项目主管部门预审并依照规定的程序报环境保护行政主管部门批准。环境影响报告书经批准后，计划部门方可批准建设项目设计任务书。

第十四条　县级以上人民政府环境保护行政主管部门或者其他依照法律规定行使环境监督管理权的部门，有权对管辖范围内的排污单位进行现场检查。被检查的单位应当如实反映情况，提供必要的资料。检查机关应当为被检查的单位保守技术秘密和业务秘密。

第十五条　跨行政区的环境污染和环境破坏的防治工作，由有关地方人民政府协商解决，或者由上级人民政府协调解决，作出决定。

第三章　保护和改善环境

第十六条　地方各级人民政府，应当对本辖区的环境质量负责，采取措施改善环境质量。

第十七条　各级人民政府对具有代表性的各种类型的自然生态系统区域，珍稀、濒危的野生动植物自然分布区域，重要的水源涵养区域，具有重大科学文化价值的地质构造、著名溶洞和化石分布区、冰川、火山、温泉等自然遗迹，以及人文遗迹、古树名木，应当采取措施加以保护，严禁破坏。

第十八条　在国务院、国务院有关主管部门和省、自治区、直辖市人民政府划定的风景名胜区、自然保护区和其他需要特别保护的区域内，不得建设污染环境的工业生产设施；建设其他设施，其污染物排放不得超过规定的排放标准。已经建成的设施，其污染物排放超过规定的排放标准的，限期治理。

第十九条　开发利用自然资源，必须采取措施保护生态环境。

第二十条　各级人民政府应当加强对农业环境的保护，防治土壤污染、土地沙化、盐渍化、贫瘠化、沼泽化、地面沉降和防治植被破坏、水土流失、水源枯竭、种源灭绝以及其他生态失调现象的发生和发展，推广植物病虫害的综合防治，合理使用化肥、农药及植物生长激素。

第二十一条　国务院和沿海地方各级人民政府应当加强对海洋环境的保护。向海洋排放污染物、倾倒废弃物，进行海岸工程建设和海洋石油勘探开发，必须依照法律的规定，防止对海洋环境的污染损害。

第二十二条　制定城市规划，应当确定保护和改善环境的目标和任务。

第二十三条　城乡建设应当结合当地自然环境的特点，保护植被、水域和自然景观，加强城市园林、绿地和风景名胜区的建设。

第四章　防治环境污染和其他公害

第二十四条　产生环境污染和其他公害的单位，必须把环境保护工作纳入计划，建立环境保护责任制度；采取有效措施，防治在生产建设或者其他活动中产生的废气、废水、废渣、粉尘、恶臭气体、放射性物质以及噪声、振动、电磁波辐射等对环境的污染和危害。

第二十五条　新建工业企业和现有工业企业的技术改造，应当采用资源利用率高、污染物排放量少的设备和工艺，采用经济合理的废弃物综合利用技术和污染物处理技术。

第二十六条　建设项目中防治污染的设施，必须与主体工程同时设计、同时施工、同时投产使用。防治污染的设施必须经原审批环境影响报告书的环境保护行政主管部门验收合格后，该建设项目方可投入生产或者使用。

防治污染的设施不得擅自拆除或者闲置，确有必要拆除或者闲置的，必须征得所在地的环境保护行政主管部门同意。

第二十七条　排放污染物的企业事业单位，必须依照国务院环境保护行政主管部门的规定申报登记。

第二十八条　排放污染物超过国家或者地方规定的污染物排放标准的企业事业单位，依照国家规定缴纳超标准排污费，并负责治理。水污染防治法另有规定的，依照水污染防治法的规定执行。

征收的超标准排污费必须用于污染的防治，不得挪作他用，具体使用办法由国务院规定。

第二十九条　对造成环境严重污染的企业事业单位，限期治理。

中央或者省、自治区、直辖市人民政府直接管辖的企业事业单位的限期治理，由省、自治区、直辖市人民政府决定。市、县或者市、县以下人民政府管辖的企业事业单位的限期治理，由市、县人民政府决定。被限期治理的企业事业单位必须如期完成治理任务。

第三十条　禁止引进不符合我国环境保护规定要求的技术和设备。

第三十一条　因发生事故或者其他突然性事件，造成或者可能造成污染事故的单位，必须立即采取措施处理，及时通报可能受到污染危害的单位和居民，并向当地环境保护行政主管部门和有关部门报告，接受调查处理。

可能发生重大污染事故的企业事业单位，应当采取措施，加强防范。

第三十二条　县级以上地方人民政府环境保护行政主管部门，在环境受到严重污染威胁居民生命财产安全时，必须立即向当地人民政府报告，由人民政府采取有效措施，解除或者减轻危害。

第三十三条　生产、储存、运输、销售、使用有毒化学物品和含有放射性物质的物品，必须遵守国家有关规定，防止污染环境。

第三十四条　任何单位不得将产生严重污染的生产设备转移给没有污染防治能力的单位使用。

第五章　法律责任

第三十五条　违反本法规定，有下列行为之一的，环境保护行政主管部门或者其他依照法律规定行使环境监督管理权的部门可以根据不同情节，给予警告或者处以罚款：

（一）拒绝环境保护行政主管部门或者其他依照法律规定行使环境监督管理权的部门现场检查或者在被检查时弄虚作假的。

（二）拒报或者谎报国务院环境保护行政主管部门规定的有关污染物排放申报事项的。

（三）不按国家规定缴纳超标准排污费的。

（四）引进不符合我国环境保护规定要求的技术和设备的。

（五）将产生严重污染的生产设备转移给没有污染防治能力的单位使用的。

第三十六条　建设项目的防治污染设施没有建成或者没有达到国家规定的要求，投入生产或者使用的，由批准该建设项目的环境影响报告书的环境保护行政主管部门责令停止生产或者使用，可以并处罚款。

第三十七条　未经环境保护行政主管部门同意，擅自拆除或者闲置防治污染的设施，污染物排放超过规定的排放标准的，由环境保护行政主管部门责令重新安装使用，并处罚款。

第三十八条　对违反本法规定，造成环境污染事故的企业事业单位，由环境保护行政主管部门或者其他依照法律规定行使环境监督管理权的部门根据所造成的危害后果处以罚款；情节较重的，对有关责任人员由其所在单位或者政府主管机关给予行政处分。

第三十九条　对经限期治理逾期未完成治理任务的企业事业单位，除依照国家规定加收超标准排污费外，可以根据所造成的危害后果处以罚款，或者责令停业、关闭。

前款规定的罚款由环境保护行政主管部门决定。责令停业、关闭，由作出限期治理决定的人民政府决定；责令中央直接管辖的企业事业单位停业、关闭，须报国务院批准。

第四十条　当事人对行政处罚决定不服的，可以在接到处罚通知之日起十五日内，向作出处罚决定的机关的上一级机关申请复议；对复议决定不服的，可以在接到复议决定之日起十五日内，向人民法院起诉。当事人也可以在接到处罚通知之日起十五日内，直接向人民法院起诉。当事人逾期不申请复议、也不向人民法院起诉、又不履行处罚决定的，由作出处罚决定的机关申请人民法院强制执行。

第四十一条　造成环境污染危害的，有责任排除危害，并对直接受到损害的单位或者个人赔偿损失。

赔偿责任和赔偿金额的纠纷，可以根据当事人的请求，由环境保护行政主管部门或者其他依照本法律规定行使环境监督管理权的部门处理；当事人对处理决定不服的，可以向人民法院起诉。当事人也可以直接向人民法院起诉。

完全由于不可抗拒的自然灾害，并经及时采取合理措施，仍然不能避免造成环境污染损害的，免予承担责任。

第四十二条　因环境污染损害赔偿提起诉讼的时效期间为三年，从当事人知道或者应当知道受到污染损害时起计算。

第四十三条　违反本法规定，造成重大环境污染事故，导致公私财产重大损失或者人身伤亡的严重后果的，对直接责任人员依法追究刑事责任。

第四十四条　违反本法规定，造成土地、森林、草原、水、矿产、渔业、野生动植物等资源的破坏的，依照有关法律的规定承担法律责任。

第四十五条　环境保护监督管理人员滥用职权、玩忽职守、徇私舞弊的，由其所在单位或者上级主管机关给予行政处分；构成犯罪的，依法追究刑事责任。

第六章　附　　则

第四十六条　中华人民共和国缔结或者参加的与环境保护有关的国际条约，同中华人民共和国的法律有不同规定的，适用国际条约的规定，但中华人民共和国声明保留的条款除外。

第四十七条　本法自公布之日起施行。《中华人民共和国环境保护法（试行）》同时废止。

中华人民共和国水污染防治法

（1984 年 5 月 11 日第六届全国人民代表大会常务委员会第五次会议通过，根据 1996 年 5 月 15 日第八届全国人民代表大会常务委员会第十九次会议《关于修改〈中华人民共和国水污染防治法〉的决定》修正，2008 年 2 月 28 日第十届全国人民代表大会常务委员会第三十二次会议修订）

第一章　总　　则

第一条　为了防治水污染，保护和改善环境，保障饮用水安全，促进经济社会全面协调可持续发展，制定本法。

第二条　本法适用于中华人民共和国领域内的江河、湖泊、运河、渠道、水库等地表水体以及地下水体的污染防治。

海洋污染防治适用《中华人民共和国海洋环境保护法》。

第三条　水污染防治应当坚持预防为主、防治结合、综合治理的原则，优先保护饮用水水源，严格控制工业污染、城镇生活污染，防治农业面源污染，积极推进生态治理工程建设，预防、控制和减少水环境污染和生态破坏。

第四条　县级以上人民政府应当将水环境保护工作纳入国民经济和社会发展规划。

县级以上地方人民政府应当采取防治水污染的对策和措施，对本行政区域的水环境质量负责。

第五条　国家实行水环境保护目标责任制和考核评价制度，将水环境保护目标完成情况作为对地方人民政府及其负责人考核评价的内容。

第六条　国家鼓励、支持水污染防治的科学技术研究和先进适用技术的推广应用，加强水环境保护的宣传教育。

第七条　国家通过财政转移支付等方式，建立健全对位于饮用水水源保护区区域和江河、湖泊、水库上游地区的水环境生态保护补偿机制。

第八条　县级以上人民政府环境保护主管部门对水污染防治实施统一监督管理。

交通主管部门的海事管理机构对船舶污染水域的防治实施监督管理。

县级以上人民政府水行政、国土资源、卫生、建设、农业、渔业等部门以及重要江河、湖泊的流域水资源保护机构，在各自的职责范围内，对有关水污染防治实施监督管理。

第九条　排放水污染物，不得超过国家或者地方规定的水污染物排放标准和重点水污染物排放总量控制指标。

第十条　任何单位和个人都有义务保护水环境，并有权对污染损害水环境的行为进行检举。

县级以上人民政府及其有关主管部门对在水污染防治工作中作出显著成绩的单位和个人给予表彰和奖励。

第二章　水污染防治的标准和规划

第十一条　国务院环境保护主管部门制定国家水环境质量标准。

省、自治区、直辖市人民政府可以对国家水环境质量标准中未作规定的项目，制定地方标准，并报国务院环境保护主管部门备案。

第十二条　国务院环境保护主管部门会同国务院水行政主管部门和有关省、自治区、直辖市人民政府，可以根据国家确定的重要江河、湖泊流域水体的使用功能以及有关地区的经济、技术条件，确定该重要江河、湖泊流域的省界水体适用的水环境质量标准，报国务院批准后施行。

第十三条　国务院环境保护主管部门根据国家水环境质量标准和国家经济、技术条件，制定国家水污染物排放标准。

省、自治区、直辖市人民政府对国家水污染物排放标准中未作规定的项目，可以制定地方水污染物排放标准；对国家水污染物排放标准中已作规定的项目，可以制定严于国家水污染物排放标准的地方水污染物排放标准。地方水污染物排放标准须报国务院环境保护主管部门备案。

向已有地方水污染物排放标准的水体排放污染物的，应当执行地方水污染物排放标准。

第十四条　国务院环境保护主管部门和省、自治区、直辖市人民政府，应当根据水污染防治的要求和国家或者地方的经济、技术条件，适时修订水环境质量标准和水污染物排放标准。

第十五条　防治水污染应当按流域或者按区域进行统一规划。国家确定的重要江河、湖泊的流域水污染防治规划，由国务院环境保护主管部门会同国务院经济综合宏观调控、水行政等部门和有关省、自治区、直辖市人民政府编制，报国务院批准。

前款规定外的其他跨省、自治区、直辖市江河、湖泊的流域水污染防治规划，根据国家确定的重要江河、湖泊的流域水污染防治规划和本地实际情况，由有关省、自治区、直辖市人民政府环境保护主管部门会同同级水行政等部门和有关市、县人民政府编制，经有关省、自治区、直辖市人民政府审核，报国务院批准。

省、自治区、直辖市内跨县江河、湖泊的流域水污染防治规划，根据国家确定的重要江河、湖泊的流域水污染防治规划和本地实际情况，由省、自治区、直辖市人民政府环境保护主管部门会同同级水行政等部门编制，报省、自治区、直辖市人民政府批准，并报国务院备案。

经批准的水污染防治规划是防治水污染的基本依据，规划的修订须经原批准机关批准。

县级以上地方人民政府应当根据依法批准的江河、湖泊的流域水污染防治规划，组织制定本行政区域的水污染防治规划。

第十六条　国务院有关部门和县级以上地方人民政府开发、利用和调节、调度水资源时，应当统筹兼顾，维持江河的合理流量和湖泊、水库以及地下水体的合理水位，维护水体的生态功能。

第三章　水污染防治的监督管理

第十七条　新建、改建、扩建直接或者间接向水体排放污染物的建设项目和其他水上设施，应当依法进行环境影响评价。

建设单位在江河、湖泊新建、改建、扩建排污口的，应当取得水行政主管部门或者流域管理机构同意；涉及通航、渔业水域的，环境保护主管部门在审批环境影响评价文件时，应当征求交通、渔业主管部门的意见。

建设项目的水污染防治设施，应当与主体工程同时设计、同时施工、同时投入使用。水污染防治设施应当经过环境保护主管部门验收，验收不合格的，该建设项目不得投入生产或者使用。

第十八条　国家对重点水污染物排放实施总量控制制度。

省、自治区、直辖市人民政府应当按照国务院的规定削减和控制本行政区域的重点水污染物排放总量，并将重点水污染物排放总量控制指标分解落实到市、县人民政府。市、县人民政府根据本行政区域重点水污染物排放总量控制指标的要求，将重点水污染物排放总量控制指标分解落实到排污单位。具体办法和实施步骤由国务院规定。

省、自治区、直辖市人民政府可以根据本行政区域水环境质量状况和水污染防治工作的需要，确定本行政区域实施总量削减和控制的重点水污染物。

对超过重点水污染物排放总量控制指标的地区，有关人民政府环境保护主管部门应当暂停审批新增重点水污染物排放总量的建设项目的环境影响评价文件。

第十九条　国务院环境保护主管部门对未按照要求完成重点水污染物排放总量控制指标的省、自治区、直辖市予以公布。省、自治区、直辖市人民政府环境保护主管部门对未按照要求完成重点水污染物排放总量控制指标的市、县予以公布。

县级以上人民政府环境保护主管部门对违反本法规定、严重污染水环境的企业予以公布。

第二十条　国家实行排污许可制度。

直接或者间接向水体排放工业废水和医疗污水以及其他按照规定应当取得排污许可证方可排放的废水、污水的企业事业单位，应当取得排污许可证；城镇污水集中处理设施的运营单位，也应当取得排污许可证。排污许可的具体办法和实施步骤由国务院规定。

禁止企业事业单位无排污许可证或者违反排污许可证的规定向水体排放前款规定的废水、污水。

第二十一条　直接或者间接向水体排放污染物的企业事业单位和个体工商户，应当按照国务院环境保护主管部门的规定，向县级以上地方人民政府环境保护主管部门申报登记拥有的水污染物排放设施、处理设施和在正常作业条件下排放水污染物的种类、数量和浓度，并提供防治水污染方面的有关技术资料。

企业事业单位和个体工商户排放水污染物的种类、数量和浓度有重大改变的，应当及时申报登记；其水污染物处理设施应当保持正常使用；拆除或者闲置水污染物处理设施的，应当事先报县级以上地方人民政府环境保护主管部门批准。

第二十二条　向水体排放污染物的企业事业单位和个体工商户，应当按照法律、行政法规和国务院环境保护主管部门的规定设置排污口；在江河、湖泊设置排污口的，还应当遵守国务院水行政主管部门的规定。

禁止私设暗管或者采取其他规避监管的方式排放水污染物。

第二十三条　重点排污单位应当安装水污染物排放自动监测设备，与环境保护主管部门的监控设备联网，并保证监测设备正常运行。排放工业废水的企业，应当对其所排放的工业废水进行监测，并保存原始监测记录。具体办法由国务院环境保护主管部门规定。

应当安装水污染物排放自动监测设备的重点排污单位名录，由设区的市级以上地方人民政府环境保护主管部门根据本行政区域的环境容量、重点水污染物排放总量控制指标的要求以及排污单位排放水污染物的种类、数量和浓度等因素，商同级有关部门确定。

第二十四条　直接向水体排放污染物的企业事业单位和个体工商户，应当按照排放水污染物的种类、数量和排污费征收标准缴纳排污费。

排污费应当用于污染的防治，不得挪作他用。

第二十五条　国家建立水环境质量监测和水污染物排放监测制度。国务院环境保护主管部门负责制定水环境监测规范，统一发布国家水环境状况信息，会同国务院水行政等部门组织监测网络。

第二十六条　国家确定的重要江河、湖泊流域的水资源保护工作机构负责监测其所在流域的省界水体的水环境质量状况，并将监测结果及时报国务院环境保护主管部门和国务院水行政主管部门；有经国务院批准成立的流域水资源保护领导机构的，应当将监测结果及时报告流域水资源保护领导机构。

第二十七条　环境保护主管部门和其他依照本法规定行使监督管理权的部门，有权对管辖范围内的排污单位进行现场检查，被检查的单位应当如实反映情况，提供必要的资料。检查机关有义务为被检查的单位保守在检查中获取的商业秘密。

第二十八条　跨行政区域的水污染纠纷，由有关地方人民政府协商解决，或者由其共同的上级人民政府协调解决。

第四章　水污染防治措施

第一节　一般规定

第二十九条　禁止向水体排放油类、酸液、碱液或者剧毒废液。

禁止在水体清洗装贮过油类或者有毒污染物的车辆和容器。

第三十条　禁止向水体排放、倾倒放射性固体废物或者含有高放射性和中放射性物质的废水。

向水体排放含低放射性物质的废水，应当符合国家有关放射性污染防治的规定和标准。

第三十一条　向水体排放含热废水，应当采取措施，保证水体的水温符合水环境质量标准。

第三十二条　含病原体的污水应当经过消毒处理；符合国家有关标准后，方可排放。

第三十三条　禁止向水体排放、倾倒工业废渣、城镇垃圾和其他废弃物。

禁止将含有汞、镉、砷、铬、铅、氰化物、黄磷等的可溶性剧毒废渣向水体排放、倾倒或者直接埋入地下。

存放可溶性剧毒废渣的场所，应当采取防水、防渗漏、防流失的措施。

第三十四条　禁止在江河、湖泊、运河、渠道、水库最高水位线以下的滩地和岸坡堆放、存贮固体废弃物和其他污染物。

第三十五条　禁止利用渗井、渗坑、裂隙和溶洞排放、倾倒含有毒污染物的废水、含病原体的污水和其他废弃物。

第三十六条　禁止利用无防渗漏措施的沟渠、坑塘等输送或者存贮含有毒污染物的废水、含病原体的污水和其他废弃物。

第三十七条　多层地下水的含水层水质差异大的，应当分层开采；对已受污染的潜水和承压水，不得混合开采。

第三十八条　兴建地下工程设施或者进行地下勘探、采矿等活动，应当采取防护性措施，防止地下水污染。

第三十九条　人工回灌补给地下水，不得恶化地下水质。

第二节　工业水污染防治

第四十条　国务院有关部门和县级以上地方人民政府应当合理规划工业布局，要求造成水污染的企业进行技术改造，采取综合防治措施，提高水的重复利用率，减少废水和污染物排放量。

第四十一条　国家对严重污染水环境的落后工艺和设备实行淘汰制度。

国务院经济综合宏观调控部门会同国务院有关部门，公布限期禁止采用的严重污染水环境的工艺名录和限期禁止生产、销售、进口、使用的严重污染水环境的设备名录。

生产者、销售者、进口者或者使用者应当在规定的期限内停止生产、销售、进口或者使用列入前款规定的设备名录中的设备。工艺的采用者应当在规定的期限内停止采用列入前款规定的工艺名录中的工艺。

依照本条第二款、第三款规定被淘汰的设备，不得转让给他人使用。

第四十二条　国家禁止新建不符合国家产业政策的小型造纸、制革、印染、染料、炼焦、炼硫、炼砷、炼汞、炼油、电镀、农药、石棉、水泥、玻璃、钢铁、火电以及其他严重污染水环境的生产项目。

第四十三条　企业应当采用原材料利用效率高、污染物排放量少的清洁工艺，并加强管理，减少水污染物的产生。

第三节　城镇水污染防治

第四十四条　城镇污水应当集中处理。

县级以上地方人民政府应当通过财政预算和其他渠道筹集资金，统筹安排建设城镇污水集中处理设施及配套管网，提高本行政区域城镇污水的收集率和处理率。

国务院建设主管部门应当会同国务院经济综合宏观调控、环境保护主管部门，根据城乡规划和水污染防治规划，组织编制全国城镇污水处理设施建设规划。县级以上地方人民政府组织建设、经济综合宏观调控、环境保护、水行政等部门编制本行政区域的城镇污水处理设施建设规划。县级以上地方人民政府建设主管部门应当按照城镇污水处理设施建设规划，组织建设城镇污水集中处理设施及配套管网，并加强对城镇污水集中处理设施运营的监督管理。

城镇污水集中处理设施的运营单位按照国家规定向排污者提供污水处理的有偿服务，收取污水处理费用，保证污水集中处理设施的正常运行。向城镇污水集中处理设施排放污水、缴纳污水处理费用的，不再缴纳排污费。收取的污水处理费用应当用于城镇污水集中处理设施的建设和运行，不得挪作他用。

城镇污水集中处理设施的污水处理收费、管理以及使用的具体办法，由国务院规定。

第四十五条　向城镇污水集中处理设施排放水污染物，应当符合国家或者地方规定的水污染物排放标准。

城镇污水集中处理设施的出水水质达到国家或者地方规定的水污染物排放标

准的，可以按照国家有关规定免缴排污费。

城镇污水集中处理设施的运营单位，应当对城镇污水集中处理设施的出水水质负责。

环境保护主管部门应当对城镇污水集中处理设施的出水水质和水量进行监督检查。

第四十六条　建设生活垃圾填埋场，应当采取防渗漏等措施，防止造成水污染。

第四节　农业和农村水污染防治

第四十七条　使用农药，应当符合国家有关农药安全使用的规定和标准。

运输、存贮农药和处置过期失效农药，应当加强管理，防止造成水污染。

第四十八条　县级以上地方人民政府农业主管部门和其他有关部门，应当采取措施，指导农业生产者科学、合理地施用化肥和农药，控制化肥和农药的过量使用，防止造成水污染。

第四十九条　国家支持畜禽养殖场、养殖小区建设畜禽粪便、废水的综合利用或者无害化处理设施。

畜禽养殖场、养殖小区应当保证其畜禽粪便、废水的综合利用或者无害化处理设施正常运转，保证污水达标排放，防止污染水环境。

第五十条　从事水产养殖应当保护水域生态环境，科学确定养殖密度，合理投饵和使用药物，防止污染水环境。

第五十一条　向农田灌溉渠道排放工业废水和城镇污水，应当保证其下游最近的灌溉取水点的水质符合农田灌溉水质标准。

利用工业废水和城镇污水进行灌溉，应当防止污染土壤、地下水和农产品。

第五节　船舶水污染防治

第五十二条　船舶排放含油污水、生活污水，应当符合船舶污染物排放标准。从事海洋航运的船舶进入内河和港口的，应当遵守内河的船舶污染物排放标准。

船舶的残油、废油应当回收，禁止排入水体。

禁止向水体倾倒船舶垃圾。

船舶装载运输油类或者有毒货物，应当采取防止溢流和渗漏的措施，防止货物落水造成水污染。

第五十三条　船舶应当按照国家有关规定配置相应的防污设备和器材，并持有合法有效的防止水域环境污染的证书与文书。

船舶进行涉及污染物排放的作业，应当严格遵守操作规程，并在相应的记录簿上如实记载。

第五十四条　港口、码头、装卸站和船舶修造厂应当备有足够的船舶污染物、废弃物的接收设施。从事船舶污染物、废弃物接收作业，或者从事装载油类、污染危害性货物船舱清洗作业的单位，应当具备与其运营规模相适应的接收处理能力。

第五十五条　船舶进行下列活动，应当编制作业方案，采取有效的安全和防污染措施，并报作业地海事管理机构批准：

（一）进行残油、含油污水、污染危害性货物残留物的接收作业，或者进行装载油类、污染危害性货物船舱的清洗作业；

（二）进行散装液体污染危害性货物的过驳作业；

（三）进行船舶水上拆解、打捞或者其他水上、水下船舶施工作业。

在渔港水域进行渔业船舶水上拆解活动，应当报作业地渔业主管部门批准。

第五章　饮用水水源和其他特殊水体保护

第五十六条　国家建立饮用水水源保护区制度。饮用水水源保护区分为一级保护区和二级保护区；必要时，可以在饮用水水源保护区外围划定一定的区域作为准保护区。

饮用水水源保护区的划定，由有关市、县人民政府提出划定方案，报省、自治区、直辖市人民政府批准；跨市、县饮用水水源保护区的划定，由有关市、县人民政府协商提出划定方案，报省、自治区、直辖市人民政府批准；协商不成的，由省、自治区、直辖市人民政府环境保护主管部门会同同级水行政、国土资源、卫生、建设等部门提出划定方案，征求同级有关部门的意见后，报省、自治区、直辖市人民政府批准。

跨省、自治区、直辖市的饮用水水源保护区，由有关省、自治区、直辖市人民政府商有关流域管理机构划定；协商不成的，由国务院环境保护主管部门会同同级水行政、国土资源、卫生、建设等部门提出划定方案，征求国务院有关部门的意见后，报国务院批准。

国务院和省、自治区、直辖市人民政府可以根据保护饮用水水源的实际需要，调整饮用水水源保护区的范围，确保饮用水安全。有关地方人民政府应当在饮用水水源保护区的边界设立明确的地理界标和明显的警示标志。

第五十七条　在饮用水水源保护区内，禁止设置排污口。

第五十八条　禁止在饮用水水源一级保护区内新建、改建、扩建与供水设施和保护水源无关的建设项目；已建成的与供水设施和保护水源无关的建设项目，由县级以上人民政府责令拆除或者关闭。

禁止在饮用水水源一级保护区内从事网箱养殖、旅游、游泳、垂钓或者其他可能污染饮用水水体的活动。

第五十九条　禁止在饮用水水源二级保护区内新建、改建、扩建排放污染物的建设项目；已建成的排放污染物的建设项目，由县级以上人民政府责令拆除或者关闭。

在饮用水水源二级保护区内从事网箱养殖、旅游等活动的，应当按照规定采取措施，防止污染饮用水水体。

第六十条　禁止在饮用水水源准保护区内新建、扩建对水体污染严重的建设项目；改建建设项目，不得增加排污量。

第六十一条　县级以上地方人民政府应当根据保护饮用水水源的实际需要，在准保护区内采取工程措施或者建造湿地、水源涵养林等生态保护措施，防止水污染物直接排入饮用水水体，确保饮用水安全。

第六十二条　饮用水水源受到污染可能威胁供水安全的，环境保护主管部门应当责令有关企业事业单位采取停止或者减少排放水污染物等措施。

第六十三条　国务院和省、自治区、直辖市人民政府根据水环境保护的需要，可以规定在饮用水水源保护区内，采取禁止或者限制使用含磷洗涤剂、化肥、农药以及限制种植养殖等措施。

第六十四条　县级以上人民政府可以对风景名胜区水体、重要渔业水体和其他具有特殊经济文化价值的水体划定保护区，并采取措施，保证保护区的水质符合规定用途的水环境质量标准。

第六十五条　在风景名胜区水体、重要渔业水体和其他具有特殊经济文化价值的水体的保护区内，不得新建排污口。在保护区附近新建排污口，应当保证保护区水体不受污染。

第六章　水污染事故处置

第六十六条　各级人民政府及其有关部门，可能发生水污染事故的企业事业单位，应当依照《中华人民共和国突发事件应对法》的规定，做好突发水污染事故的应急准备、应急处置和事后恢复等工作。

第六十七条　可能发生水污染事故的企业事业单位，应当制定有关水污染事故的应急方案，做好应急准备，并定期进行演练。

生产、储存危险化学品的企业事业单位，应当采取措施，防止在处理安全生产事故过程中产生的可能严重污染水体的消防废水、废液直接排入水体。

第六十八条　企业事业单位发生事故或者其他突发性事件，造成或者可能造成水污染事故的，应当立即启动本单位的应急方案，采取应急措施，并向事故发生地的县级以上地方人民政府或者环境保护主管部门报告。环境保护主管部门接到报告后，应当及时向本级人民政府报告，并抄送有关部门。

造成渔业污染事故或者渔业船舶造成水污染事故的，应当向事故发生地的渔业主管部门报告，接受调查处理。其他船舶造成水污染事故的，应当向事故发生地的海事管理机构报告，接受调查处理；给渔业造成损害的，海事管理机构应当通知渔业主管部门参与调查处理。

第七章　法律责任

第六十九条　环境保护主管部门或者其他依照本法规定行使监督管理权的部门，不依法作出行政许可或者办理批准文件的，发现违法行为或者接到对违法行为的举报后不予查处的，或者有其他未依照本法规定履行职责的行为的，对直接负责的主管人员和其他直接责任人员依法给予处分。

第七十条　拒绝环境保护主管部门或者其他依照本法规定行使监督管理权的部门的监督检查，或者在接受监督检查时弄虚作假的，由县级以上人民政府环境保护主管部门或者其他依照本法规定行使监督管理权的部门责令改正，处一万元以上十万元以下的罚款。

第七十一条　违反本法规定，建设项目的水污染防治设施未建成、未经验收或者验收不合格，主体工程即投入生产或者使用的，由县级以上人民政府环境保护主管部门责令停止生产或者使用，直至验收合格，处五万元以上五十万元以下的罚款。

第七十二条　违反本法规定，有下列行为之一的，由县级以上人民政府环境保护主管部门责令限期改正；逾期不改正的，处一万元以上十万元以下的罚款：

（一）拒报或者谎报国务院环境保护主管部门规定的有关水污染物排放申报登记事项的；

（二）未按照规定安装水污染物排放自动监测设备或者未按照规定与环境保护主管部门的监控设备联网，并保证监测设备正常运行的；

（三）未按照规定对所排放的工业废水进行监测并保存原始监测记录的。

第七十三条　违反本法规定，不正常使用水污染物处理设施，或者未经环境保护主管部门批准拆除、闲置水污染物处理设施的，由县级以上人民政府环境保护主管部门责令限期改正，处应缴纳排污费数额一倍以上三倍以下的罚款。

第七十四条　违反本法规定，排放水污染物超过国家或者地方规定的水污染物排放标准，或者超过重点水污染物排放总量控制指标的，由县级以上人民政府环境保护主管部门按照权限责令限期治理，处应缴纳排污费数额二倍以上五倍以下的罚款。

限期治理期间，由环境保护主管部门责令限制生产、限制排放或者停产整治。限期治理的期限最长不超过一年；逾期未完成治理任务的，报经有批准权的人民政府批准，责令关闭。

第七十五条　在饮用水水源保护区内设置排污口的，由县级以上地方人民政府责令限期拆除，处十万元以上五十万元以下的罚款；逾期不拆除的，强制拆除，所需费用由违法者承担，处五十万元以上一百万元以下的罚款，并可以责令停产整顿。

除前款规定外，违反法律、行政法规和国务院环境保护主管部门的规定设置排污口或者私设暗管的，由县级以上地方人民政府环境保护主管部门责令限期拆除，处二万元以上十万元以下的罚款；逾期不拆除的，强制拆除，所需费用由违法者承担，处十万元以上五十万元以下的罚款；私设暗管或者有其他严重情节的，县级以上地方人民政府环境保护主管部门可以提请县级以上地方人民政府责令停产整顿。

未经水行政主管部门或者流域管理机构同意，在江河、湖泊新建、改建、扩建排污口的，由县级以上人民政府水行政主管部门或者流域管理机构依据职权，依照前款规定采取措施、给予处罚。

第七十六条　有下列行为之一的，由县级以上地方人民政府环境保护主管部门责令停止违法行为，限期采取治理措施，消除污染，处以罚款；逾期不采取治理措施的，环境保护主管部门可以指定有治理能力的单位代为治理，所需费用由违法者承担：

（一）向水体排放油类、酸液、碱液的；

（二）向水体排放剧毒废液，或者将含有汞、镉、砷、铬、铅、氰化物、黄磷等的可溶性剧毒废渣向水体排放、倾倒或者直接埋入地下的；

（三）在水体清洗装贮过油类、有毒污染物的车辆或者容器的；

（四）向水体排放、倾倒工业废渣、城镇垃圾或者其他废弃物，或者在江河、湖泊、运河、渠道、水库最高水位线以下的滩地、岸坡堆放、存贮固体废弃物或者其他污染物的；

（五）向水体排放、倾倒放射性固体废物或者含有高放射性、中放射性物质的废水的；

（六）违反国家有关规定或者标准，向水体排放含低放射性物质的废水、热废水或者含病原体的污水的；

（七）利用渗井、渗坑、裂隙或者溶洞排放、倾倒含有毒污染物的废水、含病原体的污水或者其他废弃物的；

（八）利用无防渗漏措施的沟渠、坑塘等输送或者存贮含有毒污染物的废水、含病原体的污水或者其他废弃物的。

有前款第三项、第六项行为之一的，处一万元以上十万元以下的罚款；有前款第一项、第四项、第八项行为之一的，处二万元以上二十万元以下的罚款；有前款第二项、第五项、第七项行为之一的，处五万元以上五十万元以下的罚款。

第七十七条　违反本法规定，生产、销售、进口或者使用列入禁止生产、销售、进口、使用的严重污染水环境的设备名录中的设备，或者采用列入禁止采用的严重污染水环境的工艺名录中的工艺的，由县级以上人民政府经济综合宏观调控部门责令改正，处五万元以上二十万元以下的罚款；情节严重的，由县级以上人民政府经济综合宏观调控部门提出意见，报请本级人民政府责令停业、关闭。

第七十八条　违反本法规定，建设不符合国家产业政策的小型造纸、制革、印染、染料、炼焦、炼硫、炼砷、炼汞、炼油、电镀、农药、石棉、水泥、玻璃、钢铁、火电以及其他严重污染水环境的生产项目的，由所在地的市、县人民政府责令关闭。

第七十九条　船舶未配置相应的防污染设备和器材，或者未持有合法有效的防止水域环境污染的证书与文书的，由海事管理机构、渔业主管部门按照职责分工责令限期改正，处二千元以上二万元以下的罚款；逾期不改正的，责令船舶临时停航。

船舶进行涉及污染物排放的作业，未遵守操作规程或者未在相应的记录簿上如实记载的，由海事管理机构、渔业主管部门按照职责分工责令改正，处二千元以上二万元以下的罚款。

第八十条　违反本法规定，有下列行为之一的，由海事管理机构、渔业主管部门按照职责分工责令停止违法行为，处以罚款；造成水污染的，责令限期采取治理措施，消除污染；逾期不采取治理措施的，海事管理机构、渔业主管部门按照职责分工可以指定有治理能力的单位代为治理，所需费用由船舶承担：

（一）向水体倾倒船舶垃圾或者排放船舶的残油、废油的；

（二）未经作业地海事管理机构批准，船舶进行残油、含油污水、污染危害性货物残留物的接收作业，或者进行装载油类、污染危害性货物船舱的清洗作业，或者进行散装液体污染危害性货物的过驳作业的；

（三）未经作业地海事管理机构批准，进行船舶水上拆解、打捞或者其他水上、水下船舶施工作业的；

（四）未经作业地渔业主管部门批准，在渔港水域进行渔业船舶水上拆解的。

有前款第一项、第二项、第四项行为之一的，处五千元以上五万元以下的罚款；有前款第三项行为的，处一万元以上十万元以下的罚款。

第八十一条　有下列行为之一的，由县级以上地方人民政府环境保护主管部门责令停止违法行为，处十万元以上五十万元以下的罚款；并报经有批准权的人民政府批准，责令拆除或者关闭：

（一）在饮用水水源一级保护区内新建、改建、扩建与供水设施和保护水源无关的建设项目的；

（二）在饮用水水源二级保护区内新建、改建、扩建排放污染物的建设项目的；

（三）在饮用水水源准保护区内新建、扩建对水体污染严重的建设项目，或者改建建设项目增加排污量的。

在饮用水水源一级保护区内从事网箱养殖或者组织进行旅游、垂钓或者其他可能污染饮用水水体的活动的，由县级以上地方人民政府环境保护主管部门责令停止违法行为，处二万元以上十万元以下的罚款。个人在饮用水水源一级保护区内游泳、垂钓或者从事其他可能污染饮用水水体的活动的，由县级以上地方人民政府环境保护主管部门责令停止违法行为，可以处五百元以下的罚款。

第八十二条　企业事业单位有下列行为之一的，由县级以上人民政府环境保护主管部门责令改正；情节严重的，处二万元以上十万元以下的罚款：

（一）不按照规定制定水污染事故的应急方案的；

（二）水污染事故发生后，未及时启动水污染事故的应急方案，采取有关应急措施的。

第八十三条　企业事业单位违反本法规定，造成水污染事故的，由县级以上人民政府环境保护主管部门依照本条第二款的规定处以罚款，责令限期采取治理措施，消除污染；不按要求采取治理措施或者不具备治理能力的，由环境保护主管部门指定有治理能力的单位代为治理，所需费用由违法者承担；对造成重大或者特大水污染事故的，可以报经有批准权的人民政府批准，责令关闭；对直接负责的主管人员和其他直接责任人员可以处上一年度从本单位取得的收入百分之五十以下的罚款。

对造成一般或者较大水污染事故的，按照水污染事故造成的直接损失的百分之二十计算罚款；对造成重大或者特大水污染事故的，按照水污染事故造成的直接损失的百分之三十计算罚款。

造成渔业污染事故或者渔业船舶造成水污染事故的，由渔业主管部门进行处罚；其他船舶造成水污染事故的，由海事管理机构进行处罚。

第八十四条　当事人对行政处罚决定不服的，可以申请行政复议，也可以在收到通知之日起十五日内向人民法院起诉；期满不申请行政复议或者起诉，又不履行行政处罚决定的，由作出行政处罚决定的机关申请人民法院强制执行。

第八十五条　因水污染受到损害的当事人，有权要求排污方排除危害和赔偿损失。

由于不可抗力造成水污染损害的，排污方不承担赔偿责任；法律另有规定的除外。

水污染损害是由受害人故意造成的，排污方不承担赔偿责任。水污染损害是由受害人重大过失造成的，可以减轻排污方的赔偿责任。

水污染损害是由第三人造成的，排污方承担赔偿责任后，有权向第三人追偿。

第八十六条　因水污染引起的损害赔偿责任和赔偿金额的纠纷，可以根据当事人的请求，由环境保护主管部门或者海事管理机构、渔业主管部门按照职责分工调解处理；调解不成的，当事人可以向人民法院提起诉讼。当事人也可以直接向人民法院提起诉讼。

第八十七条　因水污染引起的损害赔偿诉讼，由排污方就法律规定的免责事由及其行为与损害结果之间不存在因果关系承担举证责任。

第八十八条　因水污染受到损害的当事人人数众多的，可以依法由当事人推选代表人进行共同诉讼。

环境保护主管部门和有关社会团体可以依法支持因水污染受到损害的当事人向人民法院提起诉讼。

国家鼓励法律服务机构和律师为水污染损害诉讼中的受害人提供法律援助。

第八十九条　因水污染引起的损害赔偿责任和赔偿金额的纠纷，当事人可以委托环境监测机构提供监测数据。环境监测机构应当接受委托，如实提供有关监测数据。

第九十条　违反本法规定，构成违反治安管理行为的，依法给予治安管理处罚；构成犯罪的，依法追究刑事责任。

第八章　附　　则

第九十一条　本法中下列用语的含义：

（一）水污染，是指水体因某种物质的介入，而导致其化学、物理、生物或者放射性等方面特性的改变，从而影响水的有效利用，危害人体健康或者破坏生态环境，造成水质恶化的现象。

（二）水污染物，是指直接或者间接向水体排放的，能导致水体污染的物质。

（三）有毒污染物，是指那些直接或者间接被生物摄入体内后，可能导致该生物或者其后代发病、行为反常、遗传异变、生理机能失常、机体变形或者死亡的污染物。

（四）渔业水体，是指划定的鱼虾类的产卵场、索饵场、越冬场、洄游通道和鱼虾贝藻类的养殖场的水体。

第九十二条　本法自2008年6月1日起施行。

中华人民共和国大气污染防治法

（2000年4月29日第九届全国人民代表大会常务委员会第十五次会议通过）

第一章　总　　则

第一条　为防治大气污染，保护和改善生活环境和生态环境，保障人体健康，促进经济和社会的可持续发展，制定本法。

第二条　国务院和地方各级人民政府，必须将大气环境保护工作纳入国民经济和社会发展计划，合理规划工业布局，加强防治大气污染的科学研究，采取防治大气污染的措施，保护和改善大气环境。

第三条　国家采取措施，有计划地控制或者逐步削减各地方主要大气污染物的排放总量。

地方各级人民政府对本辖区的大气环境质量负责，制定规划，采取措施，使本辖区的大气环境质量达到规定的标准。

第四条　县级以上人民政府环境保护行政主管部门对大气污染防治实施统一监督管理。

各级公安、交通、铁道、渔业管理部门根据各自的职责，对机动车船污染大气实施监督管理。

县级以上人民政府其他有关主管部门在各自职责范围内对大气污染防治实施监督管理。

第五条 任何单位和个人都有保护大气环境的义务，并有权对污染大气环境的单位和个人进行检举和控告。

第六条 国务院环境保护行政主管部门制定国家大气环境质量标准。省、自治区、直辖市人民政府对国家大气环境质量标准中未作规定的项目，可以制定地方标准，并报国务院环境保护行政主管部门备案。

第七条 国务院环境保护行政主管部门根据国家大气环境质量标准和国家经济、技术条件制定国家大气污染物排放标准。

省、自治区、直辖市人民政府对国家大气污染物排放标准中未作规定的项目，可以制定地方排放标准；对国家大气污染物排放标准中已作规定的项目，可以制定严于国家排放标准的地方排放标准。地方排放标准须报国务院环境保护行政主管部门备案。

省、自治区、直辖市人民政府制定机动车船大气污染物地方排放标准严于国家排放标准的，须报经国务院批准。

凡是向已有地方排放标准的区域排放大气污染物的，应当执行地方排放标准。

第八条 国家采取有利于大气污染防治以及相关的综合利用活动的经济、技术政策和措施。

在防治大气污染、保护和改善大气环境方面成绩显著的单位和个人，由各级人民政府给予奖励。

第九条 国家鼓励和支持大气污染防治的科学技术研究，推广先进适用的大气污染防治技术；鼓励和支持开发、利用太阳能、风能、水能等清洁能源。

国家鼓励和支持环境保护产业的发展。

第十条 各级人民政府应当加强植树种草、城乡绿化工作，因地制宜地采取有效措施做好防沙治沙工作，改善大气环境质量。

第二章 大气污染防治的监督管理

第十一条 新建、扩建、改建向大气排放污染物的项目，必须遵守国家有关建设项目环境保护管理的规定。

建设项目的环境影响报告书，必须对建设项目可能产生的大气污染和对生态环境的影响作出评价，规定防治措施，并按照规定的程序报环境保护行政主管部门审查批准。

建设项目投入生产或者使用之前，其大气污染防治设施必须经过环境保护行政主管部门验收，达不到国家有关建设项目环境保护管理规定的要求的建设项目，不得投入生产或者使用。

第十二条　向大气排放污染物的单位，必须按照国务院环境保护行政主管部门的规定向所在地的环境保护行政主管部门申报拥有的污染物排放设施、处理设施和在正常作业条件下排放污染物的种类、数量、浓度，并提供防治大气污染方面的有关技术资料。

前款规定的排污单位排放大气污染物的种类、数量、浓度有重大改变的，应当及时申报；其大气污染物处理设施必须保持正常使用，拆除或者闲置大气污染物处理设施的，必须事先报经所在地的县级以上地方人民政府环境保护行政主管部门批准。

第十三条　向大气排放污染物的，其污染物排放浓度不得超过国家和地方规定的排放标准。

第十四条　国家实行按照向大气排放污染物的种类和数量征收排污费的制度，根据加强大气污染防治的要求和国家的经济、技术条件合理制定排污费的征收标准。

征收排污费必须遵守国家规定的标准，具体办法和实施步骤由国务院规定。

征收的排污费一律上缴财政，按照国务院的规定用于大气污染防治，不得挪作他用，并由审计机关依法实施审计监督。

第十五条　国务院和省、自治区、直辖市人民政府对尚未达到规定的大气环境质量标准的区域和国务院批准划定的酸雨控制区、二氧化硫污染控制区，可以划定为主要大气污染物排放总量控制区。主要大气污染物排放总量控制的具体办法由国务院规定。

大气污染物总量控制区内有关地方人民政府依照国务院规定的条件和程序，按照公开、公平、公正的原则，核定企业事业单位的主要大气污染物排放总量，核发主要大气污染物排放许可证。

有大气污染物总量控制任务的企业事业单位，必须按照核定的主要大气污染物排放总量和许可证规定的排放条件排放污染物。

第十六条　在国务院和省、自治区、直辖市人民政府划定的风景名胜区、自然保护区、文物保护单位附近地区和其他需要特别保护的区域内，不得建设污染环境的工业生产设施；建设其他设施，其污染物排放不得超过规定的排放标准。在本法施行前企业事业单位已经建成的设施，其污染物排放超过规定的排放标准的，依照本法第四十八条的规定限期治理。

第十七条　国务院按照城市总体规划、环境保护规划目标和城市大气环境质量状况，划定大气污染防治重点城市。

直辖市、省会城市、沿海开放城市和重点旅游城市应当列入大气污染防治重点城市。

未达到大气环境质量标准的大气污染防治重点城市，应当按照国务院或者国务院环境保护行政主管部门规定的期限，达到大气环境质量标准。该城市人民政府应当制定限期达标规划，并可以根据国务院的授权或者规定，采取更加严格的措施，按期实现达标规划。

第十八条　国务院环境保护行政主管部门会同国务院有关部门，根据气象、地形、土壤等自然条件，可以对已经产生、可能产生酸雨的地区或者其他二氧化硫污染严重的地区，经国务院批准后，划定为酸雨控制区或者二氧化硫污染控制区。

第十九条　企业应当优先采用能源利用效率高、污染物排放量少的清洁生产工艺，减少大气污染物的产生。

国家对严重污染大气环境的落后生产工艺和严重污染大气环境的落后设备实行淘汰制度。

国务院经济综合主管部门会同国务院有关部门公布限期禁止采用的严重污染大气环境的工艺名录和限期禁止生产、禁止销售、禁止进口、禁止使用的严重污染大气环境的设备名录。

生产者、销售者、进口者或者使用者必须在国务院经济综合主管部门会同国务院有关部门规定的期限内分别停止生产、销售、进口或者使用列入前款规定的名录中的设备。生产工艺的采用者必须在国务院经济综合主管部门会同国务院有关部门规定的期限内停止采用列入前款规定的名录中的工艺。

依照前两款规定被淘汰的设备，不得转让给他人使用。

第二十条　单位因发生事故或者其他突然性事件，排放和泄漏有毒有害气体和放射性物质，造成或者可能造成大气污染事故、危害人体健康的，必须立即采取防治大气污染危害的应急措施，通报可能受到大气污染危害的单位和居民，并报告当地环境保护行政主管部门，接受调查处理。

在大气受到严重污染，危害人体健康和安全的紧急情况下，当地人民政府应当及时向当地居民公告，采取强制性应急措施，包括责令有关排污单位停止排放污染物。

第二十一条　环境保护行政主管部门和其他监督管理部门有权对管辖范围内的排污单位进行现场检查，被检查单位必须如实反映情况，提供必要的资料。检查部门有义务为被检查单位保守技术秘密和业务秘密。

第二十二条　国务院环境保护行政主管部门建立大气污染监测制度，组织监测网络，制定统一的监测方法。

第二十三条　大、中城市人民政府环境保护行政主管部门应当定期发布大气环境质量状况公报，并逐步开展大气环境质量预报工作。

大气环境质量状况公报应当包括城市大气环境污染特征、主要污染物的种类及污染危害程度等内容。

第三章　防治燃煤产生的大气污染

第二十四条　国家推行煤炭洗选加工，降低煤的硫份和灰份，限制高硫份、高灰份煤炭的开采。新建的所采煤炭属于高硫份、高灰份的煤矿，必须建设配套的煤炭洗选设施，使煤炭中的含硫份、含灰份达到规定的标准。

对已建成的所采煤炭属于高硫份、高灰份的煤矿，应当按照国务院批准的规划，限期建成配套的煤炭洗选设施。

禁止开采含放射性和砷等有毒有害物质超过规定标准的煤炭。

第二十五条　国务院有关部门和地方各级人民政府应当采取措施，改进城市能源结构，推广清洁能源的生产和使用。

大气污染防治重点城市人民政府可以在本辖区内划定禁止销售、使用国务院环境保护行政主管部门规定的高污染燃料的区域。该区域内的单位和个人应当在当地人民政府规定的期限内停止燃用高污染燃料，改用天然气、液化石油气、电或者其他清洁能源。

第二十六条　国家采取有利于煤炭清洁利用的经济、技术政策和措施，鼓励和支持使用低硫份、低灰份的优质煤炭，鼓励和支持洁净煤技术的开发和推广。

第二十七条　国务院有关主管部门应当根据国家规定的锅炉大气污染物排放标准，在锅炉产品质量标准中规定相应的要求；达不到规定要求的锅炉，不得制造、销售或者进口。

第二十八条　城市建设应当统筹规划，在燃煤供热地区，统一解决热源，发展集中供热。在集中供热管网覆盖的地区，不得新建燃煤供热锅炉。

第二十九条　大、中城市人民政府应当制定规划，对饮食服务企业限期使用天然气、液化石油气、电或者其他清洁能源。

对未划定为禁止使用高污染燃料区域的大、中城市市区内的其他民用炉灶，限期改用固硫型煤或者使用其他清洁能源。

第三十条　新建、扩建排放二氧化硫的火电厂和其他大中型企业，超过规定的污染物排放标准或者总量控制指标的，必须建设配套脱硫、除尘装置或者采取其他控制二氧化硫排放、除尘的措施。

在酸雨控制区和二氧化硫污染控制区内，属于已建企业超过规定的污染物排放标准排放大气污染物的，依照本法第四十八条的规定限期治理。

国家鼓励企业采用先进的脱硫、除尘技术。

企业应当对燃料燃烧过程中产生的氮氧化物采取控制措施。

第三十一条　在人口集中地区存放煤炭、煤矸石、煤渣、煤灰、砂石、灰土等物料，必须采取防燃、防尘措施，防止污染大气。

第四章　防治机动车船排放污染

第三十二条　机动车船向大气排放污染物不得超过规定的排放标准。

任何单位和个人不得制造、销售或者进口污染物排放超过规定排放标准的机动车船。

第三十三条　在用机动车不符合制造当时的在用机动车污染物排放标准的，不得上路行驶。

省、自治区、直辖市人民政府规定对在用机动车实行新的污染物排放标准并对其进行改造的，须报经国务院批准。

机动车维修单位，应当按照防治大气污染的要求和国家有关技术规范进行维修，使在用机动车达到规定的污染物排放标准。

第三十四条　国家鼓励生产和消费使用清洁能源的机动车船。

国家鼓励和支持生产、使用优质燃料油，采取措施减少燃料油中有害物质对大气环境的污染。单位和个人应当按照国务院规定的期限，停止生产、进口、销售含铅汽油。

第三十五条　省、自治区、直辖市人民政府环境保护行政主管部门可以委托已取得公安机关资质认定的承担机动车年检的单位，按照规范对机动车排气污染进行年度检测。

交通、渔政等有监督管理权的部门可以委托已取得有关主管部门资质认定的承担机动船舶年检的单位，按照规范对机动船舶排气污染进行年度检测。

县级以上地方人民政府环境保护行政主管部门可以在机动车停放地对在用机动车的污染物排放状况进行监督抽测。

第五章　防治废气、尘和恶臭污染

第三十六条　向大气排放粉尘的排污单位，必须采取除尘措施。

严格限制向大气排放含有毒物质的废气和粉尘；确需排放的，必须经过净化处理，不超过规定的排放标准。

第三十七条　工业生产中产生的可燃性气体应当回收利用，不具备回收利用条件而向大气排放的，应当进行防治污染处理。

向大气排放转炉气、电石气、电炉法黄磷尾气、有机烃类尾气的，须报经当地环境保护行政主管部门批准。

可燃性气体回收利用装置不能正常作业的，应当及时修复或者更新。在回收利用装置不能正常作业期间确需排放可燃性气体的，应当将排放的可燃性气体充分燃烧或者采取其他减轻大气污染的措施。

第三十八条　炼制石油、生产合成氨、煤气和燃煤焦化、有色金属冶炼过程中排放含有硫化物气体的，应当配备脱硫装置或者采取其他脱硫措施。

第三十九条　向大气排放含放射性物质的气体和气溶胶，必须符合国家有关放射性防护的规定，不得超过规定的排放标准。

第四十条　向大气排放恶臭气体的排污单位，必须采取措施防止周围居民区受到污染。

第四十一条　在人口集中地区和其他依法需要特殊保护的区域内，禁止焚烧沥青、油毡、橡胶、塑料、皮革、垃圾以及其他产生有毒有害烟尘和恶臭气体的物质。

禁止在人口集中地区、机场周围、交通干线附近以及当地人民政府划定的区域露天焚烧秸秆、落叶等产生烟尘污染的物质。

除前两款外，城市人民政府还可以根据实际情况，采取防治烟尘污染的其他措施。

第四十二条　运输、装卸、贮存能够散发有毒有害气体或者粉尘物质的，必须采取密闭措施或者其他防护措施。

第四十三条　城市人民政府应当采取绿化责任制、加强建设施工管理、扩大地面铺装面积、控制渣土堆放和清洁运输等措施，提高人均占有绿地面积，减少市区裸露地面和地面尘土，防治城市扬尘污染。

在城市市区进行建设施工或者从事其他产生扬尘污染活动的单位，必须按照当地环境保护的规定，采取防治扬尘污染的措施。

国务院有关行政主管部门应当将城市扬尘污染的控制状况作为城市环境综合

整治考核的依据之一。

第四十四条　城市饮食服务业的经营者，必须采取措施，防治油烟对附近居民的居住环境造成污染。

第四十五条　国家鼓励、支持消耗臭氧层物质替代品的生产和使用，逐步减少消耗臭氧层物质的产量，直至停止消耗臭氧层物质的生产和使用。

在国家规定的期限内，生产、进口消耗臭氧层物质的单位必须按照国务院有关行政主管部门核定的配额进行生产、进口。

第六章　法律责任

第四十六条　违反本法规定，有下列行为之一的，环境保护行政主管部门或者本法第四条第二款规定的监督管理部门可以根据不同情节，责令停止违法行为，限期改正，给予警告或者处以五万元以下罚款：

（一）拒报或者谎报国务院环境保护行政主管部门规定的有关污染物排放申报事项的；

（二）拒绝环境保护行政主管部门或者其他监督管理部门现场检查或者在被检查时弄虚作假的；

（三）排污单位不正常使用大气污染物处理设施，或者未经环境保护行政主管部门批准，擅自拆除、闲置大气污染物处理设施的；

（四）未采取防燃、防尘措施，在人口集中地区存放煤炭、煤矸石、煤渣、煤灰、砂石、灰土等物料的。

第四十七条　违反本法第十一条规定，建设项目的大气污染防治设施没有建成或者没有达到国家有关建设项目环境保护管理的规定的要求，投入生产或者使用的，由审批该建设项目的环境影响报告书的环境保护行政主管部门责令停止生产或者使用，可以并处一万元以上十万元以下罚款。

第四十八条　违反本法规定，向大气排放污染物超过国家和地方规定排放标准的，应当限期治理，并由所在地县级以上地方人民政府环境保护行政主管部门处一万元以上十万元以下罚款。限期治理的决定权限和违反限期治理要求的行政处罚由国务院规定。

第四十九条　违反本法第十九条规定，生产、销售、进口或者使用禁止生产、销售、进口、使用的设备，或者采用禁止采用的工艺的，由县级以上人民政府经济综合主管部门责令改正；情节严重的，由县级以上人民政府经济综合主管部门提出意见，报请同级人民政府按照国务院规定的权限责令停业、关闭。

将淘汰的设备转让给他人使用的，由转让者所在地县级以上地方人民政府环境保护行政主管部门或者其他依法行使监督管理权的部门没收转让者的违法所得，并处违法所得两倍以下罚款。

第五十条　违反本法第二十四条第三款规定，开采含放射性和砷等有毒有害物质超过规定标准的煤炭的，由县级以上人民政府按照国务院规定的权限责令关闭。

第五十一条　违反本法第二十五条第二款或者第二十九条第一款的规定，在当地人民政府规定的期限届满后继续燃用高污染燃料的，由所在地县级以上地方人民政府环境保护行政主管部门责令拆除或者没收燃用高污染燃料的设施。

第五十二条　违反本法第二十八条规定，在城市集中供热管网覆盖地区新建燃煤供热锅炉的，由县级以上地方人民政府环境保护行政主管部门责令停止违法行为或者限期改正，可以处五万元以下罚款。

第五十三条　违反本法第三十二条规定，制造、销售或者进口超过污染物排放标准的机动车船的，由依法行使监督管理权的部门责令停止违法行为，没收违法所得，可以并处违法所得一倍以下的罚款；对无法达到规定的污染物排放标准的机动车船，没收销毁。

第五十四条　违反本法第三十四条第二款规定，未按照国务院规定的期限停止生产、进口或者销售含铅汽油的，由所在地县级以上地方人民政府环境保护行政主管部门或者其他依法行使监督管理权的部门责令停止违法行为，没收所生产、进口、销售的含铅汽油和违法所得。

第五十五条　违反本法第三十五条第一款或者第二款规定，未取得所在地省、自治区、直辖市人民政府环境保护行政主管部门或者交通、渔政等依法行使监督管理权的部门的委托进行机动车船排气污染检测的，或者在检测中弄虚作假的，由县级以上人民政府环境保护行政主管部门或者交通、渔政等依法行使监督管理权的部门责令停止违法行为，限期改正，可以处五万元以下罚款；情节严重的，由负责资质认定的部门取消承担机动车船年检的资格。

第五十六条　违反本法规定，有下列行为之一的，由县级以上地方人民政府环境保护行政主管部门或者其他依法行使监督管理权的部门责令停止违法行为，限期改正，可以处五万元以下罚款：

（一）未采取有效污染防治措施，向大气排放粉尘、恶臭气体或者其他含有有毒物质气体的；

（二）未经当地环境保护行政主管部门批准，向大气排放转炉气、电石气、电炉法黄磷尾气、有机烃类尾气的；

（三）未采取密闭措施或者其他防护措施，运输、装卸或者贮存能够散发有毒有害气体或者粉尘物质的；

（四）城市饮食服务业的经营者未采取有效污染防治措施，致使排放的油烟对附近居民的居住环境造成污染的。

第五十七条　违反本法第四十一条第一款规定，在人口集中地区和其他依法需要特殊保护的区域内，焚烧沥青、油毡、橡胶、塑料、皮革、垃圾以及其他产生有毒有害烟尘和恶臭气体的物质的，由所在地县级以上地方人民政府环境保护行政主管部门责令停止违法行为，处二万元以下罚款。

违反本法第四十一条第二款规定，在人口集中地区、机场周围、交通干线附近以及当地人民政府划定的区域内露天焚烧秸秆、落叶等产生烟尘污染的物质的，由所在地县级以上地方人民政府环境保护行政主管部门责令停止违法行为；情节严重的，可以处二百元以下罚款。

第五十八条　违反本法第四十三条第二款规定，在城市市区进行建设施工或者从事其他产生扬尘污染的活动，未采取有效扬尘防治措施，致使大气环境受到污染的，限期改正，处二万元以下罚款；对逾期仍未达到当地环境保护规定要求的，可以责令其停工整顿。

前款规定的对因建设施工造成扬尘污染的处罚，由县级以上地方人民政府建设行政主管部门决定；对其他造成扬尘污染的处罚，由县级以上地方人民政府指定的有关主管部门决定。

第五十九条　违反本法第四十五条第二款规定，在国家规定的期限内，生产或者进口消耗臭氧层物质超过国务院有关行政主管部门核定配额的，由所在地省、自治区、直辖市人民政府有关行政主管部门处二万元以上二十万元以下罚款；情节严重的，由国务院有关行政主管部门取消生产、进口配额。

第六十条　违反本法规定，有下列行为之一的，由县级以上人民政府环境保护行政主管部门责令限期建设配套设施，可以处二万元以上二十万元以下罚款：

（一）新建的所采煤炭属于高硫份、高灰份的煤矿，不按照国家有关规定建设配套的煤炭洗选设施的；

（二）排放含有硫化物气体的石油炼制、合成氨生产、煤气和燃煤焦化以及有色金属冶炼的企业，不按照国家有关规定建设配套脱硫装置或者未采取其他脱硫措施的。

第六十一条　对违反本法规定，造成大气污染事故的企业事业单位，由所在地县级以上地方人民政府环境保护行政主管部门根据所造成的危害后果处直接经济损失百分之五十以下罚款，但最高不超过五十万元；情节较重的，对直接负责的主管人员和其他直接责任人员，由所在单位或者上级主管机关依法给予行政处分或者纪律处分；造成重大大气污染事故，导致公私财产重大损失或者人身伤亡的严重后果，构成犯罪的，依法追究刑事责任。

第六十二条　造成大气污染危害的单位，有责任排除危害，并对直接遭受损失的单位或者个人赔偿损失。

赔偿责任和赔偿金额的纠纷，可以根据当事人的请求，由环境保护行政主管部门调解处理；调解不成的，当事人可以向人民法院起诉。当事人也可以直接向人民法院起诉。

第六十三条　完全由于不可抗拒的自然灾害，并经及时采取合理措施，仍然不能避免造成大气污染损失的，免于承担责任。

第六十四条　环境保护行政主管部门或者其他有关部门违反本法第十四条第三款的规定，将征收的排污费挪作他用的，由审计机关或者监察机关责令退回挪用款项或者采取其他措施予以追回，对直接负责的主管人员和其他直接责任人员依法给予行政处分。

第六十五条　环境保护监督管理人员滥用职权、玩忽职守的，给予行政处分；构成犯罪的，依法追究刑事责任。

第七章　附　则

第六十六条　本法自2000年9月1日起施行。

中华人民共和国环境噪声污染防治法

（1996年10月29日第八届全国人民代表大会常务委员会第二十二次会议通过，1996年10月29日中华人民共和国主席令第77号公布，自1997年3月1日起施行）

第一章　总　则

第一条　为防治环境噪声污染，保护和改善生活环境，保障人体健康，促进经济和社会发展，制定本法。

第二条　本法所称环境噪声，是指在工业生产、建筑施工、交通运输和社会生活中所产生的干扰周围生活环境的声音。

本法所称环境噪声污染，是指所产生的环境噪声超过国家规定的环境噪声排放标准，并干扰他人正常生活、工作和学习的现象。

第三条　本法适用于中华人民共和国领域内环境噪声污染的防治。

因从事本职生产、经营工作受到噪声危害的防治，不适用本法。

第四条　国务院和地方各级人民政府应当将环境噪声污染防治工作纳入环境保护规划，并采取有利于声环境保护的经济、技术政策和措施。

第五条　地方各级人民政府在制定城乡建设规划时，应当充分考虑建设项目和区域开发、改造所产生的噪声对周围生活环境的影响，统筹规划，合理安排功能区和建设布局，防止或者减轻环境噪声污染。

第六条　国务院环境保护行政主管部门对全国环境噪声污染防治实施统一监督管理。

县级以上地方人民政府环境保护行政主管部门对本行政区域内的环境噪声污染防治实施统一监督管理。

各级公安、交通、铁路、民航等主管部门和港务监督机构，根据各自的职责，对交通运输和社会生活噪声污染防治实施监督管理。

第七条　任何单位和个人都有保护声环境的义务，并有权对造成环境噪声污染的单位和个人进行检举和控告。

第八条　国家鼓励、支持环境噪声污染防治的科学研究、技术开发，推广先进的防治技术和普及防治环境噪声污染的科学知识。

第九条　对在环境噪声污染防治方面成绩显著的单位和个人，由人民政府给予奖励。

第二章　环境噪声污染防治的监督管理

第十条　国务院环境保护行政主管部门分别不同的功能区制定国家声环境质量标准。

县级以上地方人民政府根据国家声环境质量标准，划定本行政区域内各类声环境质量标准的适用区域，并进行管理。

第十一条　国务院环境保护行政主管部门根据国家声环境质量标准和国家经济、技术条件，制定国家环境噪声排放标准。

第十二条　城市规划部门在确定建设布局时，应当依据国家声环境质量标准和民用建筑隔声设计规范，合理划定建筑物与交通干线的防噪声距离，并提出相应的规划设计要求。

第十三条　新建、改建、扩建的建设项目，必须遵守国家有关建设项目环境保护管理的规定。

建设项目可能产生环境噪声污染的，建设单位必须提出环境影响报告书，规定环境噪声污染的防治措施，并按照国家规定的程序报环境保护行政主管部门批准。

环境影响报告书中，应当有该建设项目所在地单位和居民的意见。

第十四条　建设项目的环境噪声污染防治设施必须与主体工程同时设计、同时施工、同时投产使用。

建设项目在投入生产或者使用之前，其环境噪声污染防治设施必须经原审批环境影响报告书的环境保护行政主管部门验收；达不到国家规定要求的，该建设项目不得投入生产或者使用。

第十五条　产生环境噪声污染的企业事业单位，必须保持防治环境噪声污染的设施的正常使用；拆除或者闲置环境噪声污染防治设施的，必须事先报经所在地的县级以上地方人民政府环境保护行政主管部门批准。

第十六条　产生环境噪声污染的单位，应当采取措施进行治理，并按照国家规定缴纳超标准排污费。

征收的超标准排污费必须用于污染的防治，不得挪作他用。

第十七条　对于在噪声敏感建筑物集中区域内造成严重环境噪声污染的企业事业单位，限期治理。

被限期治理的单位必须按期完成治理任务。限期治理由县级以上人民政府按照国务院规定的权限决定。

对小型企业事业单位的限期治理，可以由县级以上人民政府在国务院规定的权限内授权其环境保护行政主管部门决定。

第十八条　国家对环境噪声污染严重的落后设备实行淘汰制度。

国务院经济综合主管部门应当会同国务院有关部门公布限期禁止生产、禁止销售、禁止进口的环境噪声污染严重的设备名录。

生产者、销售者或者进口者必须在国务院经济综合主管部门会同国务院有关部门规定的期限内分别停止生产、销售或者进口列入前款规定的名录中的设备。

第十九条　在城市范围内从事生产活动确需排放偶发性强烈噪声的，必须事先向当地公安机关提出申请，经批准后方可进行。当地公安机关应当向社会公告。

第二十条　国务院环境保护行政主管部门应当建立环境噪声监测制度，制定监测规范，并会同有关部门组织监测网络。

环境噪声监测机构应当按照国务院环境保护行政主管部门的规定报送环境噪

声监测结果。

第二十一条　县级以上人民政府环境保护行政主管部门和其他环境噪声污染防治工作的监督管理部门、机构，有权依据各自的职责对管辖范围内排放环境噪声的单位进行现场检查。被检查的单位必须如实反映情况，并提供必要的资料。检查部门、机构应当为被检查的单位保守技术秘密和业务秘密。

检查人员进行现场检查，应当出示证件。

第三章　工业噪声污染防治

第二十二条　本法所称工业噪声，是指在工业生产活动中使用固定的设备时产生的干扰周围生活环境的声音。

第二十三条　在城市范围内向周围生活环境排放工业噪声的，应当符合国家规定的工业企业厂界环境噪声排放标准。

第二十四条　在工业生产中因使用固定的设备造成环境噪声污染的工业企业，必须按照国务院环境保护行政主管部门的规定，向所在地的县级以上地方人民政府环境保护行政主管部门申报拥有的造成环境噪声污染的设备的种类、数量以及在正常作业条件下所发出的噪声值和防治环境噪声污染的设施情况，并提供防治噪声污染的技术资料。

造成环境噪声污染的设备的种类、数量、噪声值和防治设施有重大改变的，必须及时申报，并采取应有的防治措施。

第二十五条　产生环境噪声污染的工业企业，应当采取有效措施，减轻噪声对周围生活环境的影响。

第二十六条　国务院有关主管部门对可能产生环境噪声污染的工业设备，应当根据声环境保护的要求和国家的经济、技术条件，逐步在依法制定的产品的国家标准、行业标准中规定噪声限值。

前款规定的工业设备运行时发出的噪声值，应当在有关技术文件中予以注明。

第四章　建筑施工噪声污染防治

第二十七条　本法所称建筑施工噪声，是指在建筑施工过程中产生的干扰周围生活环境的声音。

第二十八条　在城市市区范围内向周围生活环境排放建筑施工噪声的，应当符合国家规定的建筑施工场界环境噪声排放标准。

第二十九条　在城市市区范围内，建筑施工过程中使用机械设备，可能产生环境噪声污染的，施工单位必须在工程开工十五日以前向工程所在地县级以上地方人民政府环境保护行政主管部门申报该工程的项目名称、施工场所和期限、可能产生的环境噪声值以及所采取的环境噪声污染防治措施的情况。

第三十条　在城市市区噪声敏感建筑物集中区域内，禁止夜间进行产生环境噪声污染的建筑施工作业，但抢修、抢险作业和因生产工艺上要求或者特殊需要必须连续作业的除外。

因特殊需要必须连续作业的，必须有县级以上人民政府或者其有关主管部门的证明。

前款规定的夜间作业，必须公告附近居民。

第五章　交通运输噪声污染防治

第三十一条　本法所称交通运输噪声，是指机动车辆、铁路机车、机动船舶、航空器等交通运输工具在运行时所产生的干扰周围生活环境的声音。

第三十二条　禁止制造、销售或者进口超过规定的噪声限值的汽车。

第三十三条　在城市市区范围内行驶的机动车辆的消声器和喇叭必须符合国家规定的要求。机动车辆必须加强维修和保养，保持技术性能良好，防治环境噪声污染。

第三十四条　机动车辆在城市市区范围内行驶，机动船舶在城市市区的内河航道航行，铁路机车驶经或者进入城市市区、疗养区时，必须按照规定使用声响装置。

警车、消防车、工程抢险车、救护车等机动车辆安装、使用警报器，必须符合国务院公安部门的规定；在执行非紧急任务时，禁止使用警报器。

第三十五条　城市人民政府公安机关可以根据本地城市市区区域声环境保护的需要，划定禁止机动车辆行驶和禁止其使用声响装置的路段和时间，并向社会公告。

第三十六条　建设经过已有的噪声敏感建筑物集中区域的高速公路和城市高架、轻轨道路，有可能造成环境噪声污染的，应当设置声屏障或者采取其他有效的控制环境噪声污染的措施。

第三十七条　在已有的城市交通干线的两侧建设噪声敏感建筑物的，建设单位应当按照国家规定间隔一定距离，并采取减轻、避免交通噪声影响的措施。

第三十八条　在车站、铁路编组站、港口、码头、航空港等地指挥作业时使用广播喇叭的，应当控制音量，减轻噪声对周围生活环境的影响。

第三十九条　穿越城市居民区、文教区的铁路，因铁路机车运行造成环境噪声污染的，当地城市人民政府应当组织铁路部门和其他有关部门，制定减轻环境噪声污染的规划。铁路部门和其他有关部门应当按照规划的要求，采取有效措施，减轻环境噪声污染。

第四十条　除起飞、降落或者依法规定的情形以外，民用航空器不得飞越城市市区上空。城市人民政府应当在航空器起飞、降落的净空周围划定限制建设噪声敏感建筑物的区域；在该区域内建设噪声敏感建筑物的，建设单位应当采取减轻、避免航空器运行时产生的噪声影响的措施。民航部门应当采取有效措施，减轻环境噪声污染。

第六章　社会生活噪声污染防治

第四十一条　本法所称社会生活噪声，是指人为活动所产生的除工业噪声、建筑施工噪声和交通运输噪声之外的干扰周围生活环境的声音。

第四十二条　在城市市区噪声敏感建筑物集中区域内，因商业经营活动中使用固定设备造成环境噪声污染的商业企业，必须按照国务院环境保护行政主管部门的规定，向所在地的县级以上地方人民政府环境保护行政主管部门申报拥有的造成环境噪声污染的设备的状况和防治环境噪声污染的设施的情况。

第四十三条　新建营业性文化娱乐场所的边界噪声必须符合国家规定的环境噪声排放标准；不符合国家规定的环境噪声排放标准的，文化行政主管部门不得核发文化经营许可证，工商行政管理部门不得核发营业执照。

经营中的文化娱乐场所，其经营管理者必须采取有效措施，使其边界噪声不超过国家规定的环境噪声排放标准。

第四十四条　禁止在商业经营活动中使用高音广播喇叭或者采用其他发出高噪声的方法招揽顾客。

在商业经营活动中使用空调器、冷却塔等可能产生环境噪声污染的设备、设施的，其经营管理者应当采取措施，使其边界噪声不超过国家规定的环境噪声排放标准。

第四十五条　禁止任何单位、个人在城市市区噪声敏感建筑物集中区域内使用高音广播喇叭。

在城市市区街道、广场、公园等公共场所组织娱乐、集会等活动，使用音响器材可能产生干扰周围生活环境的过大音量的，必须遵守当地公安机关的规定。

第四十六条　使用家用电器、乐器或者进行其他家庭室内娱乐活动时，应当控制音量或者采取其他有效措施，避免对周围居民造成环境噪声污染。

第四十七条　在已竣工交付使用的住宅楼进行室内装修活动，应当限制作业时间，并采取其他有效措施，以减轻、避免对周围居民造成环境噪声污染。

第七章　法律责任

第四十八条　违反本法第十四条的规定，建设项目中需要配套建设的环境噪声污染防治设施没有建成或者没有达到国家规定的要求，擅自投入生产或者使用的，由批准该建设项目的环境影响报告书的环境保护行政主管部门责令停止生产或者使用，可以并处罚款。

第四十九条　违反本法规定，拒报或者谎报规定的环境噪声排放申报事项的，县级以上地方人民政府环境保护行政主管部门可以根据不同情节，给予警告或者处以罚款。

第五十条　违反本法第十五条的规定，未经环境保护行政主管部门批准，擅自拆除或者闲置环境噪声污染防治设施，致使环境噪声排放超过规定标准的，由县级以上地方人民政府环境保护行政主管部门责令改正，并处罚款。

第五十一条　违反本法第十六条的规定，不按照国家规定缴纳超标准排污费的，县级以上地方人民政府环境保护行政主管部门可以根据不同情节，给予警告或者处以罚款。

第五十二条　违反本法第十七条的规定，对经限期治理逾期未完成治理任务的企业事业单位，除依照国家规定加收超标准排污费外，可以根据所造成的危害后果处以罚款，或者责令停业、搬迁、关闭。

前款规定的罚款由环境保护行政主管部门决定。责令停业、搬迁、关闭由县级以上人民政府按照国务院规定的权限决定。

第五十三条　违反本法第十八条的规定，生产、销售、进口禁止生产、销售、进口的设备的，由县级以上人民政府经济综合主管部门责令改正；情节严重的，由县级以上人民政府经济综合主管部门提出意见，报请同级人民政府按照国务院规定的权限责令停业、关闭。

第五十四条　违反本法第十九条的规定，未经当地公安机关批准，进行产生偶发性强烈噪声活动的，由公安机关根据不同情节给予警告或者处以罚款。

第五十五条　排放环境噪声的单位违反本法第二十一条的规定，拒绝环境保护行政主管部门或者其他依照本法规定行使环境噪声监督管理权的部门、机构现场检查或者在被检查时弄虚作假的，环境保护行政主管部门或者其他依照本法规定行使环境噪声监督管理权的监督管理部门、机构可以根据不同情节，给予警告或者处以罚款。

第五十六条　建筑施工单位违反本法第三十条第一款的规定，在城市市区噪声敏感建筑物集中区域内，夜间进行禁止进行的产生环境噪声污染的建筑施工作业的，由工程所在地县级以上地方人民政府环境保护行政主管部门责令改正，可以并处罚款。

第五十七条　违反本法第三十四条的规定，机动车辆不按照规定使用声响装置的，由当地公安机关根据不同情节给予警告或者处以罚款。

机动船舶有前款违法行为的，由港务监督机构根据不同情节给予警告或者处以罚款。

铁路机车有第一款违法行为的，由铁路主管部门对有关责任人员给予行政处分。

第五十八条　违反本法规定，有下列行为之一的，由公安机关给予警告，可以并处罚款：

（一）在城市市区噪声敏感建筑物集中区域内使用高音广播喇叭；

（二）违反当地公安机关的规定，在城市市区街道、广场、公园等公共场所组织娱乐、集会等活动，使用音响器材，产生干扰周围生活环境的过大音量的；

（三）未按本法第四十六条和第四十七条规定采取措施，从家庭室内发出严重干扰周围居民生活的环境噪声的。

第五十九条　违反本法第四十三条第二款、第四十四条第二款的规定，造成环境噪声污染的，由县级以上地方人民政府环境保护行政主管部门责令改正，可以并处罚款。

第六十条　违反本法第四十四条第一款的规定，造成环境噪声污染的，由公安机关责令改正，可以并处罚款。

省级以上人民政府依法决定由县级以上地方人民政府环境保护行政主管部门行使前款规定的行政处罚权的，从其决定。

第六十一条　受到环境噪声污染危害的单位和个人，有权要求加害人排除危害；造成损失的，依法赔偿损失。

赔偿责任和赔偿金额的纠纷，可以根据当事人的请求，由环境保护行政主管部门或者其他环境噪声污染防治工作的监督管理部门、机构调解处理；调解不成的，当事人可以向人民法院起诉。当事人也可以直接向人民法院起诉。

第六十二条　环境噪声污染防治监督管理人员滥用职权、玩忽职守、徇私舞弊的，由其所在单位或者上级主管机关给予行政处分；构成犯罪的，依法追究刑事责任。

第八章　附　则

第六十三条　本法中下列用语的含义是：

（一）“噪声排放”是指噪声源向周围生活环境辐射噪声。

（二）“噪声敏感建筑物”是指医院、学校、机关、科研单位、住宅等需要保持安静的建筑物。

（三）“噪声敏感建筑物集中区域”是指医疗区、文教科研区和以机关或者居民住宅为主的区域。

（四）“夜间”是指晚二十二点至晨六点之间的期间。

（五）“机动车辆”是指汽车和摩托车。

第六十四条　本法自 1997 年 3 月 1 日起施行。1989 年 9 月 26 日国务院发布的《中华人民共和国环境噪声污染防治条例》同时废止。

中华人民共和国固体废物污染环境防治法

（1995 年 10 月 30 日第八届全国人民代表大会常务委员会第十六次会议通过，2004 年 12 月 29 日第十届全国人民代表大会常务委员会第十三次会议修订）

第一章　总　　则

第一条　为了防治固体废物污染环境，保障人体健康，维护生态安全，促进经济社会可持续发展，制定本法。

第二条　本法适用于中华人民共和国境内固体废物污染环境的防治。

固体废物污染海洋环境的防治和放射性固体废物污染环境的防治不适用本法。

第三条　国家对固体废物污染环境的防治，实行减少固体废物的产生量和危害性、充分合理利用固体废物和无害化处置固体废物的原则，促进清洁生产和循环经济发展。

国家采取有利于固体废物综合利用活动的经济、技术政策和措施，对固体废物实行充分回收和合理利用。

国家鼓励、支持采取有利于保护环境的集中处置固体废物的措施，促进固体废物污染环境防治产业发展。

第四条　县级以上人民政府应当将固体废物污染环境防治工作纳入国民经济和社会发展计划，并采取有利于固体废物污染环境防治的经济、技术政策和措施。

国务院有关部门、县级以上地方人民政府及其有关部门组织编制城乡建设、土地利用、区域开发、产业发展等规划，应当统筹考虑减少固体废物的产生量和危害性、促进固体废物的综合利用和无害化处置。

第五条　国家对固体废物污染环境防治实行污染者依法负责的原则。

产品的生产者、销售者、进口者、使用者对其产生的固体废物依法承担污染防治责任。

第六条　国家鼓励、支持固体废物污染环境防治的科学研究、技术开发、推广先进的防治技术和普及固体废物污染环境防治的科学知识。

各级人民政府应当加强防治固体废物污染环境的宣传教育，倡导有利于环境保护的生产方式和生活方式。

第七条　国家鼓励单位和个人购买、使用再生产品和可重复利用产品。

第八条　各级人民政府对在固体废物污染环境防治工作以及相关的综合利用活动中作出显著成绩的单位和个人给予奖励。

第九条　任何单位和个人都有保护环境的义务，并有权对造成固体废物污染环境的单位和个人进行检举和控告。

第十条　国务院环境保护行政主管部门对全国固体废物污染环境的防治工作实施统一监督管理。国务院有关部门在各自的职责范围内负责固体废物污染环境防治的监督管理工作。

县级以上地方人民政府环境保护行政主管部门对本行政区域内固体废物污染环境的防治工作实施统一监督管理。县级以上地方人民政府有关部门在各自的职责范围内负责固体废物污染环境防治的监督管理工作。

国务院建设行政主管部门和县级以上地方人民政府环境卫生行政主管部门负责生活垃圾清扫、收集、贮存、运输和处置的监督管理工作。

第二章　固体废物污染环境防治的监督管理

第十一条　国务院环境保护行政主管部门会同国务院有关行政主管部门根据国家环境质量标准和国家经济、技术条件，制定国家固体废物污染环境防治技术标准。

第十二条　国务院环境保护行政主管部门建立固体废物污染环境监测制度，制定统一的监测规范，并会同有关部门组织监测网络。

大、中城市人民政府环境保护行政主管部门应当定期发布固体废物的种类、产生量、处置状况等信息。

第十三条　建设产生固体废物的项目以及建设贮存、利用、处置固体废物的项目，必须依法进行环境影响评价，并遵守国家有关建设项目环境保护管理的规定。

第十四条　建设项目的环境影响评价文件确定需要配套建设的固体废物污染环境防治设施，必须与主体工程同时设计、同时施工、同时投入使用。固体废物污染环境防治设施必须经原审批环境影响评价文件的环境保护行政主管部门验收合格后，该建设项目方可投入生产或者使用。对固体废物污染环境防治设施的验收应当与对主体工程的验收同时进行。

第十五条　县级以上人民政府环境保护行政主管部门和其他固体废物污染环境防治工作的监督管理部门，有权依据各自的职责对管辖范围内与固体废物污染环境防治有关的单位进行现场检查。被检查的单位应当如实反映情况，提供必要的数据。检查机关应当为被检查的单位保守技术秘密和业务秘密。

检查机关进行现场检查时，可以采取现场监测、采集样品、查阅或者复制与固体废物污染环境防治相关的数据等措施。检查人员进行现场检查，应当出示证件。

第三章　固体废物污染环境的防治

第一节　一般规定

第十六条　产生固体废物的单位和个人，应当采取措施，防止或者减少固体废物对环境的污染。

第十七条　收集、贮存、运输、利用、处置固体废物的单位和个人，必须采取防扬散、防流失、防渗漏或者其他防止污染环境的措施；不得擅自倾倒、堆放、丢弃、遗撒固体废物。

禁止任何单位或者个人向江河、湖泊、运河、渠道、水库及其最高水位线以下的滩地和岸坡等法律、法规规定禁止倾倒、堆放废弃物的地点倾倒、堆放固体废物。

第十八条　产品和包装物的设计、制造，应当遵守国家有关清洁生产的规定。国务院标准化行政主管部门应当根据国家经济和技术条件、固体废物污染环境防治状况以及产品的技术要求，组织制定有关标准，防止过度包装造成环境污染。

生产、销售、进口依法被列入强制回收目录的产品和包装物的企业，必须按照国家有关规定对该产品和包装物进行回收。

第十九条　国家鼓励科研、生产单位研究、生产易回收利用、易处置或者在环境中可降解的薄膜覆盖物和商品包装物。

使用农用薄膜的单位和个人，应当采取回收利用等措施，防止或者减少农用薄膜对环境的污染。

第二十条　从事畜禽规模养殖应当按照国家有关规定收集、贮存、利用或者处置养殖过程中产生的畜禽粪便，防止污染环境。

禁止在人口集中地区、机场周围、交通干线附近以及当地人民政府划定的区域露天焚烧秸秆。

第二十一条　对收集、贮存、运输、处置固体废物的设施、设备和场所，应当加强管理和维护，保证其正常运行和使用。

第二十二条　在国务院和国务院有关主管部门及省、自治区、直辖市人民政府划定的自然保护区、风景名胜区、饮用水水源保护区、基本农田保护区和其他需要特别保护的区域内，禁止建设工业固体废物集中贮存、处置的设施、场所和生活垃圾填埋场。

第二十三条　转移固体废物出省、自治区、直辖市行政区域贮存、处置的，应当向固体废物移出地的省、自治区、直辖市人民政府环境保护行政主管部门提出申请。移出地的省、自治区、直辖市人民政府环境保护行政主管部门应当商经接受地的省、自治区、直辖市人民政府环境保护行政主管部门同意后，方可批准转移该固体废物出省、自治区、直辖市行政区域。未经批准的，不得转移。

第二十四条　禁止中华人民共和国境外的固体废物进境倾倒、堆放、处置。

第二十五条　禁止进口不能用作原料或者不能以无害化方式利用的固体废物；对可以用作原料的固体废物实行限制进口和自动许可进口分类管理。

国务院环境保护行政主管部门会同国务院对外贸易主管部门、国务院经济综合宏观调控部门、海关总署、国务院质量监督检验检疫部门制定、调整并公布禁止进口、限制进口和自动许可进口的固体废物目录。

禁止进口列入禁止进口目录的固体废物。进口列入限制进口目录的固体废物，应当经国务院环境保护行政主管部门会同国务院对外贸易主管部门审查许可。进口列入自动许可进口目录的固体废物，应当依法办理自动许可手续。

进口的固体废物必须符合国家环境保护标准，并经质量监督检验检疫部门检验合格。

进口固体废物的具体管理办法，由国务院环境保护行政主管部门会同国务院对外贸易主管部门、国务院经济综合宏观调控部门、海关总署、国务院质量监督检验检疫部门制定。

第二十六条　进口者对海关将其所进口的货物纳入固体废物管理范围不服的，可以依法申请行政复议，也可以向人民法院提起行政诉讼。

第二节　工业固体废物污染环境的防治

第二十七条　国务院环境保护行政主管部门应当会同国务院经济综合宏观调

控部门和其他有关部门对工业固体废物对环境的污染作出界定，制定防治工业固体废物污染环境的技术政策，组织推广先进的防治工业固体废物污染环境的生产工艺和设备。

第二十八条　国务院经济综合宏观调控部门应当会同国务院有关部门组织研究、开发和推广减少工业固体废物产生量和危害性的生产工艺和设备，公布限期淘汰产生严重污染环境的工业固体废物的落后生产工艺、落后设备的名录。

生产者、销售者、进口者、使用者必须在国务院经济综合宏观调控部门会同国务院有关部门规定的期限内分别停止生产、销售、进口或者使用列入前款规定的名录中的设备。生产工艺的采用者必须在国务院经济综合宏观调控部门会同国务院有关部门规定的期限内停止采用列入前款规定的名录中的工艺。

列入限期淘汰名录被淘汰的设备，不得转让给他人使用。

第二十九条　县级以上人民政府有关部门应当制定工业固体废物污染环境防治工作规划，推广能够减少工业固体废物产生量和危害性的先进生产工艺和设备，推动工业固体废物污染环境防治工作。

第三十条　产生工业固体废物的单位应当建立、健全污染环境防治责任制度，采取防治工业固体废物污染环境的措施。

第三十一条　企业事业单位应当合理选择和利用原材料、能源和其他资源，采用先进的生产工艺和设备，减少工业固体废物产生量，降低工业固体废物的危害性。

第三十二条　国家实行工业固体废物申报登记制度。

产生工业固体废物的单位必须按照国务院环境保护行政主管部门的规定，向所在地县级以上地方人民政府环境保护行政主管部门提供工业固体废物的种类、产生量、流向、贮存、处置等有关资料。

前款规定的申报事项有重大改变的，应当及时申报。

第三十三条　企业事业单位应当根据经济、技术条件对其产生的工业固体废物加以利用；对暂时不利用或者不能利用的，必须按照国务院环境保护行政主管部门的规定建设贮存设施、场所，安全分类存放，或者采取无害化处置措施。

建设工业固体废物贮存、处置的设施、场所，必须符合国家环境保护标准。

第三十四条　禁止擅自关闭、闲置或者拆除工业固体废物污染环境防治设施、场所；确有必要关闭、闲置或者拆除的，必须经所在地县级以上地方人民政府环境保护行政主管部门核准，并采取措施，防止污染环境。

第三十五条　产生工业固体废物的单位需要终止的，应当事先对工业固体废物的贮存、处置的设施、场所采取污染防治措施，并对未处置的工业固体废物作出妥善处置，防止污染环境。

产生工业固体废物的单位发生变更的，变更后的单位应当按照国家有关环境保护的规定对未处置的工业固体废物及其贮存、处置的设施、场所进行安全处置或者采取措施保证该设施、场所安全运行。变更前当事人对工业固体废物及其贮存、处置的设施、场所的污染防治责任另有约定的，从其约定；但是，不得免除当事人的污染防治义务。

对本法施行前已经终止的单位未处置的工业固体废物及其贮存、处置的设施、场所进行安全处置的费用，由有关人民政府承担；但是，该单位享有的土地使用权依法转让的，应当由土地使用权受让人承担处置费用。当事人另有约定的，从其约定；但是，不得免除当事人的污染防治义务。

第三十六条　矿山企业应当采取科学的开采方法和选矿工艺，减少尾矿、矸石、废石等矿业固体废物的产生量和贮存量。

尾矿、矸石、废石等矿业固体废物贮存设施停止使用后，矿山企业应当按照国家有关环境保护规定进行封场，防止造成环境污染和生态破坏。

第三十七条　拆解、利用、处置废弃电器产品和废弃机动车船，应当遵守有关法律、法规的规定，采取措施，防止污染环境。

第三节　生活垃圾污染环境的防治

第三十八条　县级以上人民政府应当统筹安排建设城乡生活垃圾收集、运输、处置设施，提高生活垃圾的利用率和无害化处置率，促进生活垃圾收集、处置的产业化发展，逐步建立和完善生活垃圾污染环境防治的社会服务体系。

第三十九条　县级以上地方人民政府环境卫生行政主管部门应当组织对城市生活垃圾进行清扫、收集、运输和处置，可以通过招标等方式选择具备条件的单位从事生活垃圾的清扫、收集、运输和处置。

第四十条　对城市生活垃圾应当按照环境卫生行政主管部门的规定，在指定的地点放置，不得随意倾倒、抛撒或者堆放。

第四十一条　清扫、收集、运输、处置城市生活垃圾，应当遵守国家有关环境保护和环境卫生管理的规定，防止污染环境。

第四十二条　对城市生活垃圾应当及时清运，逐步做到分类收集和运输，并积极开展合理利用和实施无害化处置。

第四十三条　城市人民政府应当有计划地改进燃料结构，发展城市煤气、天然气、液化气和其他清洁能源。

城市人民政府有关部门应当组织净菜进城，减少城市生活垃圾。

城市人民政府有关部门应当统筹规划，合理安排收购网点，促进生活垃圾的回收利用工作。

第四十四条　建设生活垃圾处置的设施、场所，必须符合国务院环境保护行政主管部门和国务院建设行政主管部门规定的环境保护和环境卫生标准。

禁止擅自关闭、闲置或者拆除生活垃圾处置的设施、场所；确有必要关闭、闲置或者拆除的，必须经所在地县级以上地方人民政府环境卫生行政主管部门和环境保护行政主管部门核准，并采取措施，防止污染环境。

第四十五条　从生活垃圾中回收的物质必须按照国家规定的用途或者标准使用，不得用于生产可能危害人体健康的产品。

第四十六条　工程施工单位应当及时清运工程施工过程中产生的固体废物，并按照环境卫生行政主管部门的规定进行利用或者处置。

第四十七条　从事公共交通运输的经营单位，应当按照国家有关规定，清扫、收集运输过程中产生的生活垃圾。

第四十八条　从事城市新区开发、旧区改建和住宅小区开发建设的单位，以及机场、码头、车站、公园、商店等公共设施、场所的经营管理单位，应当按照国家有关环境卫生的规定，配套建设生活垃圾收集设施。

第四十九条　农村生活垃圾污染环境防治的具体办法，由地方性法规规定。

第四章　危险废物污染环境防治的特别规定

第五十条　危险废物污染环境的防治，适用本章规定；本章未作规定的，适用本法其他有关规定。

第五十一条　国务院环境保护行政主管部门应当会同国务院有关部门制定国家危险废物名录，规定统一的危险废物鉴别标准、鉴别方法和识别标志。

第五十二条　对危险废物的容器和包装物以及收集、贮存、运输、处置危险废物的设施、场所，必须设置危险废物识别标志。

第五十三条　产生危险废物的单位，必须按照国家有关规定制定危险废物管理计划，并向所在地县级以上地方人民政府环境保护行政主管部门申报危险废物的种类、产生量、流向、贮存、处置等有关资料。

前款所称危险废物管理计划应当包括减少危险废物产生量和危害性的措施以及危险废物贮存、利用、处置措施。危险废物管理计划应当报产生危险废物的单位所在地县级以上地方人民政府环境保护行政主管部门备案。

本条规定的申报事项或者危险废物管理计划内容有重大改变的，应当及时申报。

第五十四条　国务院环境保护行政主管部门会同国务院经济综合宏观调控部门组织编制危险废物集中处置设施、场所的建设规划，报国务院批准后实施。

县级以上地方人民政府应当依据危险废物集中处置设施、场所的建设规划组织建设危险废物集中处置设施、场所。

第五十五条　产生危险废物的单位，必须按照国家有关规定处置危险废物，不得擅自倾倒、堆放；不处置的，由所在地县级以上地方人民政府环境保护行政主管部门责令限期改正；逾期不处置或者处置不符合国家有关规定的，由所在地县级以上地方人民政府环境保护行政主管部门指定单位按照国家有关规定代为处置，处置费用由产生危险废物的单位承担。

第五十六条　以填埋方式处置危险废物不符合国务院环境保护行政主管部门规定的，应当缴纳危险废物排污费。危险废物排污费征收的具体办法由国务院规定。

危险废物排污费用于污染环境的防治，不得挪作他用。

第五十七条　从事收集、贮存、处置危险废物经营活动的单位，必须向县级以上人民政府环境保护行政主管部门申请领取经营许可证；从事利用危险废物经营活动的单位，必须向国务院环境保护行政主管部门或者省、自治区、直辖市人民政府环境保护行政主管部门申请领取经营许可证。具体管理办法由国务院规定。

禁止无经营许可证或者不按照经营许可证规定从事危险废物收集、贮存、利用、处置的经营活动。

禁止将危险废物提供或者委托给无经营许可证的单位从事收集、贮存、利用、处置的经营活动。

第五十八条　收集、贮存危险废物，必须按照危险废物特性分类进行。禁止混合收集、贮存、运输、处置性质不兼容而未经安全性处置的危险废物。

贮存危险废物必须采取符合国家环境保护标准的防护措施，并不得超过一年；确需延长期限的，必须报经原批准经营许可证的环境保护行政主管部门批准；法律、行政法规另有规定的除外。

禁止将危险废物混入非危险废物中贮存。

第五十九条　转移危险废物的，必须按照国家有关规定填写危险废物转移联单，并向危险废物移出地设区的市级以上地方人民政府环境保护行政主管部门提出申请。移出地设区的市级以上地方人民政府环境保护行政主管部门应当商经接受地设区的市级以上地方人民政府环境保护行政主管部门同意后，方可批准转移该危险废物。未经批准的，不得转移。

转移危险废物途经移出地、接受地以外行政区域的，危险废物移出地设区的市级以上地方人民政府环境保护行政主管部门应当及时通知沿途经过的设区的市级以上地方人民政府环境保护行政主管部门。

第六十条　运输危险废物，必须采取防止污染环境的措施，并遵守国家有关危险货物运输管理的规定。

禁止将危险废物与旅客在同一运输工具上载运。

第六十一条　收集、贮存、运输、处置危险废物的场所、设施、设备和容器、包装物及其他物品转作他用时，必须经过消除污染的处理，方可使用。

第六十二条　产生、收集、贮存、运输、利用、处置危险废物的单位，应当制定意外事故的防范措施和应急预案，并向所在地县级以上地方人民政府环境保护行政主管部门备案；环境保护行政主管部门应当进行检查。

第六十三条　因发生事故或者其他突发性事件，造成危险废物严重污染环境的单位，必须立即采取措施消除或者减轻对环境的污染危害，及时通报可能受到污染危害的单位和居民，并向所在地县级以上地方人民政府环境保护行政主管部门和有关部门报告，接受调查处理。

第六十四条　在发生或者有证据证明可能发生危险废物严重污染环境、威胁居民生命财产安全时，县级以上地方人民政府环境保护行政主管部门或者其他固体废物污染环境防治工作的监督管理部门必须立即向本级人民政府和上一级人民政府有关行政主管部门报告，由人民政府采取防止或者减轻危害的有效措施。有关人民政府可以根据需要责令停止导致或者可能导致环境污染事故的作业。

第六十五条　重点危险废物集中处置设施、场所的退役费用应当预提，列入投资概算或者经营成本。具体提取和管理办法，由国务院财政部门、价格主管部门会同国务院环境保护行政主管部门规定。

第六十六条　禁止经中华人民共和国过境转移危险废物。

第五章　法律责任

第六十七条　县级以上人民政府环境保护行政主管部门或者其他固体废物污染环境防治工作的监督管理部门违反本法规定，有下列行为之一的，由本级人民政府或者上级人民政府有关行政主管部门责令改正，对负有责任的主管人员和其他直接责任人员依法给予行政处分；构成犯罪的，依法追究刑事责任：

（一）不依法作出行政许可或者办理批准文件的；

（二）发现违法行为或者接到对违法行为的举报后不予查处的；

（三）有不依法履行监督管理职责的其他行为的。

第六十八条　违反本法规定，有下列行为之一的，由县级以上人民政府环境保护行政主管部门责令停止违法行为，限期改正，处以罚款：

（一）不按照国家规定申报登记工业固体废物，或者在申报登记时弄虚作假的；

（二）对暂时不利用或者不能利用的工业固体废物未建设贮存的设施、场所安全分类存放，或者未采取无害化处置措施的；

（三）将列入限期淘汰名录被淘汰的设备转让给他人使用的；

（四）擅自关闭、闲置或者拆除工业固体废物污染环境防治设施、场所的；

（五）在自然保护区、风景名胜区、饮用水水源保护区、基本农田保护区和其他需要特别保护的区域内，建设工业固体废物集中贮存、处置的设施、场所和生活垃圾填埋场的；

（六）擅自转移固体废物出省、自治区、直辖市行政区域贮存、处置的；

（七）未采取相应防范措施，造成工业固体废物扬散、流失、渗漏或者造成其他环境污染的；

（八）在运输过程中沿途丢弃、遗撒工业固体废物的。

有前款第一项、第八项行为之一的，处五千元以上五万元以下的罚款；有前款第二项、第三项、第四项、第五项、第六项、第七项行为之一的，处一万元以上十万元以下的罚款。

第六十九条　违反本法规定，建设项目需要配套建设的固体废物污染环境防治设施未建成、未经验收或者验收不合格，主体工程即投入生产或者使用的，由审批该建设项目环境影响评价文件的环境保护行政主管部门责令停止生产或者使用，可以并处十万元以下的罚款。

第七十条　违反本法规定，拒绝县级以上人民政府环境保护行政主管部门或者其他固体废物污染环境防治工作的监督管理部门现场检查的，由执行现场检查的部门责令限期改正；拒不改正或者在检查时弄虚作假的，处二千元以上二万元以下的罚款。

第七十一条　从事畜禽规模养殖未按照国家有关规定收集、贮存、处置畜禽粪便，造成环境污染的，由县级以上地方人民政府环境保护行政主管部门责令限期改正，可以处五万元以下的罚款。

第七十二条　违反本法规定，生产、销售、进口或者使用淘汰的设备，或者采用淘汰的生产工艺的，由县级以上人民政府经济综合宏观调控部门责令改正；

情节严重的，由县级以上人民政府经济综合宏观调控部门提出意见，报请同级人民政府按照国务院规定的权限决定停业或者关闭。

第七十三条 尾矿、矸石、废石等矿业固体废物贮存设施停止使用后，未按照国家有关环境保护规定进行封场的，由县级以上地方人民政府环境保护行政主管部门责令限期改正，可以处五万元以上二十万元以下的罚款。

第七十四条 违反本法有关城市生活垃圾污染环境防治的规定，有下列行为之一的，由县级以上地方人民政府环境卫生行政主管部门责令停止违法行为，限期改正，处以罚款：

（一）随意倾倒、抛撒或者堆放生活垃圾的；

（二）擅自关闭、闲置或者拆除生活垃圾处置设施、场所的；

（三）工程施工单位不及时清运施工过程中产生的固体废物，造成环境污染的；

（四）工程施工单位不按照环境卫生行政主管部门的规定对施工过程中产生的固体废物进行利用或者处置的；

（五）在运输过程中沿途丢弃、遗撒生活垃圾的。

单位有前款第一项、第三项、第五项行为之一的，处五千元以上五万元以下的罚款；有前款第二项、第四项行为之一的，处一万元以上十万元以下的罚款。个人有前款第一项、第五项行为之一的，处二百元以下的罚款。

第七十五条 违反本法有关危险废物污染环境防治的规定，有下列行为之一的，由县级以上人民政府环境保护行政主管部门责令停止违法行为，限期改正，处以罚款：

（一）不设置危险废物识别标志的；

（二）不按照国家规定申报登记危险废物，或者在申报登记时弄虚作假的；

（三）擅自关闭、闲置或者拆除危险废物集中处置设施、场所的；

（四）不按照国家规定缴纳危险废物排污费的；

（五）将危险废物提供或者委托给无经营许可证的单位从事经营活动的；

（六）不按照国家规定填写危险废物转移联单或者未经批准擅自转移危险废物的；

（七）将危险废物混入非危险废物中贮存的；

（八）未经安全性处置，混合收集、贮存、运输、处置具有不兼容性质的危险废物的；

（九）将危险废物与旅客在同一运输工具上载运的；

（十）未经消除污染的处理将收集、贮存、运输、处置危险废物的场所、设施、设备和容器、包装物及其他物品转作他用的；

（十一）未采取相应防范措施，造成危险废物扬散、流失、渗漏或者造成其他环境污染的；

（十二）在运输过程中沿途丢弃、遗撒危险废物的；

（十三）未制定危险废物意外事故防范措施和应急预案的。

有前款第一项、第二项、第七项、第八项、第九项、第十项、第十一项、第十二项、第十三项行为之一的，处一万元以上十万元以下的罚款；有前款第三项、第五项、第六项行为之一的，处二万元以上二十万元以下的罚款；有前款第四项行为的，限期缴纳，逾期不缴纳的，处应缴纳危险废物排污费金额一倍以上三倍以下的罚款。

第七十六条　违反本法规定，危险废物产生者不处置其产生的危险废物又不承担依法应当承担的处置费用的，由县级以上地方人民政府环境保护行政主管部门责令限期改正，处代为处置费用一倍以上三倍以下的罚款。

第七十七条　无经营许可证或者不按照经营许可证规定从事收集、贮存、利用、处置危险废物经营活动的，由县级以上人民政府环境保护行政主管部门责令停止违法行为，没收违法所得，可以并处违法所得三倍以下的罚款。

不按照经营许可证规定从事前款活动的，还可以由发证机关吊销经营许可证。

第七十八条　违反本法规定，将中华人民共和国境外的固体废物进境倾倒、堆放、处置的，进口属于禁止进口的固体废物或者未经许可擅自进口属于限制进口的固体废物用作原料的，由海关责令退运该固体废物，可以并处十万元以上一百万元以下的罚款；构成犯罪的，依法追究刑事责任。进口者不明的，由承运人承担退运该固体废物的责任，或者承担该固体废物的处置费用。

逃避海关监管将中华人民共和国境外的固体废物运输进境，构成犯罪的，依法追究刑事责任。

第七十九条　违反本法规定，经中华人民共和国过境转移危险废物的，由海关责令退运该危险废物，可以并处五万元以上五十万元以下的罚款。

第八十条　对已经非法入境的固体废物，由省级以上人民政府环境保护行政主管部门依法向海关提出处理意见，海关应当依照本法第七十八条的规定作出处罚决定；已经造成环境污染的，由省级以上人民政府环境保护行政主管部门责令进口者消除污染。

第八十一条　违反本法规定，造成固体废物严重污染环境的，由县级以上人民政府环境保护行政主管部门按照国务院规定的权限决定限期治理；逾期未完成治理任务的，由本级人民政府决定停业或者关闭。

第八十二条　违反本法规定，造成固体废物污染环境事故的，由县级以上人民政府环境保护行政主管部门处二万元以上二十万元以下的罚款；造成重大损失的，按照直接损失的百分之三十计算罚款，但是最高不超过一百万元，对负有责任的主管人员和其他直接责任人员，依法给予行政处分；造成固体废物污染环境重大事故的，并由县级以上人民政府按照国务院规定的权限决定停业或者关闭。

第八十三条　违反本法规定，收集、贮存、利用、处置危险废物，造成重大环境污染事故，构成犯罪的，依法追究刑事责任。

第八十四条　受到固体废物污染损害的单位和个人，有权要求依法赔偿损失。

赔偿责任和赔偿金额的纠纷，可以根据当事人的请求，由环境保护行政主管部门或者其他固体废物污染环境防治工作的监督管理部门调解处理；调解不成的，当事人可以向人民法院提起诉讼。当事人也可以直接向人民法院提起诉讼。

国家鼓励法律服务机构对固体废物污染环境诉讼中的受害人提供法律援助。

第八十五条　造成固体废物污染环境的，应当排除危害，依法赔偿损失，并采取措施恢复环境原状。

第八十六条　因固体废物污染环境引起的损害赔偿诉讼，由加害人就法律规定的免责事由及其行为与损害结果之间不存在因果关系承担举证责任。

第八十七条　固体废物污染环境的损害赔偿责任和赔偿金额的纠纷，当事人可以委托环境监测机构提供监测数据。环境监测机构应当接受委托，如实提供有关监测数据。

第六章　附　　则

第八十八条　本法下列用语的含义：

（一）固体废物，是指在生产、生活和其他活动中产生的丧失原有利用价值或者虽未丧失利用价值但被抛弃或者放弃的固态、半固态和置于容器中的气态的物品、物质以及法律、行政法规规定纳入固体废物管理的物品、物质。

（二）工业固体废物，是指在工业生产活动中产生的固体废物。

（三）生活垃圾，是指在日常生活中或者为日常生活提供服务的活动中产生的固体废物以及法律、行政法规规定视为生活垃圾的固体废物。

（四）危险废物，是指列入国家危险废物名录或者根据国家规定的危险废物鉴别标准和鉴别方法认定的具有危险特性的固体废物。

（五）贮存，是指将固体废物临时置于特定设施或者场所中的活动。

（六）处置，是指将固体废物焚烧和用其他改变固体废物的物理、化学、生物特性的方法，达到减少已产生的固体废物数量、缩小固体废物体积、减少或者消除其危险成分的活动，或者将固体废物最终置于符合环境保护规定要求的填埋场的活动。

（七）利用，是指从固体废物中提取物质作为原材料或者燃料的活动。

第八十九条　液态废物的污染防治，适用本法；但是，排入水体的废水的污染防治适用有关法律，不适用本法。

第九十条　中华人民共和国缔结或者参加的与固体废物污染环境防治有关的国际条约与本法有不同规定的，适用国际条约的规定；但是，中华人民共和国声明保留的条款除外。

第九十一条　本法自2005年4月1日起施行。

中华人民共和国环境影响评价法

（2002年10月28日第九届全国人民代表大会常务委员会第三十次会议通过）

第一章　总　　则

第一条　为了实施可持续发展战略，预防因规划和建设项目实施后对环境造成不良影响，促进经济、社会和环境的协调发展，制定本法。

第二条　本法所称环境影响评价，是指对规划和建设项目实施后可能造成的环境影响进行分析、预测和评估，提出预防或者减轻不良环境影响的对策和措施，进行跟踪监测的方法与制度。

第三条　编制本法第九条所规定的范围内的规划，在中华人民共和国领域和中华人民共和国管辖的其他海域内建设对环境有影响的项目，应当依照本法进行环境影响评价。

第四条　环境影响评价必须客观、公开、公正，综合考虑规划或者建设项目实施后对各种环境因素及其所构成的生态系统可能造成的影响，为决策提供科学依据。

第五条　国家鼓励有关单位、专家和公众以适当方式参与环境影响评价。

第六条　国家加强环境影响评价的基础数据库和评价指标体系建设，鼓励和支持对环境影响评价的方法、技术规范进行科学研究，建立必要的环境影响评价信息共享制度，提高环境影响评价的科学性。

国务院环境保护行政主管部门应当会同国务院有关部门，组织建立和完善环境影响评价的基础数据库和评价指标体系。

第二章　规划的环境影响评价

第七条　国务院有关部门、设区的市级以上地方人民政府及其有关部门，对其组织编制的土地利用的有关规划，区域、流域、海域的建设、开发利用规划，应当在规划编制过程中组织进行环境影响评价，编写该规划有关环境影响的篇章或者说明。

规划有关环境影响的篇章或者说明，应当对规划实施后可能造成的环境影响作出分析、预测和评估，提出预防或者减轻不良环境影响的对策和措施，作为规划草案的组成部分一并报送规划审批机关。

未编写有关环境影响的篇章或者说明的规划草案，审批机关不予审批。

第八条　国务院有关部门、设区的市级以上地方人民政府及其有关部门，对其组织编制的工业、农业、畜牧业、林业、能源、水利、交通、城市建设、旅游、自然资源开发的有关专项规划（以下简称专项规划），应当在该专项规划草案上报审批前，组织进行环境影响评价，并向审批该专项规划的机关提出环境影响报告书。

前款所列专项规划中的指导性规划，按照本法第七条的规定进行环境影响评价。

第九条　依照本法第七条、第八条的规定进行环境影响评价的规划的具体范围，由国务院环境保护行政主管部门会同国务院有关部门规定，报国务院批准。

第十条　专项规划的环境影响报告书应当包括下列内容：

（一）实施该规划对环境可能造成影响的分析、预测和评估；

（二）预防或者减轻不良环境影响的对策和措施；

（三）环境影响评价的结论。

第十一条　专项规划的编制机关对可能造成不良环境影响并直接涉及公众环境权益的规划，应当在该规划草案报送审批前，举行论证会、听证会，或者采取其他形式，征求有关单位、专家和公众对环境影响报告书草案的意见。但是，国家规定需要保密的情形除外。

编制机关应当认真考虑有关单位、专家和公众对环境影响报告书草案的意见，并应当在报送审查的环境影响报告书中附具对意见采纳或者不采纳的说明。

第十二条　专项规划的编制机关在报批规划草案时，应当将环境影响报告书一并附送审批机关审查；未附送环境影响报告书的，审批机关不予审批。

第十三条　设区的市级以上人民政府在审批专项规划草案，作出决策前，应当先由人民政府指定的环境保护行政主管部门或者其他部门召集有关部门代表和专家组成审查小组，对环境影响报告书进行审查。审查小组应当提出书面审查意见。

参加前款规定的审查小组的专家，应当从按照国务院环境保护行政主管部门的规定设立的专家库内的相关专业的专家名单中，以随机抽取的方式确定。

由省级以上人民政府有关部门负责审批的专项规划，其环境影响报告书的审查办法，由国务院环境保护行政主管部门会同国务院有关部门制定。

第十四条　设区的市级以上人民政府或者省级以上人民政府有关部门在审批专项规划草案时，应当将环境影响报告书结论以及审查意见作为决策的重要依据。

在审批中未采纳环境影响报告书结论以及审查意见的，应当作出说明，并存档备查。

第十五条　对环境有重大影响的规划实施后，编制机关应当及时组织环境影响的跟踪评价，并将评价结果报告审批机关；发现有明显不良环境影响的，应当及时提出改进措施。

第三章　建设项目的环境影响评价

第十六条　国家根据建设项目对环境的影响程度，对建设项目的环境影响评价实行分类管理。

建设单位应当按照下列规定组织编制环境影响报告书、环境影响报告表或者填报环境影响登记表（以下统称环境影响评价文件）：

（一）可能造成重大环境影响的，应当编制环境影响报告书，对产生的环境影响进行全面评价；

（二）可能造成轻度环境影响的，应当编制环境影响报告表，对产生的环境影响进行分析或者专项评价；

（三）对环境影响很小、不需要进行环境影响评价的，应当填报环境影响登记表。

建设项目的环境影响评价分类管理名录，由国务院环境保护行政主管部门制定并公布。

第十七条　建设项目的环境影响报告书应当包括下列内容：

（一）建设项目概况；

（二）建设项目周围环境现状；

（三）建设项目对环境可能造成影响的分析、预测和评估；

（四）建设项目环境保护措施及其技术、经济论证；

（五）建设项目对环境影响的经济损益分析；

（六）对建设项目实施环境监测的建议；

（七）环境影响评价的结论。

涉及水土保持的建设项目，还必须有经水行政主管部门审查同意的水土保持方案。

环境影响报告表和环境影响登记表的内容和格式，由国务院环境保护行政主管部门制定。

第十八条　建设项目的环境影响评价，应当避免与规划的环境影响评价相重复。

作为一项整体建设项目的规划，按照建设项目进行环境影响评价，不进行规划的环境影响评价。

已经进行了环境影响评价的规划所包含的具体建设项目，其环境影响评价内容建设单位可以简化。

第十九条　接受委托为建设项目环境影响评价提供技术服务的机构，应当经国务院环境保护行政主管部门考核审查合格后，颁发资质证书，按照资质证书规定的等级和评价范围，从事环境影响评价服务，并对评价结论负责。为建设项目环境影响评价提供技术服务的机构的资质条件和管理办法，由国务院环境保护行政主管部门制定。

国务院环境保护行政主管部门对已取得资质证书的为建设项目环境影响评价提供技术服务的机构的名单，应当予以公布。

为建设项目环境影响评价提供技术服务的机构，不得与负责审批建设项目环境影响评价文件的环境保护行政主管部门或者其他有关审批部门存在任何利益关系。

第二十条　环境影响评价文件中的环境影响报告书或者环境影响报告表，应当由具有相应环境影响评价资质的机构编制。

任何单位和个人不得为建设单位指定对其建设项目进行环境影响评价的机构。

第二十一条　除国家规定需要保密的情形外，对环境可能造成重大影响、应当编制环境影响报告书的建设项目，建设单位应当在报批建设项目环境影响报告书前，举行论证会、听证会，或者采取其他形式，征求有关单位、专家和公众的意见。

建设单位报批的环境影响报告书应当附具对有关单位、专家和公众的意见采纳或者不采纳的说明。

第二十二条　建设项目的环境影响评价文件，由建设单位按照国务院的规定报有审批权的环境保护行政主管部门审批；建设项目有行业主管部门的，其环境影响报告书或者环境影响报告表应当经行业主管部门预审后，报有审批权的环境保护行政主管部门审批。

海洋工程建设项目的海洋环境影响报告书的审批，依照《中华人民共和国海洋环境保护法》的规定办理。

审批部门应当自收到环境影响报告书之日起六十日内，收到环境影响报告表之日起三十日内，收到环境影响登记表之日起十五日内，分别作出审批决定并书面通知建设单位。

预审、审核、审批建设项目环境影响评价文件，不得收取任何费用。

第二十三条　国务院环境保护行政主管部门负责审批下列建设项目的环境影响评价文件：

（一）核设施、绝密工程等特殊性质的建设项目；

（二）跨省、自治区、直辖市行政区域的建设项目；

（三）由国务院审批的或者由国务院授权有关部门审批的建设项目。

前款规定以外的建设项目的环境影响评价文件的审批权限，由省、自治区、直辖市人民政府规定。

建设项目可能造成跨行政区域的不良环境影响，有关环境保护行政主管部门对该项目的环境影响评价结论有争议的，其环境影响评价文件由共同的上一级环境保护行政主管部门审批。

第二十四条　建设项目的环境影响评价文件经批准后，建设项目的性质、规模、地点、采用的生产工艺或者防治污染、防止生态破坏的措施发生重大变动的，建设单位应当重新报批建设项目的环境影响评价文件。

建设项目的环境影响评价文件自批准之日起超过五年，方决定该项目开工建设的，其环境影响评价文件应当报原审批部门重新审核；原审批部门应当自收到建设项目环境影响评价文件之日起十日内，将审核意见书面通知建设单位。

第二十五条　建设项目的环境影响评价文件未经法律规定的审批部门审查或者审查后未予批准的，该项目审批部门不得批准其建设，建设单位不得开工建设。

第二十六条　建设项目建设过程中，建设单位应当同时实施环境影响报告书、环境影响报告表以及环境影响评价文件审批部门审批意见中提出的环境保护对策措施。

第二十七条　在项目建设、运行过程中产生不符合经审批的环境影响评价文件的情形的，建设单位应当组织环境影响的后评价，采取改进措施，并报原环境影响评价文件审批部门和建设项目审批部门备案；原环境影响评价文件审批部门也可以责成建设单位进行环境影响的后评价，采取改进措施。

第二十八条　环境保护行政主管部门应当对建设项目投入生产或者使用后所产生的环境影响进行跟踪检查，对造成严重环境污染或者生态破坏的，应当查清原因、查明责任。对属于为建设项目环境影响评价提供技术服务的机构编制不实的环境影响评价文件的，依照本法第三十三条的规定追究其法律责任；属于审批部门工作人员失职、渎职，对依法不应批准的建设项目环境影响评价文件予以批准的，依照本法第三十五条的规定追究其法律责任。

第四章　法律责任

第二十九条　规划编制机关违反本法规定，组织环境影响评价时弄虚作假或者有失职行为，造成环境影响评价严重失实的，对直接负责的主管人员和其他直接责任人员，由上级机关或者监察机关依法给予行政处分。

第三十条　规划审批机关对依法应当编写有关环境影响的篇章或者说明而未编写的规划草案，依法应当附送环境影响报告书而未附送的专项规划草案，违法予以批准的，对直接负责的主管人员和其他直接责任人员，由上级机关或者监察机关依法给予行政处分。

第三十一条　建设单位未依法报批建设项目环境影响评价文件，或者未依照本法第二十四条的规定重新报批或者报请重新审核环境影响评价文件，擅自开工建设的，由有权审批该项目环境影响评价文件的环境保护行政主管部门责令停止建设，限期补办手续；逾期不补办手续的，可以处五万元以上二十万元以下的罚款，对建设单位直接负责的主管人员和其他直接责任人员，依法给予行政处分。

建设项目环境影响评价文件未经批准或者未经原审批部门重新审核同意，建设单位擅自开工建设的，由有权审批该项目环境影响评价文件的环境保护行政主管部门责令停止建设，可以处五万元以上二十万元以下的罚款，对建设单位直接负责的主管人员和其他直接责任人员，依法给予行政处分。

海洋工程建设项目的建设单位有前两款所列违法行为的，依照《中华人民共和国海洋环境保护法》的规定处罚。

第三十二条　建设项目依法应当进行环境影响评价而未评价，或者环境影响评价文件未经依法批准，审批部门擅自批准该项目建设的，对直接负责的主管人员和其他直接责任人员，由上级机关或者监察机关依法给予行政处分；构成犯罪的，依法追究刑事责任。

第三十三条　接受委托为建设项目环境影响评价提供技术服务的机构在环境影响评价工作中不负责任或者弄虚作假，致使环境影响评价文件失实的，由授予环境影响评价资质的环境保护行政主管部门降低其资质等级或者吊销其资质证书，并处所收费用一倍以上三倍以下的罚款；构成犯罪的，依法追究刑事责任。

第三十四条　负责预审、审核、审批建设项目环境影响评价文件的部门在审批中收取费用的，由其上级机关或者监察机关责令退还；情节严重的，对直接负责的主管人员和其他直接责任人员依法给予行政处分。

第三十五条　环境保护行政主管部门或者其他部门的工作人员徇私舞弊，滥用职权，玩忽职守，违法批准建设项目环境影响评价文件的，依法给予行政处分；构成犯罪的，依法追究刑事责任。

第五章　附　　则

第三十六条　省、自治区、直辖市人民政府可以根据本地的实际情况，要求对本辖区的县级人民政府编制的规划进行环境影响评价。具体办法由省、自治区、直辖市参照本法第二章的规定制定。

第三十七条　军事设施建设项目的环境影响评价办法，由中央军事委员会依照本法的原则制定。

第三十八条　本法自 2003 年 9 月 1 日起施行。

附录篇

一、中国政法大学环境资源法研究和服务中心简介

中国政法大学环境资源法研究和服务中心，又称“污染受害者法律帮助中心”，成立于1998年10月，是经中国政法大学批准，司法部备案的环境资源法研究机构，同时也是自筹资金为社会提供环境法律服务的民间环境保护团体。其成员由中国政法大学从事环境资源法研究和教学的教授、副教授为主，联合北京大学、清华大学、中国人民大学等多所高校和研究机构热心环境保护事业的法律和技术专家、学者、律师和研究生兼职组成。中国政法大学环境法教授、博士生导师王灿发先生任中心主任。中心以中国政法大学环境资源法研究所为依托，该研究所目前有教授、副教授等共10人。其中教授2人，副教授7人，讲师1人。其专业领域涵盖了环境法、自然资源法、国际环境法、比较环境法等各个环境资源法领域。

中心的宗旨

通过组织热心环境保护事业的法律专家、学者、律师和环境管理与技术专家对中国环境资源立法及实施问题开展专题研究、进行国际交流、对律师及环境执法和司法人员及公众进行环境法知识的培训，普及环境资源法知识，提高公众的环境法律意识和中国的环境资源立法、执法水平；通过对污染受害者提供法律帮助的方式，维护污染受害者的环境权益，促进中国环境资源法的执行和遵守。

中心的主要活动领域

——通过开办免费的污染受害者法律咨询热线电话、接待污染受害者的来信来访，为污染受害者提供无偿法律咨询服务。中心热线电话自 1999 年 11 月 1 日开通至 2009 年 9 月底，共答询来自全国各地的咨询电话 11 200 余人次，接待来访 630 多人次，来信回复 490 多封。通过热线咨询的污染受害者来自全国各地，除了西藏和台湾以外，几乎每一个省、自治区、直辖市都有求助者。在我们的帮助下，当事人所咨询的案件有的已经解决，有的正通过行政途径或司法途径解决。

——与一些律师事务所合作，承办环境案件，为因污染损害而无力支付诉讼费、律师代理费的典型、疑难环境案件的污染受害者垫付部分费用。目前中心已帮助江苏省石梁河水库污染损害赔偿案、北京市怀柔县养殖场水污染致鸭子死亡案、唐山市路北区缸窑路 78 号小区 118 人诉唐山焦化厂大气污染案、北京潘家园南里 97 户居民诉北京市规划委违法审批案、福建省屏南县 1 721 人诉榕屏化工有限公司大气污染、水污染等 130 多起污染损害赔偿案和要求环境保护部门履行环境保护法定职责的案件向法院提起诉讼，有的已经取得胜诉，维护了污染受害者的合法环境权益。

——免费对律师、法官、环境保护执法人员进行环境法律实务培训，建立全国的环境维权志愿律师网络。从 2001 年开始，连续 9 年免费培训了来自全国各地的 383 名律师，305 名法官，并培训环境行政执法人员 66 名。建立起了全国性的环境律师网络。

——组织举办国际及全国性环境法实施研讨会，促进环境法实施方面的国际和国内交流。中心于 2001 年、2004 年、2005 年，与日本环境会议等单位合作分别在北京市、日本熊本县和上海市召开了三届环境纠纷处理中日国际研讨会。2002 年在西安召开了“中国西部环境诉讼疑难案件研讨会”。2004 年 8 月与全国人大环境与资源保护委员会法案室联合在北京举办“环境损害赔偿立法国际研讨会”。2009 年 5 月与国家法官学院联合在北京举办“环境诉讼和环境法庭研讨会”。

2010 年 5 月与国家检察官学院联合在北京举办“中美环境犯罪与环境公益诉讼研讨会”。这些活动极大地促进了我国的环境法治建设和帮助污染受害者的能力建设。

——开展环境法律研究，完善中国环境立法。在帮助污染受害者的同时，中心还承担了国家和地方的多项研究课题。其中包括“环境影响评价法”、“清洁生产法”、“自然保护区法”、“畜禽养殖污染防治条例”、“转基因生物安全法”、“循环经济法”、“环境保护违法违纪行为处分暂行规定”、“公众参与环境保护办法”等法律、法规和规章的起草，推动了一些新的环境法律制度的建立。中心承担起草的《水污染防治法》修订案和《循环经济促进法》已获全国人大常委会通过。《消耗臭氧层物质管理条例》已由国务院颁布。

热线电话：010-62267459

传　　真：010-62221291

通信地址：北京市海淀区西土城路 25 号 中国政法大学环境资源法研究和服务中心

邮政编码：100088

电子邮件：office@clapv. org

网　　址：http：//www. clapv. org

二、中华环保联合会环境法律服务中心简介[①]

中华环保联合会环境法律服务中心是原国家环境保护总局批准和授权的非营利性机构，目前在环境保护部和中华环保联合会的领导下，自主开展环境维权和法律咨询服务工作。

中心的宗旨

该中心协助和配合政府部门落实环境保护目标和任务；组织开展维护环境权益和环境法律援助的理论研究和实践活动；参与和推动保护环境权益的立法；动员组织社会力量运用法律手段对环境权益受到侵害的公民、法人和其他组织，尤其是弱势群体，进行支持和援助；通过对环境权益的宣传教育，提高社会对维护环境权益的认识，增强自我保护意识。

中心的主要活动领域

——宣传普及环境权益知识；

——开展环境法律、政策咨询服务；

——非诉讼环境法律事务的代理：代理当事人与相关方磋商和调解，通过政府、媒体和其他社会组织，促使事件向有利于环境保护和维护环境权益的方向发展；

——环境诉讼代理；

---

① 参见中华环保联合会环境法律服务中心编：《环境维权法律常识》，2006。

——发挥社会团体的作用，鼓励检举各种环境违法行为；

——完善对污染受害者的法律援助机制，研究建立环境民事和行政公诉制度；

——能力建设和其他业务。

热线电话：010-51266665

传　　真：010-51266665

通信地址：北京市朝阳区和平里 14 区青年沟东路华表大厦 6 层中华环保联合会环境法律服务中心

邮政编码：100013

网　　址：http：//www.acef.com.cn

三、部分环境保护及相关部门的联系方式

名称	地址	邮编	联系电话	传真	网址	电子信箱
环境保护部	北京市西城区西直门南小街 115 号	100035	010-66556034	010-66556010	http://www. zhb. gov. cn	mailbox@sepa. gov. cn
中国环监测总站	北京市朝阳区安外大羊坊 8 号(乙)	100012	010-84943020		http://www. cnemc. cn	
国家海洋环境监测中心	辽宁省大连市沙河口区凌河街 42 号	116023	0411-84783123		http://www. nmemc. gov. cn	
北京市环境保护局	北京市海淀区车公庄西路 14 号	100044	010-12369 010-68413817		http://www. bjepb. gov. cn	xxzx@bjepb. gov. cn
吉林省环境保护局	吉林省长春市经济技术开发区浦东路 813 号	130033	0431-88906285		http://hbj. jl. gov. cn	hbj@mail. jl. gov. cn
辽宁省环境保护局	辽宁省沈阳市于洪区崇山东路 34 号	110033	024-86625210		http://www. lnepb. gov. cn/index. html	
上海市环境保护局	上海市大沽路 100 号	200003	021-23111111 021-63555605		http://www. sepb. gov. cn	sepb@envir. online. sh. cn
江苏省环境保护厅	江苏省南京市江东北路 176 号	210036	025-86266098		http://www. jshb. gov. cn/jshbw/index. html	jshbxjnews@126. con

续前表

名称	地址	邮编	联系电话	传真	网址	电子信箱
山西省环境保护局	山西省太原市滨河西路 21 号	030024	0351-6371143		http://www. sxhb. gov. cn/new/index. asp	2005sxhb@163. com
江西省环境保护局	江西省南昌市湖滨南路 16 号	330077	0791-8596532 0791-8596495	0791-8596532 0791-8596495	http://www. jxepb. gov. cn	
湖北省环境保护局	湖北省武汉市武昌八一路 346 号	430072	027-87167104 027-87167105 027-87167106	027-87861455	http://www. hbepb. gov. cn	12369@hbepb. gov. cn
山东省环境保护局	山东省济南市制锦市街 12 号	250012	0531-6106114		http://www. sdein. gov. cn	sdepb@sdein. gov. cn
广东省环境保护局	广东省广州市天河龙口西路 213 号	510630	020-87531893		http://www. gdepb. gov. cn	director@gdepb. gov. cn
四川省环境保护局	四川省成都市西御街 31 号	610015	028-86114531	028-86119656	http://www. schj. gov. cn	
云南省环境保护厅	云南省昆明市西园南路 27 号	650032			http://www. ynepb. gov. cn/color/default. aspx	ynepbxf@ynepb. gov. cn
广西壮族自治区环境保护局	广西南宁市民生路 2 号自治区人民政府主办公楼 6 楼 656 室	530012	0771-2803997	0771-2849817	http://www. gxepb. gov. cn	
甘肃省环境保护局	甘肃省兰州市广场南路 77 号省统办二号楼	730030	0931-8418246		http://www. gsep. gansu. gov. cn	

续前表

名称	地址	邮编	联系电话	传真	网址	电子信箱
内蒙古自治区环境保护局	内蒙古呼和浩特市赛罕区腾飞路 39 号	010010	0471-4632012		http://www.nmgepb.gov.cn/default.aspx	nmhbj@163.com
新疆维吾尔自治区环境保护局	新疆乌鲁木齐市健康路 221 号	830002	0991-2318719		http://www.xjepb.gov.cn	ldxx@mail.xjepb.gov.cn
海南省国土环境资源厅	海南省海口市美兰区美贤路 9 号	570203	0898-65338010		http://www.dloer.gov.cn	gthjzyt@hainan.gov.cn
重庆市环境保护局	重庆市渝北区冉家坝旗山路 252 号	401147	023-12369 023-89071236		http://www.cepb.gov.cn	einfo@cepb.gov.cn
安徽省环境保护局	安徽省合肥市长江西路 8 号	230061	0551-2821512	0551-2821072	http://www.aepb.gov.cn/pages/home.html	
贵州省环境保护局	贵州省贵阳市遵义路 83 号	550002	0851-5565958		http://www.gzhjbh.gov.cn	gzepbic1@public.cy.cz.cn
河南省环境保护局	河南省郑州市顺河路 1 号	450004	0371-66312369	0371-66309160	http://www.hnepb.cn	xzfw@hnep.gov.cn
黑龙江省环境保护局厅	黑龙江省哈尔滨市南岗区嵩山路 103 号	150001	0451-82330347 0451-87113013		http://www.hljdep.gov.cn	
湖南省环境保护局	湖南省长沙市万家丽中路 3 段 118 号	410014			http://www.hbj.hunan.gov.cn	

续前表

名称	地址	邮编	联系电话	传真	网址	电子信箱
宁夏回族自治区环境保护局	宁夏回族自治区银川市金凤区上海西路99-9	750004	投诉:0951-12369 信访:0951-5160987		http://www.nxep.gov.cn	nxepa@126.com
山东省环境保护局	山东省济南市制锦市街12号	250012	0531-86106114		http://www.sdein.gov.cn	sdepb@sdein.gov.cn
天津市环境保护局	天津市南开区复康路17号	300191	022-23051500	022-23051596	http://www.tjhb.gov.cn	tjhbj@nankai.net.cn
浙江省环境保护局	浙江省杭州市文一路306号	310012	0571-28869111	0571-28869161	http://www.zjepb.gov.cn	zepb@zjepb.gov.cn
河北省环境保护局	河北省石家庄市裕华西路106号	050051	0311-87908300		http://www.hebhb.gov.cn/template/mainpage02.asp	xxzxh@hb12369.net
福建省环境保护局	福建省福州市广达支路3号	350003	0591-87117185		http://www.fjepb.gov.cn	

四、部分民间环境保护组织

名称	地址	邮编	电话	传真	网址	电子信箱
中国政法大学污染受害者法律帮助中心	北京市海淀区西土城路25号	100088	010-62267459	010-62221291	http://www.clapv.org	office@clapv.org clapv@clapv.org
中华环保联合会环境法律服务中心	北京市朝阳区和平里14区青年沟东路华表大厦6层	100013	010-51266665	010-51266665	http://www.acef.com.cn	sshh@acef.com.cn
自然之友	北京市东城区甘雨胡同53号万博写字楼368室	100006	010-65232040 010-65120929	010-65286069	http://www.fon.org.cn	office@fon.org.cn
国际爱护动物基金会	北京市朝阳区西坝河南路1号金泰大厦908室	100028	010-64402960		http://ifaw-arc.org.cn/ifawarc	ifawarc@126.com
北京地球村	北京市朝阳区裕民路12号华展国际公寓C座301室	100029	010-82252047 010-82252046转828	010-82252045	http://www.gvbchina.org.cn	office@gvbchina.org.cn

主要参考文献[①]

1. 陈明华主编．刑法学．北京：中国政法大学出版社，1999
2. 国家环境保护总局编著．环境监察．北京：中国环境科学出版社，2002
3. 胡平．精神损害赔偿制度研究．北京：中国法制出版社，2004
4. 金瑞锋编著．环境污染受害者权益保障百例解析．北京：机械工业出版社，2004
5. 沈宗灵主编．法理学．北京：北京大学出版社，2000
6. 汪劲．环境法学．北京：北京大学出版社，2006
7. 王灿发，常纪文等．环境法案例教程．北京：清华大学出版社，北京交通大学出版社，2008
8. 王灿发．环境法学教程．北京：中国政法大学出版社，1997
9. 易先良主编．实用环境法手册．北京：中国政法大学出版社，1989
10. 中国政法大学污染受害者法律帮助中心编．公民环境维权手册．2006
11. 中华环保联合会环境法律服务中心编．环境维权法律常识．2006

① 本目录按文献名称的汉语拼音顺序排列。本目录省略了文中引用的中国法律文件和网络资料，相关文献信息详见脚注。

图书在版编目（CIP）数据

身边的法律顾问：污染受害与救济/王灿发主编.
北京：中国人民大学出版社，2010
ISBN 978-7-300-12299-1

Ⅰ.①身…
Ⅱ.①王…
Ⅲ.①环境保护法—基本知识—中国
Ⅳ.①D922.68

中国版本图书馆 CIP 数据核字（2010）第 112267 号

身边的法律顾问：污染受害与救济

主　编　王灿发
副主编　于文轩
Shenbian de Falü Guwen：Wuran Shouhai yu Jiuji

出版发行	中国人民大学出版社		
社　　址	北京中关村大街 31 号	**邮政编码**	100080
电　　话	010－62511242（总编室）		010－62511398（质管部）
	010－82501766（邮购部）		010－62514148（门市部）
	010－62515195（发行公司）		010－62515275（盗版举报）
网　　址	http://www.crup.com.cn		
	http://www.ttrnet.com(人大教研网)		
经　　销	新华书店		
印　　刷	北京宏伟双华印刷有限公司		
规　　格	148 mm×210 mm　32 开本	**版　　次**	2010 年 7 月第 1 版
印　　张	9	**印　　次**	2010 年 7 月第 1 次印刷
字　　数	244 000	**定　　价**	19.80 元